《疾病预防控制知识1200问》编委会

顾　问　王晓明　王新华

主　审　李　慧　张有成

主　编　郑永东

副主编　熊志军　桑向来　张玉龙　郭萃华

编　者（按姓氏音序排列）

白淑贤　付富强　付　强　高文义　蒋军刚　李桂梅
李建东　李　丽　李亚霞　刘应周　乔小芸　邵建峰
王彩云　王奋生　王玉琴　魏满家　吴　照　肖　芳
张海东　张玉琴　郑宜佳

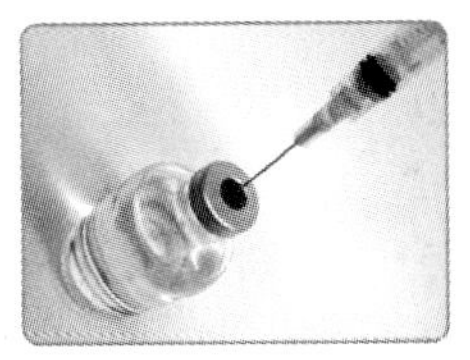

疾病预防控制知识1200问

JIBING YUFANG KONGZHI ZHISHI

蘭州大學出版社

图书在版编目(CIP)数据

疾病预防控制知识1200问/郑永东主编. —兰州：兰州大学出版社,2012.7

ISBN 978-7-311-03934-9

Ⅰ.①疾… Ⅱ.①郑… Ⅲ.①传染病—预防(卫生)—问题解答②传染病—控制—问题解答 Ⅳ.①R183-44

中国版本图书馆CIP数据核字(2012)第162747号

策划编辑　宋　婷
责任编辑　张　萍
封面设计　管军伟

书　　名　**疾病预防控制知识1200问**
主　　编　郑永东
出版发行　兰州大学出版社　(地址:兰州市天水南路222号　730000)
电　　话　0931-8912613(总编办公室)　0931-8617156(营销中心)
　　　　　0931-8914298(读者服务部)
网　　址　http://www.onbook.com.cn
电子信箱　press@lzu.edu.cn
印　　刷　兰州奥林印刷有限责任公司
开　　本　710 mm×1020 mm　1/16
印　　张　16
字　　数　380千
版　　次　2012年7月第1版
印　　次　2012年7月第1次印刷
书　　号　ISBN 978-7-311-03934-9
定　　价　36.00元

序

疾病预防控制工作与人民群众身体健康和生命安全密切相关。随着经济社会的快速发展,人民生活质量的提高,人民群众的健康意识逐渐增强,对预防疾病、关注健康的需求愈来愈强烈,疾病预防控制工作的任务越来越重、作用越来越重要。

坚持以人为本,认真做好疾病预防控制工作,最大限度地减少各种疾病给人民群众身体健康造成的影响,是贯彻落实科学发展观的具体体现,也是各级党委、政府义不容辞的重要职责。党中央、国务院历来高度重视疾病预防控制工作,各级党委、政府坚持"预防为主,防治结合"的方针和"政府负责,部门合作,社会参与,共同做好疾病预防控制工作"的指导原则,在疾病预防控制领域开展了大量卓有成效的工作,取得了瞩目成就。但是,随着工业化、城市化、人口老龄化进程的加快,疾病预防控制工作面临的形势更加复杂,重大传染病流行趋势依然严峻,流动人口、不良生活方式和行为、不合理膳食等影响人们身心健康的危害因素不断增多,多种慢性非传染性疾病负担日益加重,突发公共卫生事件时有发生,精神卫生问题日渐突出,这将是相当一段时期内疾病预防控制工作面临的基本态势;因此要进一步加强和改进疾病预防控制工作,完善服务体系,加强疾病预防控制队伍建设,特别是通过推广普及疾病预防控制知识和加强专业人员培训学习,进一步提高专业技术人员整体素质,增强公民健康意识,这是新形势下提出的新要求和新任务。

《疾病预防控制知识1200问》以加快推进疾病预防控制事业新发展为出发点,以保障广大人民群众身体健康,大力普及推广疾病预防控制知识,强化疾病预防控制专业人员学习培训,增强广大公民健康意识,提高城乡居民健康素质为宗旨,以健康教育和预防为主、倡导科学生活和健康生活为方向，详细解答了最急需普及的预防接种、传染病预防与控制、慢性非传染性疾病、学校卫生、营养与食品卫生等方面的新问题和新常识，具有较高的实用价值。

《疾病预防控制知识1200问》为适应不同层次读者的需要，集聚了疾病预防控制专业技术人员、学校卫生工作者、乡村医生和城乡居民非常关注的疑难、焦点和普遍急需的知识和问题，突出体现了知识的规范性、严谨的科学性、技术的实用性、内容的通俗性和广泛的通用性。书中内容新颖丰富，文字简练，通俗易懂，便于广大读者接受，既是一本很好的培训资料，又是广大城乡居民必读的疾病预防控制知识读本。

我相信，《疾病预防控制知识1200问》一定能够帮助读者全面了解和掌握疾病预防控制的相关法律法规和基本知识，提高专业技术人员的工作技能和水平，增强城乡居民自我保健的防护意识，改变不良的生活和卫生习惯，增强防控能力，有效遏制传染病流行和慢性病上升势头，推进疾病预防控制事业的科学发展。

甘肃省卫生厅副厅长 王晓明

2012年3月

前　言

本书围绕普及推广疾病预防控制知识，强化疾病预防控制专业人员学习培训的目标编写，立足疾病预防控制工作实际，合理选择群众关注的疑难、焦点和普遍急需的知识和问题。具体内容包括预防接种、传染病预防与控制、肺结核病、性病和艾滋病、地方病、慢性非传染性疾病、学校卫生、营养与食品卫生等，并加入中医治未病知识。旨在帮助读者全面了解和掌握疾病预防控制相关法律法规和基本知识，提高专业技术人员工作技能和水平，增强城乡居民自我保健防护意识，改变不良生活和卫生习惯，增强防控能力。

本书中的专业名词、数据和单位名称以国家标准和高等医药院校的有关教材为依据。

本书在编写过程中，得到了甘肃省卫生厅副厅长王晓明、甘肃省疾控中心主任王新华的关心和指导；甘肃省疾控中心主任医师、硕士研究生导师李慧副主任，兰州大学第二附属医院教授、主任医师、博士研究生导师张有成副院长，在百忙中对书稿进行了审校，并提出了宝贵意见；同时得到了许多同行的热心帮助和大力支持。在此一并致以衷心的感谢。

由于水平和时间所限，书中难免存在不足，敬请读者批评指正。

编者

2012年5月

目 录

第一章 概 述

1. 我国的卫生工作指导方针是什么?

《中共中央、国务院关于卫生改革与发展的决定》明确提出了新时期卫生工作指导方针,可以划分为三个组成部分:

卫生工作的战略重点:以农村为重点,预防为主,中西医并重。

卫生工作的基本策略:依靠科技与教育,动员全社会参与。

卫生工作的根本宗旨:为人民健康服务,为社会主义现代化建设服务。

2. 什么是公共卫生?

公共卫生就是组织社会共同努力,改善环境卫生条件,预防控制传染病和其他疾病流行,培养良好的卫生习惯和文明的生活方式,提供医疗服务,达到预防疾病、促进人民身体健康的目的,公共卫生建设需要政府、社会、团体、民众的广泛参与和共同努力。

3. 公共卫生的核心功能是什么?

(1)公共卫生评价——通过系统监测、评估、调查来提供健康信息。

(2)公共卫生保障——通过评价和协调来保障人人享有健康。

(3)公共卫生政策研究制定——通过制定卫生政策动员全民参与公共卫生。

4. 公共卫生的十大任务是什么?

(1)监测社区卫生状况,确定社区内重大公共卫生问题。

(2)诊断和调查社区公共卫生问题和公共卫生危险因素。

(3)将公共卫生问题公布于众,并教育社区居民使其具备认识社区公共卫生问题的能力。

(4)动员和建立社区联盟来认识和解决社区公共卫生问题。

(5)制订相应卫生政策和计划来支持个人和社区开展卫生活动。

(6)执行卫生法规,保障居民健康和生命安全。

(7)指导居民接受所必需的卫生服务,在缺乏需要的服务时,通过各种方式确保基本的医疗保健服务。

(8)确保公共卫生和医护队伍的质量和能力。

(9)评价针对个人和群体的卫生服务的效果、享有率和质量。

(10)开展公共卫生研究,探索解决重大公共卫生问题的新思路和新方法。

5. 什么是公共卫生特征？

(1)基于社会公平；

(2)政治决策；

(3)动态扩展的需求；

(4)与政府的密切关系；

(5)科学性；

(6)强调预防策略；

(7)多学科和学科交叉。

6. 疾病预防控制工作的内容和任务是什么？

(1)传染病的防治与管理；

(2)地方病防治；

(3)结核病的防治与管理；

(4)艾滋病、性病的防治与管理；

(5)慢性非传染性疾病的防治；

(6)消毒监测工作；

(7)卫生检验检测工作；

(8)食品卫生、学校卫生、职业卫生、公共场所卫生监测；

(9)健康教育、健康促进及公共卫生服务等。

7. 什么是三级预防保健网？

农村三级卫生保健网是指县属医疗单位(包括县级疾病预防控制中心、人民医疗、中医院、妇幼保健院等)、乡(镇)卫生院(包括中心卫生院或县人民医院分院等)、村卫生组织(包括村卫生所、合作医疗站、防治站、农村个体开业诊所等)。它们是农村医疗卫生组织形式和物质基础,不仅是对常见病、多发病诊治的医疗机构,更重要的是发挥着预防保健功能(包括担负预防保健任务,进行保健门诊,提供保健服务,开展计划生育技术指导工作等)和培训农村卫生人员的作用。

8. 国家疾病预防控制中心的职责有哪些？

实施国家对传染病、地方病、职业病、慢性非传染性疾病的预防控制,突发公共卫生事件应急处理,食品卫生、学校卫生、职业卫生、放射卫生、公共场所卫生监测和检测检验等,对重大传染病流行趋势进行预测和预警；开展对影响国家社会、经济发展和国民健康的重大传染病防治策略与措施的研究和评价。制订健康知识、态度、行为基线调查和健康教育需求调查计划；制订全国健康教育规划。维护国家公共卫生信息系统；制定信息收集、汇总,数据交换的标准、规范以及相关管理制度；加强信息安全性和信息质量的管理、控制,调查研究全国范围内主要公共卫生问题；开展疾病预防控制关键技术的应用研究；引进、开发、推广新技术和新方法,负责对下级疾病预防控制机构人员的培训等工作。

9. 省级疾病预防控制中心的职责有哪些?

主要实施国家和省、自治区、直辖市对传染病、地方病、职业病、慢性非传染性疾病的预防控制;突发公共卫生事件应急处理;食品卫生、学校卫生、职业卫生、放射卫生、公共场所卫生监测和检测检验等各项预防控制规划,以及工作方案监测和流行病学调查,提出预防控制措施,对流行趋势进行预测、预警,组织、指导对暴发疫情进行处置;开展预防控制方法的研究;对传染病防治效果进行考核评价,并负责健康教育及部分疾病的治疗、疾病预防控制科学研究和疾病预防控制人员的培训等工作;调查研究全省范围内主要公共卫生问题,开展疾病预防控制应用性研究;引进、开发和推广新技术、新方法;参与疾病预防控制关键技术的研究。

10. 市级疾病预防控制中心的职责有哪些?

实施省和辖区对传染病、地方病、职业病、慢性非传染性疾病的预防控制;突发公共卫生事件应急处理;食品卫生、学校卫生、职业卫生、放射卫生、公共场所卫生监测和检测检验等各项预防控制规划,以及工作方案监测和流行病学调查,提出预防控制措施及流行趋势进行预测、预警,组织、指导对暴发疫情进行处置;开展预防控制方法的研究;对传染病防治效果进行考核评价,并负责健康教育及部分疾病的治疗、疾病预防控制科学研究和疾病预防控制人员的培训等工作;开展疾病预防控制的应用性研究,推广适宜性新技术。

11. 县级疾病预防控制中心的职责有哪些?

负责对辖区内传染病、地方病、职业病、慢性非传染性疾病的预防控制;突发公共卫生事件应急处理;食品卫生、学校卫生、职业卫生、放射卫生、公共场所卫生监测和检测检验等各项预防控制规划,以及工作方案监测和流行病学调查,提出预防控制措施,对暴发疫情进行处置。普及各项防治知识,建立完善县级公共卫生信息网络,开展疾病监测,组织实施疫情直报,及时更新、报告相关信息,保证信息安全和信息质量。培训基层医务人员;检查指导基层卫生机构的卫生防治工作。适当开展疾病预防控制的应用性研究及应用适宜技术。

12. 什么是公共卫生事件?

公共卫生事件是指突然发生,造成或者可能造成社会公众健康严重损害的重大传染病疫情、群体性不明原因疾病、重大食物和职业中毒以及其他严重影响公众健康的事件。

13. 公共卫生事件的种类包括哪些?

主要包括传染病疫情,群体性不明原因疾病,食品安全和职业危害,动物疫情,以及其他严重影响公众健康和生命安全的事件。

14. 什么是农村预防保健?

对农村传染病、地方病和慢性病的防治与管理;环境卫生与健康、环境污染与健康、生产环境与健康、自我保健与健康教育、农村卫生管理等人群的健康保健。

15. 农村预防保健中环境卫生包括哪些方面？

社会环境、生产环境和居住环境三个方面。

16. 农村预防保健中农村卫生管理包括哪些？

农村住宅卫生、农村公共场所卫生、安全卫生用水、食品卫生等。

17. 农村预防保健中传染病的管理和慢性病包括哪些？

传染病的预防与控制以及农村消毒、杀虫与灭鼠等。

慢性病主要是内分泌及代谢疾病、甲状腺机能障碍、糖尿病、高脂血症、高血压、心脑血管病变、动脉粥样硬化等。

18. 农村预防保健中健康教育包括哪些？

农村妇幼卫生保健、农村青少年卫生保健、农村老年卫生保健等特殊人群的健康保健教育。

19. 我国开展公共卫生服务项目有几种？

我国基本公共服务项目具体内容有10大类41项。

20. 我国开展公共卫生服务项目的主要内容有哪些？

居民健康档案管理、健康教育、预防接种、0～6岁儿童健康管理、孕产妇健康管理、老年人健康管理、慢性病患者管理、重性精神疾病患者管理、传染病及突发公共卫生事件报告和处理、卫生监督协管等。

21. 居民健康档案管理的内容有哪些？

建立、使用、维护、管理居民健康档案。

22. 居民健康教育的内容有哪些？

(1)普及《中国公民健康素养——基本知识与技能(试行)》；

(2)重点人群健康教育；

(3)健康生活方式和可干预健康危险因素的健康教育；

(4)重点慢性病和传染病健康教育；

(5)公共卫生问题健康教育；

(6)应对突发公共卫生事件、防灾减灾、家庭急救等健康教育；

(7)宣传普及医疗卫生法律法规及相关政策。

23. 预防接种的内容有哪些？

(1)实施预防接种；

(2)预防接种证、卡、册的使用管理；

(3)常规接种率和疾病监测报告；

(4)疑似预防接种异常反应报告和处理。

24. 0～6岁儿童健康管理的内容有哪些？

(1)新生儿访视；

(2)新生儿满月健康管理；

(3)婴幼儿健康管理；
(4)学龄前儿童健康管理；
(5)对0～6岁儿童健康问题进行指导和处理。

25. 孕产妇健康管理的内容有哪些？

(1)《孕产妇保健手册》管理；
(2)产前健康管理；
(3)产后健康管理；
(4)计划生育咨询与指导。

26. 老年人健康管理的内容有哪些？

(1)生活方式和健康状况评估；
(2)体格检查和辅助检查；
(3)健康指导。

27. 慢性病患者管理的内容有哪些？

(1)高血压和糖尿病筛查；
(2)高血压患者管理(健康体检、随访、评估、分类干预等)；
(3)糖尿病患者管理(健康体检、随访、评估、分类干预等)。

28. 重性精神疾病患者管理的内容有哪些？

(1)重性精神疾病登记、报告与管理；
(2)在专业机构指导下对在家居住的重性精神疾病患者进行治疗、随访、评估和康复指导；
(3)健康体检、随访、评估、分类干预等。

29. 传染病及突发公共卫生事件报告和处理的内容有哪些？

(1)传染病疫情和突发公共卫生事件风险管理；
(2)传染病和突发公共卫生事件的发现、登记；
(3)传染病和突发公共卫生事件相关信息报告；
(4)传染病和突发公共卫生事件的处理；
(5)结核病、艾滋病、病毒性肝炎等的预防和控制；
(6)死亡病例网络报告。

30. 卫生监督协管的内容有哪些？

(1)食品安全信息报告；
(2)在医疗服务中开展职业卫生咨询指导；
(3)协助卫生监督机构开展饮用水卫生安全巡查；
(4)协助卫生监督机构开展学校卫生服务；
(5)非法行医和非法采供血信息报告。

第二章　预防接种

第一节　预防接种概述

31. 什么是预防接种？

所谓预防接种，是把疫苗(用人工培育并经过处理的病菌、病毒等)接种在健康人的身体内，使人在不发病的情况下产生抗体，获得特异性免疫的过程。

32. 为什么儿童要进行预防接种？

孩子出生后，从母亲体内获得一定的抵抗传染病的能力，但随着月龄的增长，抵抗力会慢慢减弱和消失，孩子就容易受一些传染病的传染。为了提高儿童抵抗传染病的能力，预防传染病的发生，就需要有计划地给儿童进行预防接种，以保护儿童健康成长。

33. 什么是儿童预防接种宣传日？

为了提高人民群众对儿童免疫工作的认识，增强儿童家长的参与意识，促进计划免疫工作的全面深入开展，国务院决定：从1986年起，每年的4月25日为全国儿童预防接种宣传日。这一天，在全国范围内采取多种形式大力宣传免疫接种知识，提高全社会的防病意识。

34. 预防接种的组织形式分几类？

预防接种的组织形式可分为常规接种、群体性预防接种和应急接种。

35. 什么是常规接种？

常规接种是指接种单位按照国家免疫规划疫苗的接种程序和预防接种服务周期，为适龄儿童提供的预防接种。

36. 什么是群体性预防接种？

群体性预防接种是指在特定范围和时间内，针对可能受某种传染病感染的特定人群，有组织地集中实施预防接种的活动。任何单位或者个人不得擅自进行群体性预防接种。

37. 什么是应急接种？

在传染病流行开始或有流行趋势时，为控制疫情蔓延，对易感人群开展的预防接种活动。传染病暴发、流行时，县级以上地方人民政府或者其卫生行政部门需要采取应急接种措施的，依照《中华人民共和国传染病防治法》和《突发公共卫生事件应急条例》的规定执行。

38. 预防接种的服务形式有哪几类?

预防接种的服务形式一般有定点接种、入户接种及临时接种。

39. 什么是定点接种?

定点接种主要包括:1)根据责任区的人口密度、服务人群和服务半径等因素设立预防接种门诊,实行按日(周、旬)进行预防接种;2)农村地区根据人口、交通情况和服务半径等因素,设置覆盖1个或几个村级单位的固定预防接种点,按月进行预防接种;3)设有产科的各级各类医疗卫生机构对住院分娩的新生儿,按照"谁接生,谁接种"的原则,承担新生儿乙肝疫苗和卡介苗预防接种服务。

40. 什么是入户接种?

边远山区、牧区等交通不便的地区,采取入户巡回进行预防接种的方式,每年提供不少于6次的预防接种服务。预防接种日期要固定,应选在大多数群众方便的时间。

41. 什么是临时接种?

在流动人口等特殊人群儿童集聚地设立临时预防接种点,选择适宜时间,为适龄人群提供预防接种服务。

42. 什么是儿童预防接种证?

按照《中华人民共和国传染病防治法》的规定,新生儿出生后,家长应及时到居住地的乡镇(街道)卫生院计划免疫门诊办理儿童预防接种证,并按规定的免疫程序带孩子到指定的预防接种点接受有关疫苗的接种。儿童预防接种证是儿童健康的身份证,要妥善保存,以便在儿童入托、入学时学校查验儿童的预防接种情况。

43. 儿童预防接种证如何办理?

在儿童出生后1个月内,其监护人应当到儿童居住地的接种单位为其免费办理预防接种证。未按时建立预防接种证或预防接种证遗失者应及时到接种单位补办。

44. 流动儿童预防接种工作如何管理?

在暂住地居住3个月以下的临时流动儿童由现寄居地接种单位及时接种;寄居当地时间在3个月及以上的,由现寄居地接种单位及时接种并建立预防接种卡(簿),无预防接种证者需同时建立、补办预防接种证。

45. 为什么要对入托、入学儿童进行查验预防接种证工作?

通过对入托、入学儿童预防接种证的查验,加强托幼机构和学校的传染病控制,督促无证和漏种儿童及时进行补证、补种,以保护儿童的身体健康。

46. 预防接种前应做哪些工作?

预防接种前应做到:1)根据国家免疫规划疫苗免疫程序,确定应种对象;2)及时通知儿童家长或其监护人接种时间、地点和疫苗种类;3)分发和领取疫苗;4)准备注射器材;5)准备急救药品、器械等。

47. 儿童在预防接种前后,家长应当注意哪些问题?如何加强与接种人员的沟通?

家长的作用在儿童预防接种工作中不容忽视。在预防接种时,家长应带孩子到政府部门认定的规范化预防接种门诊进行预防接种。在接种疫苗之前,家长应特别注意孩子有无急性疾病、过敏体质、免疫功能不全、神经系统疾患等情形,并在接种人员的指导下进行接种。如在新生儿接种疫苗前,家长配合接种人员,做好对新生儿健康状况的问诊和一般健康检查,提供新生儿的健康状况,包括出生时是否足月顺产,出生体重是多少,新生儿出生评分情况,有无先天性出生缺陷,是否现患某种疾病等,以便接种人员正确掌握疫苗接种的禁忌证,并决定是否接种疫苗。疫苗接种后,家长或监护人若发现受种儿童有可疑情况时,应立即咨询接种工作人员,必要时尽快就医,以便得到及时正确的处理。

48. 医务人员在疫苗接种前应该注意哪些事项?

预防接种人员在实施接种前, 应当告知受种者或者其监护人所接种疫苗的品种、作用、禁忌、不良反应以及注意事项,询问受种者的健康状况以及是否有接种禁忌等情况,并如实记录告知和询问情况。受种者或者其监护人应当了解预防接种的相关知识,并如实提供受种者的健康状况和接种禁忌等情况。预防接种人员应当对符合接种条件的受种者实施接种,并依照国务院卫生主管部门的规定,填写并保存接种记录。对于有接种禁忌而不能接种的受种者,预防接种人员应当对受种者或者其监护人提出医学建议。

49. 接种单位应当具备哪些条件?

(1)具有医疗机构执业许可证;

(2)具有经过县级卫生行政主管部门组织的预防接种专业培训并考核合格的执业医师、执业助理医师、护士或者乡村医生;

(3)具有符合疫苗储存、运输管理规范的冷藏设施和设备,以及冷藏保管制度。

50. 预防接种时的工作要求有哪些?

在接种场所显著位置公示相关资料;核实应种对象;接种前告知;询问接种对象健康状况;做好接种记录;接种后的观察与预约等工作。

51. 接种场所有哪些要求?

接种场所室外要设有醒目的标志;室内清洁、光线明亮、通风保暖,有接种工作台、坐凳,以及儿童和家长休息、等候的设施。

接种场所应当按照登记、健康咨询、接种、记录、观察等内容进行合理分区,确保接种工作有序进行。

在接种室/台分别设置醒目的疫苗接种标记,避免错种、重种和漏种。

公示相关资料,包括疫苗的品种、免疫程序、接种方法、作用、禁忌、不良反应、注意事项,以及第二类疫苗的接种服务价格等,做好室内消毒及消毒记录。

52. 预防接种后需要做哪些工作?

使用后的自毁型注射器、一次性注射器及其他医疗废弃物要严格按照《医疗废物处理条例》的规定进行处理,实行入户接种时应将所有医疗废物带回集中处理;记录疫苗的使用及废弃数量;清理核对接种通知单和预防接种卡(簿),及时上卡(簿),确定需补种的人数和名单,下次接种前补发通知;统计本次接种情况和下次接种的疫苗使用计划,并按规定上报。

53. 接种疫苗后要注意什么?

预防接种后不要急于离开,需留观30分钟,让孩子适当休息,不要做剧烈运动,不要吃辣椒等刺激性食物,暂时不要洗澡,有时可能发生"接种反应",如轻微发热、精神不振、不想吃东西、哭闹等,一般都不严重。极个别的孩子可能会发高烧,可到医院就诊,给予对症治疗。

54. 如何加强疫苗管理,规范预防接种服务?

加强疫苗管理,规范预防接种服务十分重要。各级疾病预防控制机构、接种单位应严格按照有关规定购进、储存、运输疫苗。接种人员要严格按规范实施接种服务,包括接种前告知、严格执行免疫程序或接种方案、接种后观察、接种后可疑反应及时处理和上报等。

55. 如何看待接种疫苗后引发的事件?

疫苗接种引发事件的增多,直接原因是疫苗接种数量和接种剂次的增加。尽管接种疫苗后发生事件的概率非常低,但因为目前我国疫苗接种数量很大,种类较多,小概率事件导致的绝对数肯定会随之增加,公众包括媒体对此应有正确的认识。

第二节 疑似预防接种异常反应

56. 什么是疑似预防接种异常反应?

疑似预防接种异常反应(简称AEFI)是指在预防接种过程中或接种后发生的可能造成受种者机体组织器官或功能损害,且怀疑与预防接种有关的反应。

57. 疑似预防接种异常反应分哪几类?

一般反应、异常反应、接种事故、偶合症、心因性反应、不明原因反应。

58. 什么是预防接种的一般反应?

一般反应是指在预防接种后发生的,由疫苗本身所固有的特性引起的,对机体造成一过性生理功能障碍的反应。

59. 常见的预防接种一般反应有哪些?

常见一般反应主要有发热、局部红肿、硬结,同时可能伴有全身不适、倦怠、食欲缺乏、乏力等综合症状。

60. 接种疫苗后出现的一般反应如何处理？

接种疫苗后，应在接种单位观察30分钟。有部分受种者会出现一般反应，这些症状一般会维持1～2天即可自行消失，不需要任何处理。受种者接种疫苗后如出现发热、局部红肿等一般反应，应适当休息，多喝开水，注意保暖，防止继发其他疾病。

61. 什么是预防接种异常反应？

预防接种异常反应是指合格的疫苗在实施规范接种过程中或者实施规范接种后造成受种者机体组织器官、功能的损害，相关各方均无过错的药品不良反应。

62. 哪些情形不属于预防接种异常反应？

疫苗本身特性引起的接种后一般反应；因疫苗质量不合格给受种者造成的损害；因接种单位违反预防接种工作规范、免疫程序、疫苗使用指导原则、接种方案，给受种者造成的损害；受种者在接种时正处于某种疾病的潜伏期或前驱期，接种后偶合发病；受种者有疫苗说明书规定的接种禁忌，在接种前受种者或者其监护人未如实提供受种者的健康状况和接种禁忌等情况，接种后受种者原有的疾病急性复发或病情加重；因心理因素发生的个体或者群体的心因性反应。

63. 什么是预防接种偶合症？

偶合症是指受种者正处于某种疾病的潜伏期，或者存在尚未发现的基础疾病，接种后巧合发病(复发或加重)，因此偶合症的发生与疫苗本身无关。疫苗接种率越高、品种越多，发生的偶合率越大。

64. 预防接种过程中的偶合症发生概率有多大？

以儿童偶合发病为例。我国卫生服务需求调查结果显示，0～4岁儿童接种2周患病率为17.4%。因此儿童接种疫苗后，即使接种是安全的，在未来2周内，每100名接种疫苗的儿童中仍会有约17名儿童发病，尽管所患疾病与疫苗接种无关，但由于时间上与接种有密切关联，非常容易被误解为预防接种的异常反应。再以新生儿接种乙肝疫苗偶合死亡为例。我国新生儿(0～28天)死亡率为10.7‰，全国每年出生儿童约为1600万，据此推算，全国每年约有17万名新生儿死亡，即每天约有466名新生儿死亡。按照我国乙肝疫苗免疫程序规定，首针乙肝疫苗在儿童出生后24小时内接种，以全国新生儿乙肝疫苗首针及时(出生后24小时内)接种率75%计算，则每天约350名新生儿死亡者接种了乙肝疫苗，即全国每天新生儿接种乙肝疫苗可能出现偶合死亡350起。

65. 关于疑似预防接种的异常反应是如何监测的？

目前，在我国已建立了疑似预防接种异常反应监测系统。对疫苗接种后出现的怀疑与预防接种有关的不良反应均需要报告和监测，责任报告单位和报告人为各级各类医疗机构、疾病预防控制机构和接种单位及其执行职务的人员，发现疑似预防接种异常反应均要进行报告，必要时进行调查处理。报告和处理按照卫生部制定的《预防接种工作规范》和《预防接种异常反应鉴定办法》等规定进行。

66. 发现或接到报告有预防接种异常反应时,应该做哪些工作?

(1)怀疑与预防接种有关的死亡、群体性反应或引起公众高度关注的事件,县级疾病预防控制机构和接种单位及其执行职务的人员,在发现后2小时内,向所在地或上级卫生行政部门和药品监督管理部门报告;

(2)组织调查;

(3)现场调查和收集相关资料;

(4)分析资料;

(5)专家讨论;

(6)得出初步结论和建议;

(7)撰写调查报告;

(8)异常反应的判定;

(9)预防接种异常反应的处置。

67. 我国关于预防接种异常反应是如何实施补偿的?

《疫苗流通和预防接种管理条例》明确规定:因预防接种异常反应造成受种者死亡、严重残疾或者器官组织损伤的,应当给予一次性补偿。

68. 异常反应符合补偿范围的补偿方式是怎么样执行的?

因接种第一类疫苗引起异常反应需要对受种者予以补偿的, 补偿费用由省、自治区、直辖市人民政府部门在预防接种工作经费中安排;因接种第二类疫苗引起异常反应需要对受种者予以补偿的,补偿费用由相关的疫苗生产企业承担。预防接种异常反应具体补偿办法由省、自治区、直辖市人民政府制定。

69. 对因异常反应引起的严重损害者,所给予的是经济补偿还是赔偿?

异常反应是疫苗本身固有特性引起的,是不可避免的;异常反应的发生是小概率事件,既不是疫苗质量问题造成的,也不是实施差错造成的,各方均无过错。通过预防接种建立免疫屏障,保护受种者的同时也保护了受种者周围的人群。因此,对受种者予以一定经济补偿而不是赔偿。

第三节 免疫规划

70. 什么是免疫规划?

免疫规划是指根据特定传染病疫情的监测和人群免疫状况分析,按照规定的免疫程序,有计划地进行人群预防接种,提高人群免疫水平,达到控制以至最终消灭相应传染病的目的而采取的重要措施。

71. 免疫有什么益处?

通过诱导免疫力来预防疾病的手段——疫苗,正在全球范围被广泛性、常规性的应用,即避免疾病发生胜于发生疾病后再去治疗,使人们避免痛苦、伤残和死亡。据世界卫生组织统计,2002年全球免疫预防避免了大约200万人死亡。另外,免疫预防降低了传染病的发生,缓解了卫生工作的压力,节约下来的经费可用于其他的卫生服务。

免疫预防是一种已经被证实的可以控制甚至消灭疾病的有效措施。1967—1977年期间世界卫生组织通过开展强化免疫活动,消灭了天花的自然流行。自1998年世界卫生组织及其合作伙伴在全球开展消灭脊髓灰质炎以来,脊髓灰质炎的发病率已经下降了99%,使约500万人摆脱了瘫痪的困扰。在2000—2008年期间,全球麻疹死亡率下降了78%。

72.《传染病防治法》关于免疫规划的规定有哪些?

《传染病防治法》第十五条规定:国家实行有计划的预防接种制度。国务院卫生行政部门和省、自治区、直辖市人民政府卫生行政部门,根据传染病预防、控制的需要,制定传染病预防接种规划并组织实施。用于预防接种的疫苗必须符合国家质量标准。国家对儿童实行预防接种证制度。国家免疫规划项目的预防接种实行免费。医疗机构、疾病预防控制机构与儿童的监护人应当相互配合,保证儿童及时接受预防接种。

73. 什么是基础免疫?

基础免疫是指人体初次接受某种疫苗的全程足量的预防接种。对儿童来说,基础免疫是一周岁内将麻疹疫苗、脊髓灰质炎疫苗、百白破疫苗、卡介苗和乙型肝炎疫苗、乙脑减毒活疫苗按照免疫程序的要求,全程、足量、有效地完成接种,使之能对针对性传染病获得最佳的免疫效果。

74. 什么是加强免疫?

儿童接受基础免疫后,人体产生的免疫力可持续一段时间,随着时间的推移,这种免疫力将逐渐降低甚至消失。为了使身体继续维持充分的免疫力,根据不同生物制品的基础免疫情况,进行同类疫苗的复种。

75. 什么是主动免疫?

主动免疫是指在抗原的刺激下,使机体产生抗体的方法。

76. 什么是被动免疫?

被动免疫是指将抗体直接输入人体,使机体被动接受抗体,获得特异性免疫能力。

77. 被动免疫按获得方式分几类?

(1)天然被动免疫,即在天然情况下被动获得的免疫力。例如,母体内的抗体可以通过胎盘传给胎儿,使胎儿获得一定的免疫力。一般作用时间维持在一周岁之内,以后随着儿童渐长,天然被动免疫会逐渐消失。

(2)人工被动免疫,是用人工的方法给人直接输入免疫物质(如抗毒素、丙种球蛋白、抗菌血清、抗病毒血清)而获得免疫力。这种免疫力效应快,但维持时间短。一般用于治疗或在特殊情况下用于紧急预防。

78. 主动免疫与被动免疫有何区别?

主动免疫需要经过几天、几个星期或更长时间才能出现,但可以长久保持。主动免疫是由机体自身免疫系统产生的保护力,对随后的感染有高度的抵抗能力;被动免疫的特点是效应快,一经输入可立即获得免疫力,但维持时间短。

79. 什么是免疫真空期?

在接种疫苗后,病原微生物刺激机体产生免疫力(抗体),直至产生能抵御外来病毒侵袭的有效免疫力。在产生有效免疫力前的这段时间,称为免疫真空期。

80. 儿童计划免疫与成人疫苗接种有何区别?

(1)儿童计划免疫是一项国策,有系统性,有一定的接种程序,带一定的强制性;成人接种是补种类,缺什么接种什么,是个人行为。

(2)儿童计划免疫的许多项目是免费的(国家财政支出),是一项儿童福利;而成人疫苗接种是一项保健,需自费。

81. 什么是国家扩大免疫规划?

为贯彻温家宝总理在十届全国人大五次会议上提出的"扩大国家免疫规划范围,将甲肝、流脑等15种可以通过接种疫苗有效预防的传染病纳入国家免疫规划"的精神,自2008年开始,一是全国范围内在使用乙肝疫苗、卡介苗、脊髓灰质炎疫苗、百白破疫苗、麻疹疫苗、白破疫苗6种国家免疫规划疫苗的基础上,以无细胞百白破疫苗替代百白破疫苗,将甲肝疫苗、流脑疫苗、乙脑疫苗、麻腮风疫苗纳入国家免疫规划,对适龄儿童进行常规接种。二是在重点地区对重点人群进行出血热疫苗接种;发生炭疽、钩端螺旋体病疫情或发生洪涝灾害可能导致钩端螺旋体病暴发流行时,对重点人群进行炭疽疫苗和钩体疫苗应急接种。

82. 免疫规划所用的生物制品及预防的疾病分别是什么?

2008年,我国实施扩大国家免疫规划后,儿童计划免疫接种的疫苗种类在卡介苗、脊髓灰质炎疫苗、吸附百白破三联疫苗、麻疹疫苗等"五针三粒药"的基础上,增加了乙肝疫苗、甲肝减毒活疫苗、无细胞百白破三联疫苗、麻风疫苗、麻腮风疫苗、A群流脑疫苗、A+C群流脑疫苗、乙脑减毒活疫苗、出血热疫苗、炭疽疫苗和钩体疫苗等,可预防结核、乙肝、脊髓灰质炎、乙型脑炎、流行性脑脊髓膜炎、甲肝、百日咳、白喉、破伤风、麻疹、风疹、流行性腮腺炎、流行性出血热、炭疽和钩端螺旋体病15种传染病。

83. 免疫规划规定的基础免疫完成时间有哪些要求?

乙肝疫苗、卡介苗、脊髓灰质炎疫苗、百白破疫苗、麻风疫苗、乙脑减毒活疫苗应在12月龄内完成接种。A群流脑疫苗在18月龄完成接种。甲肝减毒活疫苗在1岁半至2岁完成接种。A+C群流脑疫苗在3岁前完成接种。

84. 什么是儿童免疫程序?

儿童免疫程序是根据有关传染病的流行特征、免疫因素、卫生设施等条件,由国家对不同年(月)龄儿童接种何种疫苗作出的规定,包括疫苗的种类、接种起始年龄、针次、间隔、复种时间及联合免疫等。

85. 我国现行扩大国家免疫规划疫苗程序是什么?

表2–1是我国现行使用的扩大国家免疫规划疫苗程序,内容包括疫苗名称、接种对象、接种剂次、接种部位、剂量和间隔时间等。

表2–1　我国现行使用的扩大国家免疫规划疫苗程序

疫苗名称	接种对象月(年)龄	接种剂次	接种部位	接种途径	接种剂量/剂次	备注
乙肝疫苗	0、1、6月龄	3	上臂三角肌	肌内注射	酵母苗5微克/0.5毫升,CHO苗10微克/毫升、20微克/毫升	出生后24小时内接种第1剂次,第1、2剂次间隔≥28天
卡介苗	出生时	1	上臂三角肌中部略下处	皮内注射	0.1毫升	
脊髓灰质炎疫苗	2、3、4月龄,4周岁	4		口服	1粒	第1、2剂次,第2、3剂次间隔均≥28天
百白破疫苗	3、4、5月龄,18~24月龄	4	上臂外侧三角肌	肌内注射	0.5毫升	第1、2剂次,第2、3剂次间隔均≥28天
白破疫苗	6周岁	1	上臂三角肌	肌内注射	0.5毫升	白破疫苗
麻风疫苗(麻疹疫苗)	8月龄	1	上臂外侧三角肌下缘附着处	皮下注射	0.5毫升	
麻腮风疫苗(麻腮疫苗、麻疹疫苗)	18~24月龄	1	上臂外侧三角肌下缘附着处	皮下注射	0.5毫升	
乙脑减毒活疫苗	8月龄,2周岁	2	上臂外侧三角肌下缘附着处	皮下注射	0.5毫升	
A群流脑疫苗	6~18月龄	2	上臂外侧三角肌附着处	皮下注射	30微克/0.5毫升	第1、2剂次间隔3个月

续表2–1

疫苗名称	接种对象月(年)龄	接种剂次	接种部位	接种途径	接种剂量/剂次	备注
A+C 流脑疫苗	3 周岁,6 周岁	2	上臂外侧三角肌附着处	皮下注射	100 微克/0.5 毫升	第 1、2 剂次间隔≥3 年;第 1 剂次与 A 群流脑疫苗第 2 剂次间隔≥12 个月
甲肝减毒活疫苗	18 月龄	1	上臂外侧三角肌附着处	皮下注射	1 毫升	
出血热疫苗(双价)	16～60 周岁	3	上臂外侧三角肌	肌内注射	1 毫升	接种第 1 剂次后 14 天接种第 2 剂次,第 3 剂次在第 1 剂次接种后 6 个月接种
炭疽疫苗	炭疽疫情发生时,病例或病畜间接接触者及疫点周围高危人群	1	上臂外侧三角肌附着处	皮上划痕	0.05 毫升(2 滴)	病例或病畜的直接接触者不能接种
钩体疫苗	流行地区可能接触疫水的 7～60 岁高危人群	2	上臂外侧三角肌附着处	皮下注射	成人第 1 剂 0.5 毫升,第 2 剂 1.0 毫升;7～13 岁剂量减半,必要时 7 岁以下儿童依据年龄、体重酌量注射,不超过成人剂量的 1/4	接种第 1 剂次后 7～10 天接种第 2 剂次
乙脑灭活疫苗	8 月龄(2 剂次),2 周岁,6 周岁	4	上臂外侧三角肌下缘附着处	皮下注射	0.5 毫升	第 1、2 剂次间隔 7～10 天
甲肝灭活疫苗	18 月龄,24～30 月龄	2	上臂三角肌附着处	肌内注射	0.5 毫升	第 1、2 剂次间隔≥6 个月

86. 接种疫苗具有一定的风险，为什么国家还要下大力气推进免疫规划工作？

接种疫苗后出现不良反应的风险远远小于不开展预防接种而造成的传染病传播的风险。实施免疫前,我国疫苗针对传染病发病率非常高。自实施免疫规划以来,通过接种疫苗,大大减少了脊髓灰质炎、麻疹、百日咳、白喉、结核、破伤风、乙型肝炎等疾病的发病和死亡人数,有效地保护了广大儿童的身体健康,社会效益显著。

第四节　冷链系统管理

87. 什么是冷链？

冷链是保证疫苗接种质量的重要措施之一。所谓冷链是指疫苗从生产单位到使用单位,为保证疫苗在贮存、运输和接种过程中,都能保持在规定的温度条件下而装备的一系列设备的总称。

88. 什么是冷链系统？

为了保证冷链的质量,在疫苗的运转过程中,加入管理因素,即人员、管理措施和保障的工作体系,用冷藏设施或设备把疫苗运转的整个过程,叫做冷链系统。

89. 如何正确使用冷藏包(箱)？

打开冷藏包后,装入冻制好的冰排,冰排的数量应根据当时的环境而定。冷藏包的内部底层应垫上能减震和吸水的毛巾或纸,放好疫苗后,检查是否有空隙,如有空隙则用报纸填充,装好后,立即扣好锁扣或拉链,方可使用。

90. 冷藏包中疫苗摆放有什么要求？

脊髓灰质炎疫苗、麻疹疫苗、麻腮风疫苗、甲肝减毒活疫苗、乙脑减毒活疫苗等放在冷藏包(箱)的底层;卡介苗、流脑疫苗放在中层,并要有醒目标记;三联(包括无细胞三联)、二联、乙肝疫苗放在上层。脊髓灰质炎疫苗装在塑料袋内,无包装盒的疫苗和稀释液用纱布包好,冷藏包的空隙用纱布或纸张填充,疫苗安瓿不能直接与冰排接触,防止冻结。

91. 冰箱中疫苗存储需要注意哪些事项？

冰箱内贮存的疫苗要摆放整齐,疫苗与箱壁、疫苗与疫苗之间应留有1～2 厘米的空隙,并按品名和效期分类摆放;冰箱门因为经常开启,温度变化较大,门内搁架不宜放置疫苗;每天记录冰箱内的温度及运转情况。冰箱内应配有温度计,并要有温度监测记录表,每天记录冰箱内的温度(至少两次)及其运转情况。

92. 每次冷链运转时需要做哪些工作？

疾病预防控制机构、疫苗生产企业、疫苗批发企业应对运输过程中的疫苗进行温度监测并记录。记录内容包括疫苗名称、生产企业、供货(发送)单位、数量、批号及有效期、启运和到达时间、启运和到达时的疫苗储存温度和环境温度、运输过程中的温度变化、运输工具名称和接送疫苗人员签名。疫苗的收货、验收、在库检查等记录应保存至超过疫苗有效期2年，以备查。

93. 对冷链设备内存储的疫苗的温度监测有什么要求？

应采用自动温度记录仪对普通冷库、低温冷库进行温度记录；采用温度计对冰箱(包括普通冰箱、冰衬冰箱、低温冰箱)进行温度监测。温度计应分别放置在普通冰箱冷藏室和冷冻室的中间位置，冰衬冰箱的底部和接近顶盖处，低温冰箱的中间位置。每天上午和下午各进行一次温度记录。

94. 疫苗的分发(下发)应遵循什么样的原则？

疾病预防控制机构应按照先进先出、近效期先出的原则供应或分发疫苗。

95. 对于失效或过期疫苗如何处理？

疾病预防控制机构、接种单位储存的疫苗因各种原因造成过期、失效时，应按照《医疗废物管理条例》的规定进行集中处置。

第五节　疫苗接种

96. 什么是疫苗？

疫苗是将病原微生物(如细菌、立克次体、病毒等)及其代谢产物，通过人工减毒、灭活或利用基因重组技术等方法制成的用于预防传染病的一种主动免疫制剂。

97. 什么是第一类疫苗？

第一类疫苗是指政府免费向公民提供，公民应当依照政府的规定受种的疫苗，包括国家免疫规划确定的疫苗，省级人民政府在执行国家免疫规划时增加的疫苗，以及县级以上人民政府或者其卫生行政部门组织的应急接种或者群体性预防接种所使用的疫苗。

98. 什么是第二类疫苗？

第二类疫苗是指由公民自费并且自愿受种的其他疫苗。

99. 第二类疫苗是属于自费、自愿接种的，在什么情况下孩子应接种第二类疫苗？

接种第二类疫苗应根据孩子的身体情况和疾病的流行情况而定，另外还包含接种费用的承担能力等因素。在接种第二类疫苗前，家长可带孩子先向疾病预防控制机构咨询后再做决定。

100. 什么是抗原？

抗原是指能刺激人体产生抗体或致敏淋巴细胞，并能与这些产物在体内或体外发生特异性反应的物质。

101. 什么是抗体？

抗体是指在抗原的刺激下产生的抗病原体的物质。即机体在抗原物质刺激下，由B细胞分化成的浆细胞所产生的、可与相应抗原发生特异性结合反应的免疫球蛋白。

102. 为什么接种疫苗能预防疾病？

科学研究表明，当细菌或病毒侵入人体时，身体就会产生一种抵抗这种细菌或病毒的物质，这种物质就是抗体。不同的细菌或病毒会产生不同的抗体。接种疫苗就是人为地将经减毒或灭活等工艺处理的细菌或病毒接种给人，使机体产生这种抗体或细胞免疫反应，从而产生针对该种病原体的抵抗能力。

103. 疫苗接种后多久产生免疫力？

疫苗接种后产生免疫力的时间取决于疫苗的种类、接种的次数、接种途径以及身体的健康状况等。不同的疫苗，产生免疫力的时间亦不同。一般来说，初次接种需3～4周才能产生有效的免疫，其免疫力相对来说较弱，维持时间短。而再次接种时只要1周左右就能产生有效的免疫，其免疫力强，维持时间也长。因此，在预防某些有明显季节性的传染病（如流感等）时，最好在该病的流行季节前1个多月完成预防接种，有效防止发病。

104. 为什么有些疫苗需要加强免疫？

基础免疫获得的特异性抗体，有些无需加强免疫，有些在体内只能维持一段时间，待身体内抗体浓度降低时，应再接种，通过再次接种刺激机体产生抗体，使机体维持在足以抵抗病原体的水平。

105. 何谓减毒活疫苗？

减毒活疫苗是用弱毒但免疫性强的微生物及代谢产物，经培养繁殖或接种于细胞、组织等生长繁殖后制成的疫苗。常用的减毒活疫苗有卡介苗（BCG）、麻疹疫苗、脊髓灰质炎疫苗、甲肝减毒活疫苗、乙脑减毒活疫苗、风疹减毒活疫苗、腮腺炎减毒活疫苗、水痘减毒活疫苗等。

106. 何谓灭活疫苗？

采用物理或化学方法，使病原微生物失去致病力，但仍保留其免疫原性制成的疫苗为灭活疫苗。目前我国使用的灭活疫苗有百日咳疫苗、流行性感冒疫苗、乙脑灭活疫苗、甲肝灭活疫苗等。

107. 什么是基因重组疫苗？

基因重组疫苗是通过基因重组技术生产的疫苗，如重组乙型肝炎疫苗。

108. 减毒活疫苗与灭活疫苗有何区别？

减毒活疫苗免疫作用时间长，一次免疫可产生持久的免疫，免疫效果牢固，但不稳定，不易保存和运输，疫苗在机体内有毒力恢复的潜在危险性。灭活疫苗在灭活过程中可能损害或改变保护性抗原决定簇，产生毒性或潜在的有害免疫反应。灭活疫苗产生的免疫效果维持时间短,需多次注射,接种剂量大,比较稳定,易于保存和运输。

109. 几种疫苗可不可以同时接种?

如需同时接种2种以上国家免疫规划疫苗,应在不同部位接种,严禁将几种疫苗混合吸入1支注射器内接种。2种减毒活疫苗如未同时接种,应至少间隔4周再接种。

110. 因某种原因造成疫苗漏种的,是否可以补种?

如儿童未完成规定的免疫接种,因故迁移、外出、寄居外地,可凭接种证到所在地接种门诊继续接种。家长应当尽早带孩子到所在地接种门诊进行补种,具体补种程序咨询接种医生或疾病预防控制机构。

111. 儿童接种疫苗一般有哪些禁忌证?

不同种类疫苗的接种禁忌证不一样,接种时应严格按照疫苗使用说明进行接种。一般来说,患有各种急性传染病、发热、心脏病、高血压、肝肾疾病、活动性肺结核、免疫功能低下或免疫缺陷者,以及活动性风湿症、哮喘、荨麻疹等病人,不能接种疫苗或者待症状缓解、恢复健康后,在医生的指导下进行免疫接种。

112. 儿童接种疫苗前后需要注意什么?可能会出现哪些症状反应?

家长在每次接种疫苗前应如实向接种人员提供孩子的既往和近期健康状况、既往接种史和反应史等情况,以确定孩子是否可以接种相关疫苗。对绝大多数人而言,接种疫苗是安全的。但由于个体差异等原因,个别孩子在接种后可能在接种部位发生红肿、疼痛、硬结等,或出现发热、全身不适、倦怠、食欲缺乏、乏力等症状,这些都是预防接种后的一般反应,病情轻微,一般不需任何处理即可恢复。极少数孩子在接种后可出现罕见的异常反应,如无菌性脓肿、过敏反应等,病情相对较重,需要及时治疗。

113. 为什么有些免费疫苗要集中在同一天接种?

有些疫苗,如A群流脑、卡介苗等为多人份一个包装,即一支疫苗含有接种几名儿童的疫苗量。按相关规定,活疫苗在打开30分钟后、灭活疫苗在打开1小时后未能用完的应全部废弃。如果预防接种单位随时为适龄儿童接种上述疫苗,因接种对象不够,会造成疫苗浪费。把接种时间集中在同一天,可以避免疫苗浪费。同时,在农村地区,集中在同一天接种疫苗,可有效减轻预防接种工作人员的工作负担,从而保障其集中精力做好接种工作。

114. 接种同样的疫苗,为什么有的儿童不能免费?

扩大国家免疫规划的疫苗,即一类疫苗对所有适龄儿童实施免费接种,但如果儿童年龄超过了规定范围,就不能享受免费接种。

115. 流动儿童可以享受免费接种吗?

流动儿童与本地儿童享受同样的接种服务。无论其现住址是否为户籍所在地,按照免疫程序,所有达到各疫苗各剂次应种月(年)龄的适龄儿童,均可以到现住地的接种单位接受常规疫苗的免费接种。

116. 为什么有的疫苗要注射2～3次?

因为第一次注射后,人体产生的免疫反应是初次免疫反应,这一过程中产生的抗体量较少,在体内保留的时间也不长,免疫效果不强。在第二次注射后,人体产生的免疫反应是二次免疫反应,其产生的抗体量是初次反应抗体量的好几倍,而且能在体内长期保留,免疫效果好。如果把2～3次注射的疫苗总量一次注射,则会加重接种反应,且免疫效果不好,因此,有些疫苗要分2～3次接种。

117. 接种疫苗安全吗?

接种疫苗是安全的。第一,国家推出的任何一种疫苗都是经过长期或大量的试验确定安全有效后才会纳入预防接种工作范畴的;第二,国家有统一的《预防接种服务规范》要求,国内任何地方的操作要求都是一致的;第三,预防接种点均是由当地卫生行政部门审查后设立的,在达到国家计划免疫要求后才能实施接种工作。

第六节　安全注射

118. 什么是安全注射?

对疫苗和药物应用灭菌的注射器和规范的操作进行注射,并对使用过的器具进行安全处理称为安全注射。安全注射包括三个要素:对接受注射者无害;对实施注射者无危险;注射后的物品(废物)不会给公众带来危害。

119. 预防接种时不安全的注射可造成哪些危害?

传播血源性疾病;导致化脓性或细菌性感染;不正确注射技术导致的伤害;注射物质不合格造成的伤害等。

120. 如何进行安全注射?

选择安全有效的疫苗,疫苗的进货途径要规范;注射前接种人员应先穿好白大衣,戴手套,做好被接种者的皮肤消毒;一次性注射器、自毁型注射器使用后应放入防刺容器内,注射器针头不回盖;使用后的注射器必须销毁,可采用集中焚烧或填埋,焚烧的必须完全将焚烧残余物进行掩埋。

121. 疫苗安瓿开启多久后疫苗将不能使用?

疫苗安瓿开启后应尽快使用。如不能立即用完,应盖上无菌干棉球冷藏。当疫苗安瓿开启后,活疫苗超过半小时、灭活疫苗超过1 小时未用完,应将疫苗废弃。

122. 接种疫苗前,皮肤如何消毒?

用灭菌镊子夹取75%乙醇棉球或用无菌棉签蘸75%乙醇, 由内向外螺旋式对接种部位皮肤进行消毒,涂擦直径≥5 厘米,待晾干后立即接种。禁用含碘消毒制剂进行皮肤消毒。

123. 注射完疫苗后,注射器如何处理?

注射完毕后不得回套针帽，应将注射器具直接投入安全盒或防刺穿的容器内，或者毁形后统一回收销毁。

124. 为什么接种完后要留观半个小时?

接种疫苗以后,由于个人体质原因,会发生过敏反应。监测数据表明,过敏性休克大多发生在接种后半小时之内,发生过敏性休克之后,如果不在医务人员监护范围之内就容易发生危险,所以接种现场必须配有医生和急救药品,主要是防止意外发生。

125. 疫苗冻结后还能使用吗?

除脊髓灰质炎疫苗和冻干制品外,其他疫苗经冻结后,不管是否出现凝块,都不可使用。因为疫苗作为蛋白抗原,冻结后蛋白质内部会形成冰晶,破坏蛋白结构,影响其抗原性,尤其是液体剂型、安瓿装的疫苗。

126. 如何开启疫苗?

将安瓿尖端疫苗弹至底部,用75%乙醇棉球消毒安瓿颈部后,再用消毒干棉球/纱布包住颈部掰开。

127. 吸取疫苗时应注意什么?

将注射器针头斜面向下插入安瓿的液面下,吸取疫苗。吸取疫苗后,将注射器的针头向上,排空注射器内的气泡,直至针头有一小滴疫苗出现为止。使用含有吸附剂的疫苗前,应当充分摇匀;使用冻干疫苗时,用注射器抽取稀释液,沿安瓿内壁缓慢注入,轻轻摇荡,使疫苗充分溶解,避免出现泡沫。

128. 何谓皮内注射法?

皮内注射是将药液注射于表皮与真皮之间的方法。在疫苗接种中,皮内注射主要用于卡介苗接种。接种部位为上臂三角肌下缘,皮肤常规消毒,待乙醇干后,用左手绷紧注射部位皮肤,右手持注射器,食指固定针管,针头斜面向上,与表面皮肤呈10°～15°快速刺入皮内,待针头斜面进入皮内后,旋转90°,以免疫苗外溢,用左手拇指固定针柄,推动针栓注入疫苗0.1毫升,使局部形成一个圆形隆起的皮丘,直径为8～10毫米,并有毛孔可见。此时,旋转针管45°,使斜面向下,拔出针头,勿使用乙醇棉球或干棉球按揉。

129. 何谓皮下注射法?

将药液注入皮下组织的方法称为皮下注射。某些疫苗皮下注射的部位为上臂外侧三角肌附着处,方法是皮肤常规消毒,待乙醇干后,用左手绷紧注射部位皮肤,右手持注射器,食指固定针管,不可接触针栓,针头斜面向上,与皮肤表面呈30°～40°,快速刺入皮下约至针头的2/3,放松皮肤,左手固定针管,回抽无血后注入疫苗。如有回血,应更换注射部位,重新注射。注射完毕后用消毒干棉球轻压针刺处,快速拔出针头。应注意针头入刺角度不应超过45°,以免刺入肌层。注射吸附疫苗时,应注入皮下深层,以免发生硬结。

130. 何谓肌内注射法？

肌内注射是一种常用的药物注射方法，指将药液通过注射器注入肌肉组织内。注射部位为臀部外上1/4处或上臂外侧三角肌中部，皮肤常规消毒后，待乙醇干后，用左手绷紧注射部位皮肤，右手持注射器(持毛笔式)，中指固定针管，针头与皮肤表面呈90°，快速进针刺入针头2/3，放松皮肤，左手固定针管，回抽无血后，注入疫苗。如有回血，应更换注射部位，重新注射。注射完毕，快速拔出针头，局部可用消毒干棉球稍加按压针眼部位。注意切勿将针头全部刺入，以防针头从根部焊接处折断。注射后如有疼痛或硬结，可热敷。

131. 何谓口服接种法？

常用于脊髓灰质炎疫苗的服用。糖丸剂型的，儿童直接服用。服用时先将消毒过的汤匙将疫苗送入口中，然后用事先准备好的凉开水送服。月龄小的儿童可将糖丸用药匙碾碎，加少量凉开水调成糊状或将疫苗加入装有5毫升凉开水的玻璃容器内溶解成液体后送服。液体剂型的，较小儿童可直接滴入口中，月龄小的儿童呈仰卧位，接种者左手拇指和食指捏住儿童颊部，使其嘴张开，将疫苗滴入舌根部。

第七节　疫　苗

132. 什么是乙肝疫苗？

乙肝疫苗是用于预防乙肝的特殊药物。疫苗接种后，可刺激免疫系统产生保护性抗体，这种抗体存在于人的体液中，乙肝病毒一旦出现，抗体会立即作用，将其清除，阻止感染，并不会伤害肝脏，从而使人体具有了预防乙肝的免疫力，达到预防乙肝感染的目的。接种乙肝疫苗是预防乙肝病毒感染的最有效方法。

133. 为什么要对新生儿接种乙肝疫苗？

目前全世界还没有根治乙肝及乙肝并发症的特效药物，唯一有效的预防措施是注射乙肝疫苗。在我国，母婴传播是新生儿乙肝感染的主要途径，新生儿在出生后24小时内接种第一针乙肝疫苗，可以有效地防止从带有乙肝病毒的妈妈那儿感染乙肝的危险。对于无乙肝感染的母亲来说，及时给孩子接种乙肝疫苗也非常重要，因为乙肝病毒不仅可以通过母婴途径传播，还可以通过其他途径传播。

134. 为什么要尽早接种乙肝疫苗？

新生儿必须在出生后24小时内打完第一针，否则很难阻断母婴传播。1岁以内的儿童感染乙肝病毒后，将有90%以上会变成慢性病毒携带者；而7岁以上的人群，仅有10%变成慢性病毒携带者。所以接种乙肝疫苗越早越好。

135. 哪些人不能注射乙肝疫苗？

正在发病的乙肝病人或隐性感染者、慢性乙肝病毒携带者和乙肝病毒既往感染者,都没有必要注射乙肝疫苗。另外有发热、急性或慢性严重疾病者(如心、肾脏病等)、既往有过敏史者、早产儿及严重脏器畸形、严重皮肤湿疹等病人也不能注射乙肝疫苗。

136. 什么是乙肝免疫球蛋白?哪些人应该接种?

乙肝免疫球蛋白是从健康献血员中筛选出来的,其血浆含有滴度较高的乙肝表面抗体(抗-HBs),经过生物浓缩工艺制成的高效价乙肝免疫球蛋白。我国目前生产的为每毫升含抗-HBs 100单位以上的注射剂。这种含量的制剂完全可以中和入侵人体的乙肝病毒(HBV)并将其清除,从而使机体迅速获得被动保护免疫,使新生儿或易感者免受感染。以下人群应该接种乙肝免疫球蛋白:乙型肝炎表面抗原(HBsAg)阳性以及HBsAg和E抗原双阳性的母亲和其所生婴儿;意外感染HBV的人群;与乙型肝炎患者或HBsAg携带者密切接触者;免疫功能低下者。

137. 接种乙肝疫苗未产生抗体怎么办?

应采用灵敏方法重新检测,如酶联免疫或放射免疫来进行重新检测;如使用先进的检测技术,仍未发现抗体产生,可加大乙肝疫苗的剂量(每次10微克),每月注射1次,共注射3～4次。

138. 乙肝病毒的传播途径是什么?

乙肝病毒的传播途径是血源性传播、母婴传播和性传播。

139. 什么是乙肝"两对半"?

乙肝"两对半"是指①表面抗原(HBS-Ag)、②表面抗体(HBS-Ab)、③E抗原(HBE-Ag)、④E抗体(HBE-Ab)、⑤核心抗体(HBC-Ab)。所谓"小三阳"是指①、④、⑤三个指标阳性,"大三阳"是指①、③、⑤三个指标阳性,单纯①阳性是乙肝病毒携带者。"大三阳"的传染性最大,其次为"小三阳"。只有②是保护性抗体,一般不会感染乙肝。

140. 接种乙肝疫苗后有哪些不良反应?

接种乙肝疫苗后,有的受种者在接种部位发生轻度的红、肿、热、痛的炎症反应,有的还可能出现局部淋巴结肿大或淋巴管炎。这些都是局部反应,一般在48～72小时内消退,症状较轻。少数受种者会出现发热、头痛、头晕、乏力、嗜睡和周身不适等全身反应。极个别会出现恶心、呕吐、腹痛、腹泻等症状。这些全身反应通常也是短暂的,大多在24小时内消失。

141. 孕妇、哺乳期间能否接种乙肝疫苗?

孕妇和哺乳期妇女不是接种乙肝疫苗的禁忌证。对于孕妇来说,接种疫苗虽无禁忌,但最好避免怀孕后3个月内及分娩前1个月内接种乙肝疫苗。

142. 为什么脊髓灰质炎又叫小儿麻痹症?

脊髓灰质炎是由一种脊髓灰质炎病毒引起的急性肠道传染病,病毒进入人体后主要侵犯中枢神经系统, 尤其是引起脊髓前角的灰白质区的神经细胞发生炎性坏死，使这些神经支配的肌肉无力，出现肢体弛缓性麻痹。该病主要发生在儿童，5岁以下者占90%以上，所以人们通常称之为“小儿麻痹症”，有些地区又叫“婴儿瘫”。

143. 什么是脊髓灰质炎疫苗？

目前使用的脊髓灰质炎疫苗有口服脊髓灰质炎减毒活疫苗和脊髓灰质炎灭活疫苗，接种3剂口服脊髓灰质炎减毒活疫苗后，95%以上的受种者能产生持久的免疫力。

144. 为什么新生儿出生后2个月要连续服用3次脊髓灰质炎疫苗？

脊髓灰质炎有Ⅰ、Ⅱ、Ⅲ型病毒，为了儿童服用方便，目前我国将3型脊髓灰质炎病毒混合在一起制成脊髓灰质炎3价混合疫苗。尽管在制造时已考虑到3型疫苗病毒的配置比例，但仍存在一定的型间干扰作用，尤其是Ⅱ型对Ⅰ、Ⅲ型的干扰作用更明显。为了保证服用后3型都能免疫成功，必须连续服用3次才能达到满意的效果。

145. 为什么不能用热水服用脊髓灰质炎疫苗？

脊髓灰质炎疫苗是活性疫苗，对高温非常敏感，用热水将糖丸泡化服用或是用热水送服，都会因高温而使病毒死亡，达不到预防的作用。同样，服用后的30分钟内也不要喝热饮或吃热的东西。

146. 服用脊髓灰质炎疫苗前后能给孩子哺乳吗？

年龄小的孩子在服用疫苗前后，最好不要哺乳。因为母乳中含有抗病毒抗体，对疫苗病毒有一定的中和作用，使得大部分疫苗失去活性。所以服用前，应该让孩子空腹；服用后的1小时内也应停止哺乳，这样接种效果会更好。

147. 为什么脊髓灰质炎疫苗不能带回家服用？

脊髓灰质炎减毒活疫苗对疫苗的储藏、运输、温度有严格的要求，疫苗由家长拿回家服用，在疫苗的运输、保存、喂服的任何一个环节出现问题，都会直接影响疫苗的免疫效果，达不到预防疾病的目的。特别注意的是，该疫苗应溶于凉开水喂服，不能用热水，热水会使疫苗病毒失活，降低免疫效果。

148. 多次服用脊髓灰质炎疫苗是否对身体有害？

按照《预防接种工作规范》，每一种国家免疫规划疫苗都有规定的免疫程序，适龄儿童只要按程序接种够次数即可。但在脊髓灰质炎疫苗强化免疫时，可不论接种史，所有无禁忌的适龄儿童一律再次服用，这样做是为了避免漏掉一部分易感人群，脊髓灰质炎疫苗是安全的生物制品，多次服用对身体无害。

149. 腹泻时，能不能接种脊髓灰质炎疫苗？

脊髓灰质炎疫苗必须经过喉咙以及部分的肠道吸收，才可以产生免疫力。因此，即使在只是排稀软便的情况下，服用疫苗之后也会有某种程度的反应和降低疫苗免疫效果。

150. 服用脊髓灰质炎疫苗后产生的免疫力会持续多久？

口服糖丸后1周，血液中就会出现中和抗体，1个月后抗体可达到最高水平，即能起到免疫保护作用。这种免疫保护作用可持续3～8年，甚至更长。

151. 哪些儿童不适宜接种脊髓灰质炎疫苗？

重度佝偻病及重度营养不良者，发热、腹泻、急性传染病、免疫缺陷及体质异常虚弱者，对牛奶过敏者等，不宜接种脊髓灰质炎疫苗。凡属暂时禁忌证者，如发热、腹泻、传染病等，当疾病痊愈后应及时补种疫苗。

152. 临床出现弛缓性麻痹的病例是否都是小儿麻痹症？

除了小儿麻痹症外，临床上许多疾病，如其他肠道病毒感染、一些神经系统的疾病等，都可以出现与脊髓灰质炎相似的麻痹症状。这些疾病在临床上有时很难鉴别。为了防止漏报，卫生部要求凡属急性弛缓性麻痹病例都要报告。

153. 急性弛缓性麻痹(AFP)包括哪几类疾病？

(1)脊髓灰质炎；

(2)格林巴利综合征；

(3)横贯性脊髓炎、脊髓炎、脑脊髓炎、急性神经根脊髓炎；

(4)多神经病；

(5)神经根炎；

(6)外伤性神经炎；

(7)单神经炎；

(8)神经丛炎；

(9)周期性瘫痪；

(10)肌病；

(11)急性多发性肌炎；

(12)肉毒中毒；

(13)四肢瘫、截瘫和单瘫；

(14)短暂性肢体麻痹。

154. 全球消灭脊髓灰质炎行动的目标是什么？

尽快阻断野生脊髓灰质炎病毒传播；实现全球消灭脊髓灰质炎认证；促进卫生系统发展，加强常规免疫接种和系统监测传染病。

155. 世界各国阻断野生脊髓灰质炎病毒传播的主要策略是什么？

目前主要有四项策略：儿童常规接种服用4剂口服脊髓灰质炎减毒活疫苗(OPV)，达到高免疫覆盖率；在强化免疫活动期间给特定年龄组儿童服用口服OPV；通过报告和实验室检测15岁以下儿童的所有急性弛缓性麻痹(AFP)病例，监测野生脊髓灰质炎病毒病例；一旦将野生脊髓灰质炎病毒传播限制在某一特定地区后，开展有目标的“扫荡”式免疫(Mopping-upImmunization)活动。

156. 我国消灭脊髓灰质炎、维持无脊髓灰质炎开展的主要工作有哪些？

(1)通过脊髓灰质炎疫苗常规接种、强化免疫活动，维持高的脊髓灰质炎疫苗接种率，建立免疫屏障；

(2)加强急性弛缓性麻痹病例监测；

(3)积极应对,防范野生脊髓灰质炎病毒输入。

157. 发现AFP病例后卫生部门应做好哪些工作?

发现AFP病例后,医疗单位应立即向当地疾病预防控制中心报告,要求城市在12小时内、农村在24小时内报告。疾病预防控制部门在接到报告后,应以最快的速度报告上级疾病预防控制机构,同时派专人进行流行病学调查,填写好调查表,并在医务人员协助下采集病人的粪便标本。

158. 为什么对AFP病例要及时采集粪便标本?

因为临床上许多疾病都可以使病人出现与脊髓灰质炎相似的麻痹症状,故临床上很难鉴别。随着消灭脊髓灰质炎工作的日益深入,对脊髓灰质炎病例的诊断必须有可靠的实验室检测依据,即只有在病人的粪便标本中查到脊髓灰质炎衍生病毒才能诊断为脊髓灰质炎。因此,采集病人的粪便标本对疾病的监测和病例的分类具有重要意义。

159. 对AFP病例粪便标本采集有什么要求?

发现AFP病例后,应尽快采集病人粪便标本,这是因为感染脊髓灰质炎病毒后早期排出病毒量比较多,容易检测到。一般要求在发生麻痹14天内采集标本两份,两份标本采集间隔至少为24小时,每份标本量在5克以上,采集后放置在有冰块的标本瓶中运送。若不能及时运送,应放在4 ℃冰箱内保存。

160. 什么是麻疹疫苗?

麻疹疫苗(简称MV)是用麻疹病毒减毒株接种鸡胚细胞,经培养收获病毒液后冻干制成。按说明加灭菌注射用水待其完全溶解后使用。于上臂外侧三角肌附着处皮下注射,可起到预防麻疹的作用。

161. 为什么规定接种麻疹疫苗的起始年龄为8月龄?

8月以内的婴儿血液中含有从母体获得的麻疹抗体,可以防止婴儿传染麻疹。8月前如果接种麻疹疫苗,疫苗中的病毒就会被抗体中和,使疫苗不能发挥效力,达不到刺激机体产生免疫力的目的。8月后所携带的母亲抗体基本消失,婴儿的免疫系统亦更趋完善,这时接种麻疹疫苗容易成功。因此,规定接种麻疹的起始年龄为8月龄。

162. 对疑似麻疹病例标本采集有什么要求?

疑似麻疹病例的血标本在病人首诊就医时就可以在医疗部门或疾病预防控制机构采集，由于出疹后4～28天血标本阳性检出率近100%,3天内阳性检出率约为70%,如果第一份血样在出疹3天内采集,而且实验室检测IgM为阴性,或临床需要对个别初诊为阴性的病人作出确诊，实验室需要在出诊后4～28天内收集第二份血样以重复检测。县级疾病预防控制机构负责血标本分离血清,并填写标本送检表,于3天内送市级疾病预防控制机构麻疹血清学实验室。鼻、咽拭子标本应在出疹前5天至出疹后5天采集,特别是爆发点的病例,于2天内送省级疾病预防控制机构麻疹实验室，备检麻疹病毒。

163. 刚接种了麻疹疫苗，为什么还会感染麻疹？

有的受种者明明刚接种了疫苗，却连续出现疹子，发热超过3天，经诊断确认感染了麻疹。发生这样的情况并非疫苗出了问题，首先是受种者在未接种疫苗前已经感染了麻疹病毒，只是一直处于潜伏期。接种疫苗后，症状刚好出现了。因为疫苗一般至少要经过2周才产生抗体，所以没能及时预防发病。其次，是在接种疫苗后到产生抗体(2周)的这段时间，人体正处于免疫真空期，在这段时间感染麻疹病毒后，并不能有效地抵抗病毒的侵袭，所以也会发病。

164. 我国为消除麻疹部署了哪些工作？

2006年，卫生部制定并下发《2006—2012年全国消除麻疹行动计划》，提出了2012年消除麻疹的目标、工作指标及策略措施和保障措施。根据消除麻疹工作的需要，卫生部多次组织专家对麻疹监测工作进行研讨，并于2009年1月修订下发了《全国麻疹监测方案》，以加强麻疹监测工作。2010年卫生部会同发改委、教育部、财政部、国家药监局等部门制定《2010—2012年全国消除麻疹行动方案》，提出消除麻疹总目标和分年度目标、工作指标、工作内容与措施、组织与保障措施、督导检查与考核评价等内容，明确了相关部门的职责。

165. 我国为消除麻疹采取了哪些综合免疫措施？

为消除麻疹，我国采取了以下三方面的综合免疫措施：

(1)加强麻疹疫苗常规免疫接种，切实提高麻疹疫苗2剂次常规接种率，这是提高人群免疫力的根本。2005年国家调整了麻疹疫苗常规免疫程序和疫苗接种剂量，以弥补首剂免疫失败和覆盖首剂漏种的儿童，从而尽可能地消除免疫空白。实施扩大国家免疫规划以来，疫苗由原来的麻疹单价疫苗改为使用麻疹类联合疫苗，即8月龄接种1剂次麻疹—风疹联合疫苗(MR)，麻风疫苗不足部分继续使用麻疹疫苗；18～24月龄接种1剂次麻疹—腮腺炎—风疹联合疫苗(MMR)。

(2)开展麻疹疫苗强化免疫活动。为快速消除免疫空白，迅速提高人群免疫力，开展麻疹疫苗强化免疫是消除麻疹的有效策略之一。

(3)加强入托、入学查验接种证工作。严格执行入托、入学儿童查验接种证工作是保证儿童2剂次麻疹疫苗达到95%接种率的重要关口。国际经验也证明这是提高接种率的有效措施，可以保证学龄人群具有高免疫力，阻断麻疹在学校等集体单位的传播。2005年卫生部和教育部联合下发《关于做好入托、入学儿童预防接种证查验工作的通知》，2010年下发《2010—2012年全国消除麻疹行动方案》，规定每年各级部门联合教育部门开展统一的督导、评估活动，促进入托、入学儿童查验接种证工作的全面落实。

166. 什么是卡介苗？

卡介苗是最早由法国科学家卡尔梅特(Calmette)和介朗(Guérin)研制成功的疫

苗(简称BCG)。即将有毒力的牛型结核分枝杆菌在甘油胆汁马铃薯培养基上长期培养传代,得到减毒菌株,用于预防结核菌感染。特别对防止那些严重危及儿童生命的结核性脑膜炎和粟粒性结核有较好的预防效果。

167. 卡介苗免疫效果会持续多久?

卡介苗的保护率约为80%,保护作用可持续10～15年。

168. 为什么新生儿出生时要接种卡介苗?

我国计划免疫程序规定,新生儿出生时应立即接种卡介苗。这是因为新生儿对结核病没有胎传的被动免疫,出生后很容易得结核病,且病情较重,如急性粟粒性结核,尤其以结核性脑膜炎最为常见,对儿童健康的危害最大。新生儿出生后24小时接种卡介苗,可提高儿童对结核病的抵抗力,降低结核病的发病和死亡率,尤其是大大降低了粟粒性结核和结核性脑膜炎的发病率。

169. 什么是卡介苗结核菌素反应测试?

受种者在接种卡介苗前需要做结核菌素反应测试,主要是为了检查过去有无感染过结核菌。在接种结核菌素之后的48小时内,接种部位出现不到10毫米的红色结节状小点,即反应呈阴性,可以接种卡介苗,否则不能接种。

170. 接种卡介苗后多久人体才能产生抗体?

从接种卡介苗到体内产生抗结核病的抗体需要2个月左右的时间,故评价接种卡介苗成功与否,需要在3个月后做结核菌素试验才知道。

171. 接种卡介苗后会有哪些反应?

一般来说,接种卡介苗不会引起发热等全身反应。最常见的反应是注射后2周左右,先在局部皮肤出现红肿和硬结,中间逐渐软化成白色的小脓包,而后可自行吸收,或穿破表皮形成浅表溃疡,直径不超过0.5厘米。溃疡处有些脓液,然后逐渐结痂,痂皮脱落后会留下一个永久的瘢痕,称为卡痕。这种反应会持续2～3个月。

172. 什么是百白破疫苗?可预防什么疾病?

百白破疫苗(简称DTP)是由百日咳、白喉、破伤风3种疫苗,按适当比例制成的混合疫苗。目前有吸附百白破混合疫苗和吸附无细胞百白破混合疫苗。2008年我国实施国家扩大免疫后,无细胞百白破三联疫苗已逐渐代替了吸附百白破疫苗。接种百白破疫苗可预防百日咳、白喉、破伤风3种疾病。

173. 为什么百白破疫苗基础免疫要接种三针次?

在百白破疫苗中,百日咳疫苗的保护作用较差。根据研究证实:若只注射1针疫苗,对百日咳基本无预防作用;注射2针,对白喉和破伤风预防效果较好,但对百日咳的预防效果仍不太好;只有连续注射3针才能使儿童获得对百日咳预防的作用。

174. 哪些人群不能注射百白破疫苗?

经研究表明,在注射百白破疫苗时,凡患有癫痫、心肝肾疾病、活动性肺结核及有过敏史者,均不能注射,急性传染性疾病(包括恢复期)及发热者应暂缓注射。

175. 注射百白破疫苗后可能出现哪些反应？

注射百白破疫苗后的一般反应较轻微，注射后6～10小时可有注射部位的疼痛、红晕，少数受种者可能会出现轻微发热、疲倦、烦躁等反应。有的会在注射部位出现硬结，常要1～2个月才能消退，有时会形成无菌性脓肿，一般无妨，必要时可热敷。无细胞百白破疫苗取代吸附百白破疫苗后，副作用的发生率有了显著下降。

176. 创伤后如何预防破伤风？

当人体受伤后，应根据创伤的情况、污染的程度和伤者的免疫状况，决定使用清洗伤口、应用抗生素和免疫制剂等不同的措施。如果伤口清洁、表浅，只要将创伤处用生理盐水或冷开水冲洗即可，然后外用碘酒等消毒剂；如果伤口处有异物，首先得取出异物，然后用消毒液冲洗；如果伤口较深、较大，污染严重时，则应在受伤后的6小时内进行外科清创术，同时使用抗生素预防感染，注射破伤风抗毒素。

177. 甲肝疫苗的种类及可预防疾病分别是哪些？

目前，我国使用的甲肝疫苗主要是甲肝灭活疫苗和减毒活疫苗。两种疫苗均有良好的安全性和免疫效果。可预防甲型病毒性肝炎(简称甲肝，俗称黄疸肝炎)。

178. 什么是甲乙肝联合疫苗？

主要是用于甲肝、乙肝两种疾病的联合疫苗。即接种一种疫苗可同时预防两种疾病。全程免疫共需接种3剂次，首剂后1个月及6个月后分别接种第2和第3剂疫苗，上臂三角肌肌内注射。

179. 我国现行的流脑疫苗有几种？流脑疫苗可预防什么疾病？

我国广泛使用的流脑疫苗为A群流脑多糖疫苗和A+C群流脑多糖疫苗。流脑疫苗可预防流行性脑脊髓膜炎(简称流脑)。

180. 乙脑疫苗有几种？可预防什么疾病？

我国使用的乙脑疫苗为乙脑减毒活疫苗和乙脑灭活疫苗。可预防流行性乙型脑炎(简称乙脑)。

181. 什么是麻腮风疫苗？

麻疹—腮腺炎—风疹疫苗(简称MMR)是由麻疹疫苗、腮腺炎疫苗和风疹疫苗混合在一起制成的减毒活疫苗，接种一次后可预防这三种传染病。麻腮风三联疫苗既提高了免疫效果，又减少了接种剂次。

182. 什么是风疹疫苗？

风疹疫苗用于预防风疹，有单价疫苗，也有联合疫苗。风疹疫苗具有较好的稳定性和安全性，接种后95%以上受种者会产生良好的免疫应答。风疹疫苗也可用于育龄妇女，主要是预防胎儿发生先天性风疹综合征。

183. 风疹疫苗的免疫程序是什么？

8月龄婴儿、育龄妇女上臂外侧三角肌附着处皮下注射1剂。

184. 什么是麻风疫苗？

主要是用于预防麻疹、风疹两种疾病的联合疫苗。接种后95%以上的受种者能获得免疫成功，并能有长期的免疫保护。我国从扩大免疫开始后，麻风疫苗替代了麻疹疫苗的基础免疫，接种程序与麻疹疫苗相同。

185. 什么是腮腺炎疫苗？

腮腺炎疫苗有单价的，也有二联、三联疫苗，是用于预防流行性腮腺炎的疫苗。

186. 腮腺炎疫苗的免疫程序是什么？

适用于所有8月龄以上腮腺炎易感者。该苗为皮下注射，腮腺炎疫苗单苗尚未列入全国范围内的儿童计划免疫。

187. 什么是麻腮疫苗？

主要是用于预防麻疹、腮腺炎两种疾病的联合疫苗。接种后，可刺激机体产生抗麻疹病毒和腮腺炎病毒的免疫力。接种年龄为18～24月龄皮下注射。

188. 什么是水痘疫苗？

水痘疫苗是由水痘病毒传代毒株制备而成，是预防水痘感染的唯一手段。接种水痘疫苗不仅能预防水痘，还能预防因水痘带状疱疹引起的并发症。

189. 水痘疫苗的接种程序是什么？

12月龄～12岁儿童接种一剂，大于13岁儿童需接种两剂，间隔6～10周，皮下注射。

190. 水痘疫苗适用人群有哪些？

主要适用于1岁或1岁以上的易感人群，水痘疫苗尚未纳入国家免疫规划；但是水痘极易在群体中引起暴发，我国每年患水痘的儿童多达数十万，建议适龄儿童在经济允许的情况下接种。

191. 什么是流感疫苗？

目前，我国使用的流感疫苗有三种：全病毒灭活疫苗、裂解疫苗和亚单位疫苗。流感疫苗用于预防流行性感冒，适用于任何可能感染流感病毒的健康人，每年在流行季节前接种一次，免疫力可持续一年。流感疫苗是预防和控制流感的主要措施之一，可以减少接种者感染流感的机会或者减轻流感症状。

192. 流感疫苗的免疫程序是什么？

成人及3岁以上儿童接种1剂次；6～35月龄儿童接种2剂次，间隔4周，上臂三角肌肌内注射或深度皮下注射。

193. 流感疫苗什么时间接种？

因为流感多发生在每年冬春季节，接种疫苗2周才能产生保护作用，所以接种疫苗的最好时间为9—12月。因为流感病毒很容易发生变异，所以应该每年接种一剂流感疫苗。

194. 流感疫苗接种的适宜人群有哪些？

接种流感疫苗的适宜人群包括：大于60岁的老年人，抵抗力较弱的人群，医院的医护人员，幼儿园、小学、中学、大学的师生，公交、商业等公共服务人员，在人员相对集中且通风条件欠佳环境中工作的人员等。

195. 甲型H1N1流感疫苗是否能与季节性流感疫苗同时接种？

甲型H1N1流感疫苗可以与季节性流感疫苗同时接种，但要在不同部位接种。由于国内外尚无两种疫苗同时接种的临床试验数据，专家建议，如需接种两种疫苗，最好间隔14天以上。

196. 什么是人用狂犬病疫苗？

目前我国有纯化地鼠肾狂犬病疫苗、Vero细胞狂犬病疫苗、人二倍体细胞狂犬病疫苗和鸡胚细胞狂犬病疫苗。可刺激机体产生狂犬病病毒的免疫力，达到预防狂犬病发生的目的。

197. 人用狂犬病疫苗免疫程序是什么？

一般咬伤者于0天（第1天，当天）、3天（第4天，以下类推）、7天、14天、28天各注射本疫苗1剂，共5针，儿童用量相同。严重咬伤者（头、面、颈、手指、多部位咬伤者，咬伤皮肤或舔触黏膜者），应按上述方法注射本疫苗，于第0天、3天注射加倍量疫苗，并于0天注射本疫苗的同时，用抗狂犬病血清（40 IU/kg）或狂犬病免疫球蛋白（20 IU/kg）浸润咬伤局部和肌内注射。联合使用抗狂犬病血清或免疫球蛋白者，必须在全程疫苗注射完毕后再加强注射2~3剂疫苗，即在全程注射后第15天、75天，或第10天、20天、90天加强。暴露前免疫程序0、7、21（或28）天各接种1剂次。上臂三角肌肌内注射，小于2岁儿童可在大腿前外侧肌内注射。

198. 狂犬病疫苗的接种时限有什么要求？

原则上是越早越好。人狂犬病可有较长的潜伏期，暴露者只要未发病，不管距暴露时间多久仍应尽快接种疫苗，将发生狂犬病的可能性降至最低。

199. 人脸上被猫抓伤，是否应该接种人用狂犬病疫苗？

从预防角度出发，建议暴露后免疫程序接种人用狂犬病疫苗和抗狂犬病人免疫球蛋白。

200. 接种人用狂犬病疫苗能少接种2剂次吗？

应按照免疫程序全程接种。暴露后接种5剂次为全程免疫，使用狂犬病免疫球蛋白后还应增加接种2剂次。减少接种剂次会影响免疫效果。

201. 狂犬病疫苗接种适用人群是什么？

由于狂犬病几乎是100%的致死性疾病，因此妊娠期和哺乳期妇女、新生儿、婴儿、儿童、老年人或同时患有其他疾病的人，并不成为接种疫苗的禁忌证，无论伤人动物是否为狂犬病动物，均应尽早接种狂犬病疫苗。

202. 狂犬病疫苗接种的注意事项有哪些？

（1）禁忌证。由于狂犬病几乎是100%致死性疾病，所以暴露后疫苗接种无禁忌证。

过量饮酒、浓茶或咖啡,食用刺激性食物和剧烈运动或重体力劳动,可能会影响疫苗免疫应答,也可能引起疫苗注射反应,所以接种疫苗期间要尽可能避免上述行为。在此期间,还应尽量避免使用皮质醇类激素、免疫抑制剂和抗疟药。

(2)疫苗接种反应。纯化的细胞培养狂犬病疫苗的安全性值得信赖,一般无不良反应,极少数人可能出现局部红肿、硬结以及荨麻疹等,在短期内就可以恢复,一般不需做特殊处理。极个别人的反应可能较重,红肿范围较大,伴有高烧、倦怠等症状,应及时就诊。

如发现病人对正在使用的狂犬病疫苗过敏,可更换为另一种疫苗继续原有程序(如第二针及以后针次发生过敏)或重新开始免疫程序(如第一针发生过敏)注射。仍然发生过敏者,可到医院进行抗过敏治疗,之后完成全程疫苗的注射。注射狂犬疫苗后,个别暴露者会出现食欲减退、全身疼痛以及伤口周围长时间有麻木和疼痛感等现象,应尽快前往医院就诊。

(3)兽用狂犬病疫苗不能用于人体接种。

(4)全程疫苗接种尽量使用同一厂家同一批号的疫苗,若无法实现,使用不同厂家、不同批号的合格疫苗也可接受。因需冷链系统保存,不建议由就诊者携带疫苗至异地注射。

(5)冻干狂犬病疫苗稀释液应严格按照说明书要求使用。

203. 什么是b型流感嗜血杆菌疫苗?

b型流感嗜血杆菌疫苗(简称Hib疫苗)是预防侵袭性b型流感嗜血杆菌疾病(包括细菌性脑膜炎、重度细菌性肺炎、脓毒性关节炎、骨髓炎、败血症等)的疫苗。

204. b型流感嗜血杆菌疫苗免疫程序是什么?

基础免疫为新生儿出生后6个月内注射3剂次,可于出生后6周开始接种。

205. b型流感嗜血杆菌疫苗是否能和轮状病毒疫苗同时接种?

b型流感嗜血杆菌疫苗可以和轮状病毒疫苗同时接种,同时接种不会降低免疫效果,也不会增加不良反应的发生率。

206. 什么是肾综合征出血热灭活疫苗?

目前我国纳入免疫规划的是双价肾综合征出血热纯化疫苗,用于预防肾综合征出血热。基础免疫后,血清抗体阳转率均为90%以上。

207. 肾综合征出血热灭活疫苗免疫程序是什么?

16～60岁,接种3剂次,接种第1剂次14天后接种第2剂,第3剂在第1剂次接种后6个月接种。上臂三角肌肌内注射。

208. 什么是钩端螺旋体疫苗?

用于预防钩端螺旋体病的疫苗。对流行地区可能接触疫水的7～60岁高危人群接种2剂次,间隔7～10天。必要时小于7岁的高危儿童酌量接种,上臂外侧皮下注射。

209. 什么是炭疽疫苗?

用于炭疽病的疫苗,接种疫苗后1周开始产生免疫力,2周可达到保护水平,半年后开始下降,可维持约1年。上臂外侧皮下划痕接种法。

210. 炭疽疫苗的适用人群有哪些?

特殊工作场所的人,如进口动物皮革、毛发、骨肉、毛制品、猪鬃、毛皮的从业人员或从事炭疽杆菌感染的诊断和研究人员。

211. 什么是轮状病毒疫苗?

主要是用于预防A组轮状病毒引起的婴幼儿腹泻的疫苗。目前轮状病毒疫苗为减毒活疫苗,用于2个月至3岁婴幼儿,每年口服1剂。

212. 什么是细菌性痢疾疫苗?

用于预防细菌性痢疾的疫苗。各年龄段人员均可服用。全程免疫3剂次,每剂次间隔5～7天。成人首次服用1瓶,第2、3次各服用2瓶,6～13岁儿童减半,小于5岁儿童服成人量的1/3。

213. 什么是肺炎球菌疫苗?

是用于预防肺炎球菌引起的肺炎等侵袭性疾病的疫苗。目前我国使用的有7价肺炎球菌结合疫苗和23价肺炎球菌多糖疫苗。

214. 肺炎球菌疫苗免疫程序是什么?

7价肺炎球菌结合疫苗:3～6月龄接种3剂次,间隔至少1个月;建议12～15月龄再接种1剂。7～11月龄基础免疫接种2剂,间隔至少1个月,建议12月龄再接种1剂。12～23月龄接种2剂,间隔至少2个月。2～5岁儿童接种1剂。大腿前外侧或上臂三角肌肌内注射。23价肺炎球菌多糖疫苗:大于2岁儿童及成人接种,上臂三角肌皮下或肌内注射,或上臂外侧皮肤皮下注射,一般情况下23价肺炎球菌多糖疫苗不推荐再次接种。

215. 什么是伤寒疫苗?

常用的伤寒疫苗为伤寒多糖疫苗,主要用于预防伤寒。我国的伤寒疫苗重点用于部队、港口、铁路沿线的工作人员,饮食行业人员、医疗防疫人员和水上居民或有此病流行地区的高危人群。上臂三角肌肌内注射1剂次。

216. 什么是霍乱疫苗?

主要是用于预防霍乱、产毒性大肠杆菌引起腹泻的疫苗。为口服重组B亚单位/菌体霍乱疫苗(肠溶胶囊)。

217. 霍乱疫苗的适用人群有哪些?

适用人群为大于2岁的儿童、青少年和有接触传播危险的成人,主要包括:卫生条件较差地区的居民、霍乱流行和受流行威胁地区的人群,旅游者、旅游服务人员、水上居民,饮食业与食品加工业工作人员、医疗防疫人员,遭受自然灾害地区的人员,军队执行野外战勤任务的人员,野外特种作业人员,港口、铁路沿线工作人员,下水道、粪便、垃圾处理人员。

218. 霍乱疫苗的免疫程序是什么？

口服，初次免疫者需服疫苗3次，分别是第0、7、28天口服，每次1粒。接受过免疫的人员可根据疫情，于流行季节前加强免疫一次，方法、剂量同前。

第三章 传染病预防与控制

第一节 《中华人民共和国传染病防治法》

219. 修订后的《中华人民共和国传染病防治法》什么时间开始实施？

《中华人民共和国传染病防治法》已由中华人民共和国第十届全国人民代表大会常务委员会第十一次会议于2004年8月28日修订通过，修订后的《中华人民共和国传染病防治法》自2004年12月1日起施行。

220. 国家传染病防治的方针是什么？

国家对传染病防治实行预防为主、防治结合、分类管理、科学指导、依靠群众的方针。

221.《中华人民共和国传染病防治法》规定管理的传染病分哪几类？

《中华人民共和国传染病防治法》规定：传染病分为甲、乙、丙三类。

222.《中华人民共和国传染病防治法》规定的甲类传染病有几种，分别是哪些传染病？

甲类传染病共有两种：鼠疫、霍乱。

223.《中华人民共和国传染病防治法》规定的乙类传染病共有多少种，分别是哪些传染病？

乙类传染病共有26种，分别是：传染性非典型肺炎、艾滋病、病毒性肝炎、脊髓灰质炎、人感染高致病性禽流感、甲型H1N1流感、麻疹、流行性出血热、狂犬病、流行性乙型脑炎、登革热、炭疽、细菌性和阿米巴性痢疾、肺结核、伤寒和副伤寒、流行性脑脊髓膜炎、百日咳、白喉、新生儿破伤风、猩红热、布鲁氏菌病、淋病、梅毒、钩端螺旋体病、血吸虫病、疟疾。

224.《中华人民共和国传染病防治法》规定的丙类传染病共有多少种，分别是哪些传染病？

丙类传染病共有11种，分别是：流行性感冒，流行性腮腺炎，风疹，急性出血性结膜炎，麻风病，流行性和地方性斑疹伤寒，黑热病，包虫病，丝虫病，手足口病，除霍乱、细菌性和阿米巴性痢疾、伤寒和副伤寒以外的感染性腹泻病。

225.《中华人民共和国传染病防治法》关于传染病的报告有哪些规定？

疾病预防控制机构、医疗机构和采供血机构及其执行职务的人员发现本法规定的传染病疫情或者发现其他传染病暴发、流行以及突发原因不明的传染病时，应当遵循疫情报告属地管理原则，按照国务院规定的或者国务院卫生行政部门规定的内容、程序、方式和时限报告。

军队医疗机构向社会公众提供医疗服务，发现前款规定的传染病疫情时，应当按照国务院卫生行政部门的规定报告。

任何单位和个人发现传染病病人或者疑似传染病病人时，应当及时向附近的疾病预防控制机构或者医疗机构报告。

226. 各级疾病预防控制机构在传染病预防控制中履行哪些职责？

传染病防治法第十八条规定，各级疾病预防控制机构在传染病预防控制中履行下列职责：

(一)实施传染病预防控制规划、计划和方案；

(二)收集、分析和报告传染病监测信息，预测传染病的发生、流行趋势；

(三)开展对传染病疫情和突发公共卫生事件的流行病学调查、现场处理及其效果评价；

(四)开展传染病实验室检测、诊断、病原学鉴定；

(五)实施免疫规划，负责预防性生物制品的使用管理；

(六)开展健康教育、咨询，普及传染病防治知识；

(七)指导、培训下级疾病预防控制机构及其工作人员开展传染病监测工作；

(八)开展传染病防治应用性研究和卫生评价，提供技术咨询。

国家、省级疾病预防控制机构负责对传染病发生、流行以及分布进行监测，对重大传染病流行趋势进行预测，提出预防控制对策，参与并指导对暴发的疫情进行调查处理，开展传染病病原学鉴定，建立检测质量控制体系，开展应用性研究和卫生评价。

设区的市和县级疾病预防控制机构负责传染病预防控制规划、方案的落实，组织实施免疫、消毒、控制病媒生物的危害，普及传染病防治知识，负责本地区疫情和突发公共卫生事件监测、报告，开展流行病学调查和常见病原微生物检测。

227.《中华人民共和国传染病防治法》中规定疾病预防控制机构和医疗机构在传染病防治中的职责是什么？

各级疾病预防控制机构承担传染病监测、预测、流行病学调查、疫情报告，以及其他预防、控制工作。

医疗机构承担与医疗救治有关的传染病防治工作和责任区域内的传染病预防工作。城市社区和农村基层医疗机构在疾病预防控制机构的指导下，承担城市社区、农村基层相应的传染病防治工作。

228. 疾病预防控制机构发现传染病疫情或者接到传染病疫情报告时，应当及时采取哪些措施？

(1)对传染病疫情进行流行病学调查，根据调查情况提出划定疫点、疫区的建议，对被污染的场所进行卫生处理，对密切接触者，在指定场所进行医学观察和采取其他必要的预防措施，并向卫生行政部门提出疫情控制方案；

(2)传染病暴发、流行时，对疫点、疫区进行卫生处理，向卫生行政部门提出疫情控制方案，并按照卫生行政部门的要求采取措施；

(3)指导下级疾病预防控制机构实施传染病预防、控制措施，组织、指导有关单位对传染病疫情的处理。

229.《中华人民共和国传染病防治法》规定县级以上地方人民政府应当制定传染病预防控制预案，传染病预防控制预案主要包括哪些内容？

传染病预防控制预案主要包括以下内容：

(1)传染病预防控制指挥部的组成和相关部门的职责；

(2)传染病的监测、信息收集、分析、报告、通报制度；

(3)疾病预防控制机构、医疗机构在发生传染病疫情时的任务与职责；

(4)传染病暴发、流行情况的分级以及相应的应急工作方案；

(5)传染病预防、疫点疫区现场控制，应急设施、设备、救治药品和医疗器械以及其他物资和技术的储备与调用。

230. 对被传染病病原体污染的污水、污物、场所和物品应如何处理？

对被传染病病原体污染的污水、污物、场所和物品，有关单位和个人必须在疾病预防控制机构的指导下或者按照其提出的卫生要求，进行严格消毒处理；拒绝消毒处理的，由当地卫生行政部门或者疾病预防控制机构进行强制消毒处理。

231. 医疗机构发现传染病时，应当采取哪些措施？

医疗机构发现甲类传染病时，应当及时采取下列措施：

(1)对病人、病原携带者，予以隔离治疗，隔离期限根据医学检查结果确定；

(2)对疑似病人，确诊前在指定场所单独隔离治疗；

(3)对医疗机构内的病人、病原携带者、疑似病人的密切接触者，在指定场所进行医学观察和采取其他必要的预防措施；

(4)拒绝隔离治疗或者隔离期未满擅自脱离隔离治疗的，可以由公安机关协助医疗机构采取强制隔离治疗措施。

医疗机构发现乙类或者丙类传染病病人，应当根据病情采取必要的治疗和控制传播措施。

232. 传染病暴发、流行时，县级以上地方政府可采取哪些措施？

传染病暴发、流行时，县级以上地方人民政府可采取下列紧急措施并予以公告：

(1)限制或者停止集市、影剧院演出或者其他人群聚集的活动；

(2)停工、停业、停课；

(3)封闭或者封存被传染病病原体污染的公共饮用水源、食品以及相关物品；

(4)控制或者扑杀染疫野生动物、家畜家禽；

(5)封闭可能造成传染病扩散的场所。

233. 患传染病死亡的，对尸体应如何处理？

患甲类传染病、炭疽死亡的，应当将尸体立即进行卫生处理，就近火化。患其他传染病死亡的，必要时，应当将尸体进行卫生处理后火化或者按照规定深埋。

为了查找传染病病因，医疗机构在必要时可以按照国务院卫生行政部门的规定，对传染病病人尸体或者疑似传染病病人尸体进行解剖查验，并应当告知死者家属。

234. 地方各级人民政府未履行《中华人民共和国传染病防治法》相关职责者，有何法律责任？

《中华人民共和国传染病防治法》第六十五条规定：地方各级人民政府未依照本法的规定履行报告职责，或者隐瞒、谎报、缓报传染病疫情，或者在传染病暴发、流行时，未及时组织救治、采取控制措施的，由上级人民政府责令改正，通报批评；造成传染病传播、流行或者其他严重后果的，对负有责任的主管人员，依法给予行政处分；构成犯罪的，依法追究刑事责任。

235. 县级以上人民政府卫生行政部门违反《中华人民共和国传染病防治法》有何法律责任？

《中华人民共和国传染病防治法》第六十六条规定，县级以上人民政府卫生行政部门违反本法规定，有下列情形之一的，由本级人民政府、上级人民政府卫生行政部门责令改正，通报批评；造成传染病传播、流行或者其他严重后果的，对负有责任的主管人员和其他直接责任人员，依法给予行政处分；构成犯罪的，依法追究刑事责任：

(一)未依法履行传染病疫情通报、报告或者公布职责，或者隐瞒、谎报、缓报传染病疫情的；

(二)发生或者可能发生传染病传播时未及时采取预防、控制措施的；

(三)未依法履行监督检查职责，或者发现违法行为不及时查处的；

(四)未及时调查、处理单位和个人对下级卫生行政部门不履行传染病防治职责的举报的；

(五)违反本法的其他失职、渎职行为。

236. 疾病预防控制机构违反《中华人民共和国传染病防治法》有何法律责任？

《中华人民共和国传染病防治法》第六十八条规定：疾病预防控制机构违反本法规定，有下列情形之一的，由县级以上人民政府卫生行政部门责令限期改正，通报批评，给予警告；对负有责任的主管人员和其他直接责任人员，依法给予降级、撤职、开除的处分，并可以依法吊销有关责任人员的执业证书；构成犯罪的，依法追究刑事责任：

(一)未依法履行传染病监测职责的；

(二)未依法履行传染病疫情报告、通报职责，或者隐瞒、谎报、缓报传染病疫情的；

(三)未主动收集传染病疫情信息，或者对传染病疫情信息和疫情报告未及时进行分析、调查、核实的；

(四)发现传染病疫情时，未依据职责及时采取本法规定的措施的；

(五)故意泄露传染病病人、病原携带者、疑似传染病病人、密切接触者涉及个人隐私的有关信息和资料的。

237. 医疗机构违反《中华人民共和国传染病防治法》有何法律责任？

《中华人民共和国传染病防治法》第六十九条规定：医疗机构违反本法规定，有下列情形之一的，由县级以上人民政府卫生行政部门责令改正，通报批评，给予警告；造成传染病传播、流行或者其他严重后果的，对负有责任的主管人员和其他直接责任人员，依法给予降级、撤职、开除的处分，并可以依法吊销有关责任人员的执业证书；构成犯罪的，依法追究刑事责任：

(一)未按照规定承担本单位的传染病预防、控制工作、医院感染控制任务和责任区域内的传染病预防工作的；

(二)未按照规定报告传染病疫情，或者隐瞒、谎报、缓报传染病疫情的；

(三)发现传染病疫情时，未按照规定对传染病病人、疑似传染病病人提供医疗救护、现场救援、接诊、转诊的，或者拒绝接受转诊的；

(四)未按照规定对本单位内被传染病病原体污染的场所、物品以及医疗废弃物实施消毒或者无害化处置的；

(五)未按照规定对医疗器械进行消毒，或者对按照规定一次使用的医疗器具未予销毁，再次使用的；

(六)在医疗救治过程中未按照规定保管医学记录资料的；

(七)故意泄露传染病病人、病原携带者、疑似传染病病人、密切接触者涉及个人隐私的有关信息、资料的。

238.《中华人民共和国传染病防治法》共有几章多少条？主要内容有哪些？

《中华人民共和国传染病防治法》共有9章80条，主要内容有：总则，传染病预防，疫情报告、通报和公布，疫情控制，医疗救治，监督管理，保障措施，法律责任，附则。

239. 我国已颁布的主要公共卫生法规主要有哪些？

主要有《中华人民共和国传染病防治法》、《中华人民共和国食品安全法》、《公共场所卫生管理条例》、《突发公共卫生事件应急条例》、《中华人民共和国职业病防治法》等。

第二节 传染病基础知识

240. 什么是传染病？

传染病是由病原微生物（细菌、病毒、立克次体、螺旋体等）和寄生虫（原虫和蠕虫）感染人体后产生的有传染性的疾病，由病原微生物和寄生虫引起的疾病都属于感染性疾病，但感染性疾病不一定都具有传染性。在感染性疾病中，具有传染性的疾病称为传染病。

241. 传染病有哪些基本特征？

（1）有病原体。传染病是由病原微生物引起的，任何传染病都有特异性病原体，传染病是病原体的生物体在一定环境条件下相互作用的结果。

（2）有传染性。传染病能够在宿主之间直接或通过媒介物相互传播，即具有传染性。

（3）有流行病学特征。不同的传染病在人群中流行也可以表现出不同的时间分布、人群分布和地区分布。

（4）人群感染后免疫。人体感染病原体后，无论是显性还是隐性都能够产生针对病原体及其产物（毒素）的特异性免疫。在感染者的血液中可以检测到特异性的抗体。

242. 与非传染病相比，传染病具有哪些特点？

临床上一般都有发热和炎症表现，传染病易引起人群中的暴发和流行，一般来说，患病后能产生特异性免疫，在患者血清中能够检测到特异性抗体，策略和措施不同于一般疾病。

243. 传染病有哪些病期？

任何一种传染病都会经历发生、发展和转归等过程，传染病的病程可分为潜伏期、前驱期、症状明显期和恢复期。

传染病的潜伏期是指病原体进入机体至机体开始出现临床症状的时期，各种传染病的潜伏期有所不同，潜伏期的长短一般与感染病原体的数量和毒性有关。

传染病的前驱期是指从起病至症状明显开始的时期，在前驱期感染者的临床表现一般为非特异性。

症状明显期是指某些急性传染病度过前驱期后，出现该传染病特有的症状和体征，并充分表现的时期，如麻疹病人出疹。

恢复期是指机体免疫力增长至一定程度患者体内病理生理过程基本终止，患者病状体征基本消失的时期，感染者体内的病原体没有完全被清除，有些传染病的传染性还会持续一段时间，血清中抗体水平正在逐渐恢复。

244. 传染病的传染(感染)过程是什么?

传染过程是指病原体与机体相互作用、相互斗争的过程,即病原体侵入机体,作用于机体及机体对病原体作出反应的过程。

245. 人体感染传染性疾病后有哪些结局?

不同个体被传染后,可产生不同的结局,最轻的不出现任何症状,最重的发生严重型临床疾病而死亡。各个机体结局的轻重取决于病原体的致病力和机体免疫力,个体传染过程的结局包括:病原体被清除、隐性感染或不显性感染或亚临床感染,显性感染和临床传染病,病原携带状态、潜伏性感染。个体最严重的结局是,因发生严重型临床传染病而死亡。

246. 病原体在体内是如何被清除的?

病原体进入人体后,可被处于机体防御第一线的非特异性免疫屏障如胃酸所清除,也可由事先存在于体内的特异性被动免疫(来自母体的胎传抗体)所中和,或特异性主动免疫(预防接种获得的免疫)所清除。

247. 什么是隐性感染?

病原体侵入人体后仅引起机体发生特异性免疫应答,而不引起或只引起轻微的组织损伤,在临床上不显示任何症状、体征甚至生化改变,只是通过免疫学检查才能发现,但可以产生相应的抗体。隐性感染者虽然本身不发病,但其可以排出病原体传给他人,致他人发病,所以具有重要的流行病学意义。隐性感染过程结束后,大多数人获得不同程度的特异性主动免疫,病原体被清除,少数人转变为病原携带状态。

248. 什么是显性感染或临床传染病?

传染病的病原体侵入机体后,在机体内发育、繁殖,出现临床上可以察觉的症状、体征。这类传染病称为显性感染或临床传染病。临床传染病可以分为轻型、中型、重型、严重型。

249. 什么是病原携带状态?

病原携带者是指受到感染后无明显症状与体征,但能够排出病原体的人。体内携带细菌者叫带菌者,体内携带病毒者叫带毒者,体内携带寄生虫者叫带虫者。常因为其无症状和体征而未被发现、未被隔离,故其是更重要的传染源。

250. 什么是潜伏性感染?

病原体感染人体后,寄生在机体中某些部位,由于机体免疫功能足以将病原体局限化而不引起显性感染,但又不足以将病原体清除,病原体便可长期潜伏下来,待机体免疫功能下降时,则可引起显性感染。潜伏性感染期间,病原体一般不排出体外,这是与病原携带状态的不同之点。

251. 传染病流行的基本环节是什么?

传染病在人群中发生、传播的过程称为流行过程,即病原体从传染源排出,经过一定的传播途径,到达新的易感者,并形成新的感染,并且不断发展的过程。传染病流行过程的形成必须具备三个环节,即传染源、传播途径、易感人群。只有这三个环节同时存在并相互联系,才能构成传染病的流行过程。

传染源是指体内有病原体生长繁殖,并能将其排出体外的人和动物,包括传染病病人、隐性感染者、病原携带者和动物宿主。

传播是指病原体从传染源体内排出后至入侵新的易感宿主前,在外界环境中停留、转移所经历的全过程,或病原体从传染源体内排出,经直接接触进入易感者体内的过程。

对某种传染病缺乏特异性免疫力的人就是这种传染病的易感人群。人群作为一个整体对传染病的易感程度称为人群易感性。人群易感性的高低取决于该人群中易感个体所占比例。与之相对应的是群体免疫力。

252. 什么是传染病的三"间"分布?

传染病的分布是指在不同时间、不同空间、不同人间某种传染病发生或死亡的频率。

时间分布是指不同时间人群中传染病发生的频率。传染病的发生频率随时间而改变,不是静止的,它由潜隐到散发,再到流行,经过控制达到消除或消灭。

空间分布是指不同地区的人群中传染病的发生频率。

人间分布是指传染病在不同特征的人群中的发生频率,如年龄、性别、职业等。

253. 什么是疫源地?

疫源地是指有传染源存在的地方,并在一定条件下,传染源向周围排出病原体所能波及的范围,即可能发生传染病新病例或新感染的地方,包括传染源停留过的场所、传染源周围区域。构成疫源地的条件:一是有传染源存在;二是传染源能向外播散病原体。

疫源地范围的大小取决于传染源的活动范围、传播途径及传播条件,把范围较小或单个疫源地称为疫点,范围较大的疫源地或若干疫源地连在一起称为疫区。

254. 疫源地消灭应具备哪些条件?

疫源地消灭应具备三个条件:

(1)传染源被移走(住院治疗死亡)或传染源不再排出病原体(治愈)。

(2)传染源散播在外界环境中的病原体已被彻底消除(经过终末消毒、杀虫)。

(3)所有的易感接触者经过该病一个最长潜伏期的观察,没有发生新病例或未被感染。

疫源地是流行过程的组成部分,一旦消灭了疫源地,传染病的流行过程即告中断。

255. 如何描述传染病的流行强度?

传染病流行过程中的强度和广度,可以根据其在一定时间、空间内人群中的发生频率和数量,采用不同的指标予以描述,一般用散发、暴发、流行、大流行等指标进行描述。

散发是指人群中的病例以散在形式零星发生，每个病例在发病时间与发病地区上没有明显的联系，通常是指该病发生频率保持在历年的一般水平。通常用于描述地域范围较大、人口较多地区的发病情况。

暴发是指一个小的局部地区或集体单位中，短时间内出现多例同一疾病的病例或症状相似的患者。这类病例多有共同的传染来源或同一传播途径，多数病例出现在该病的最长潜伏期内，或可以找出一代与一代病例之间的联系。

流行是指某病在某个地区一定时间内的发病率显著超过该病以往历年的发病水平，称为流行。

大流行是指某病在一定时间内迅速蔓延，不但发病率超过当地的历年水平，而且跨越国界、洲界，称为大流行。

256. 传染病常见的传染源有哪些？

传染病的传染源主要有传染病病人、隐性感染者、病原携带者和受感染的动物。

257. 人作为传染源意义何在？

传染病患者是重要的传染源，因患者体内存在大量的病原体，从病原体侵入机体直至被清除，机体都可能排出病原体，而且患者的某些症状、体征(如咳嗽、喷嚏、腹泻)，又有利于病原体的排出。患者作为传染源的意义，取决于病原体在其体内存在时间的长短，患者处于病程的哪一期，何时排出病原体，通过何种途径排出。而那些隐性感染者，虽然没有可察觉的症状、体征，但同样可以排出病原体，同时因为他们没有症状，活动很少受限制，他们作为传染源的作用不容忽视。另外病原携带者可分为潜伏期携带者、恢复期携带者和健康携带者。健康携带者由于人数众多，可以成为重要的传染源。

258. 动物作为传染源的意义何在？

许多种动物传染病可以传染给人，如牛型结核、布氏杆菌病、炭疽、狂犬病、森林脑炎、钩端螺旋体病、疯牛病等，这类传染病的病原体在自然界是通过动物传染动物，或动物经过媒介昆虫传染动物的形式传播，无论有没有人类参与其中，这类传染病都可以在家畜、野生动物中自然流行不止，这类传染病又称为动物病或人畜(兽)共患病。

人只是偶尔受到人畜共患病病原体的感染，动物作为人类传染病传染源的重要性，取决于人们与感染动物的接触机会、接触的密切程度、是否存在传播该病的适宜条件，以及动物传染源的种类、密度、携带病原体时间的长短。

259. 何谓病原体的传播机制？

病原体不断更换宿主的过程称为传播机制。虽然不同病原体的传播机制各异，但实现传播机制都包括三个阶段，即：(1)病原体从宿主体内排出；(2)病原体在外界环境中停留；(3)病原体入侵新的易感宿主。

260. 什么是传染病的传播途径?

病原体从传染源体内排出后至入侵新的易感宿主前,在外界环境中停留、转移所经历的全过程,或病原体从传染源体内排出,经直接接触进入易感者体内的过程,称为传播途径。

病原体在外环境中停留和转移,都需依附于环境中一定的物体(媒介),如空气、水、食物、苍蝇及日用品、手等,称为传播媒介或传播因素,传播途径实际上就是传播因素的综合。通常有介空气传播或介水传播,介食物传播,介土壤传播,经媒介节肢动物传播、母婴传播、医源性感染,介血液传播等。

261. 介空气传播传染病具有哪些流行病学特征?

介空气传播传染病的流行病学特征为:

(1)传播途径易于实现,传播范围广泛,易感者中常发生续发病例,如潜伏期短的传染病常可引起暴发、流行。

(2)常见冬春季节发病升高。

(3)儿童多发。

(4)流行的发生常与居住拥挤、人群聚集、易感者比例高等因素有关。

(5)如防护不当可发生医院感染。

262. 介饮水传播的传染病具有哪些流行病学特征?

介饮水传播的传染病的流行病学特征为:

(1)病例的分布与供水范围一致,均有饮用同一供水史。

(2)除哺乳婴儿外,各种年龄、性别、职业者均可发病,暴饮者发病更多。

(3)当地的水源如经常被污染,病例可长年不断,呈慢性地方性流行。

(4)如水源被一次性大量污染,可致肠道传染病暴发、流行。

(5)水源经净化、消毒后,暴发流行即可平息。

263. 介疫水传播传染病有哪些流行病学特征?

介疫水传播是指易感者直接接触含病原体的疫水引起传染病的传播, 其特征为:

(1)患者均有接触疫水的历史。

(2)病例的季节性、地区性、职业性分布特点,均与疫水接触机会有关,于降水的季节(雨季、农渔产品收获时)多见,青壮年、男性、农渔民以及水网地区多见,特别是洪水灾害后易暴发、流行。

(3)如大量人群进入流行区与疫水接触,可引起暴发、流行。

(4)对疫水采取措施或加强个人防护后,可控制病例的发生。

264. 介食物传播传染病有哪些流行病学特征?

介食物传播传染病的流行病学特征为:

(1)患者都有进食被污染食物的历史,不吃者不发病。

(2)如一次污染大量食物,在进餐者中可引起暴发、流行,潜伏期短者,临床症状较重。

(3)停止供应该污染食物后,暴发流行即可终止。

(4)介食物传播的传染病一般不会形成慢性流行,如果食物多次被污染,流行也可持续较长时间。

265. 介接触传播传染病有哪些流行病学特征?

直接接触传播的传染病,一般只会散发,不易形成流行。

间接接触传播的传染病的流行病学特征为:

(1)病例以散发为主,很少造成流行。

(2)流行过程缓慢,无明显的季节性。

(3)在经济条件较差、卫生习惯不良的人群中多见。

(4)通过加强对传染源的管理,严格实施消毒、隔离制度,注意个人卫生,可以减少这类疫病的传播。

266. 经媒介节肢动物传播的传染病的流行病学特征有哪些?

经媒介节肢动物传播的传染病的流行病学特征为:

(1)病例呈现一定的地区性分布特点,病例的地区分布与媒介节肢动物分布一致。

(2)病例有一定的季节分布特点,其发病率高低与媒介节肢动物活动季节一致。

(3)病例分布有明显的职业、年龄特点,多见于从事特殊职业人群,成年男性多见。

(4)一般没有人传人的现象。

267. 哪些因素能使人群易感性降低?

能使人群易感性降低的因素为:

(1)计划免疫。有计划地在易感人群中实施人工主动免疫,是降低人群对传染病易感性最积极的方法。

(2)传染病流行。每次传染病流行后,都有相当数量的易感者因受到感染而获得免疫,使人群的免疫水平提高,易感性降低。

(3)隐性感染。与传染源接触后,人群中许多人虽然没有出现临床症状,但可以通过隐性感染获得免疫。

(4)具免疫力的人口大量迁入。

268. 哪些因素能使人群免疫力增高?

能使人群免疫力增高的因素为:

(1)新出生婴儿增加,出生6个月以内的婴儿,由于母传抗体的保护,他们对许多传染病不易感。

(2)易感人口的大量迁入。

(3)免疫人口的免疫力自然消退。

(4)免疫人口大量死亡。

269. 影响传染病流行的因素有哪些?

传染病的流行,必须有传染源、传播途径、易感人群三个环节的存在,并相互连接,而这三个环节的连接受到自然因素和社会因素的影响,其中社会因素更为重要,无论是自然因素还是社会因素,都是通过其对传染源传播途径、人群易感性的作用而对传染病的流行过程发生影响的。

270. 传染病的预防和控制措施有哪些?

传染病的预防和控制措施包括:疫情未出现时的预防措施、疫情出现后的控制措施和治疗性预防措施。疫情未出现时的预防措施主要是指经常性的预防工作和保护易感人群而采取的免疫预防接种。疫情出现后的控制措施是发生疫情时针对传染病流行过程的三个环节和两个因素采取的紧急防疫措施。

271. 针对传染病病人应采取哪些措施?

对传染病病人应采取以下措施:

(1)加强疫情和疾病监测,做到早发现、早诊断。早期发现和诊断传染病病人,是尽快采取防疫措施、控制疫情、防止蔓延和尽快隔离治疗病人的前提。

(2)传染病疫情报告。迅速、及时、准确完整的传染病报告,可使防疫部门掌握该地传染病分布特征,对疫情作出正确判断,从而制定控制、消灭的对策与措施,而且可使疫源地得到处理。

(3)早隔离和早治疗。隔离病人是控制传染病传播的重要措施,将处于传染期内的病人安置于一定的场所,使其不与健康者或其他病人接触,以减少引起新感染者的机会。

272. 对病原携带者应如何进行管理?

病原携带者在治愈之前应受到职业限制,不得从事易使该传染病扩散的工作。霍乱病原携带者在病原体携带期间强制对其隔离治疗,直至病原检查转阴之前,不得从事食品和饮用水的生产、管理及托幼机构的保育、保教工作。艾滋病病原携带者,不得从事生物制品,血站(库)、医疗、美容、整容、托幼机构、服务行业等工作。伤寒和副伤寒病原携带者,在停止排菌前,不准从事饮食行业生产、加工、服务和保管工作等,可经血液传播的病原携带者应禁止作为献血源。

273. 何谓检疫?检疫的方式有哪些?

检疫是对传染病的接触者所采取的管理措施。接触者指接触过病人、受染人员、动物或污染的环境并有可能受到感染的人,他们是潜在的传染源,检疫的目的在于早期发现病人,给予相应的处置。

检疫的方式通常有医学观察、留验和集体检疫。

医学观察适用于乙类和丙类传染病的接触者,在接受医学观察时,接触者日常活动不受限制，可照常参加工作和活动。对接触者每日进行视诊、问诊和测量体温，当发病或疑似发病时应立即隔离。

留验也称隔离观察，是将与甲类传染病病人的接触者隔离于专门场所，限制其活动，不准与其他人员接触，并同时进行医学观察。

集体检疫又称集体留验，受检单位或社区全体人员不得与外界人员接触，在检疫期间，除对全体人员进行医学观察外，可在单位内进行日常活动。

检疫期限一般为该种传染病的最长潜伏期。

274. 对动物传染源应如何采取措施?

具体有经济价值的动物同时又不是患烈性传染病的，可以进行治疗，对绝大部分的野生动物染病后失去经济价值的家畜，可采取杀死、消灭的措施。例如消灭狂犬、野犬、狼等，是消灭狂犬病的重要措施。患炭疽的家畜应采取杀死、焚烧或深埋等措施，严禁屠宰后食肉或剥皮。

275. 如何才能切断呼吸道传染病的传播途径?

首先要对病人进行隔离，防止病人与他人接触，在呼吸道传染病流行期间，应暂停聚会和集体娱乐活动，不串门。要保持室内通风、空气清新，必要时采取空气消毒措施，如紫外线照射，3%过氧化氢溶液或2%过氧乙酸喷雾消毒，食醋熏蒸等均有一定效果。另外，还可对病人的衣物和排泄物进行消毒处理。

276. 如何切断肠道传染病的传播途径?

首先要加强饮用水的管理，尤其对水源和出水口要严格防止污染，饮水必须消毒，要饮用开水，做到生活用水和饮用水分开。其次要管好人畜粪便，粪便和排泄物要进行无害化处理，霍乱等传染病流行季节尤其要严格管理、消毒，无条件时深埋。最后要加强食品管理，把好病从口入关，疾病流行季节禁止吃生冷食品，防蝇、防污染，炊事人员应定期体检，有可疑感染或带菌者要调离工作岗位。

277. 什么是预防性消毒(杀虫)?

在怀疑曾有传染源存在的情况下，认为外环境中有被污染的病原体存在，或在外环境中有传递病原体的媒介节肢动物存在时，所施行的消毒与杀虫措施，称为预防性消毒(杀虫)。在人群进住某居室或某驻地前常采取此措施，来切断可能的传播途径。

278. 疫源地消毒的种类和意义是什么?

疫源地消毒是指传染源存在的情况下，进行的消毒与杀虫措施，分为随时消毒(杀虫)和终末消毒(杀虫)两种。

随时消毒(杀虫)是指在传染源存在时，随时对其排泄物、分泌物以及其他被污染的物品进行消毒，称为随时消毒；随时对可作为传染媒介的节肢动物进行杀灭，称为随时杀虫。这在传染源存在的疫源地内是不容忽视的重要措施。

终末消毒(杀虫)是当传染源从疫源地被移走(住院、隔离)或死亡之后，在疫源地内进行的最后一次彻底的消毒(杀虫),以消灭传染源遗留在疫源地内传播媒介上的病原体,称为终末消毒(杀虫)。

279. 哪些传染病需要进行终末消毒?

需要进行终末消毒的传染病,其病原体能在外环境中存活一段时间,主要有:

(1)肠道传染病中的霍乱、伤寒、副伤寒、痢疾、病毒性肝炎、脊髓灰质炎等。

(2)呼吸道传染病中的肺鼠疫、白喉、肺结核、猩红热等。

(3)自然疫源性疾病中的炭疽、鼠疫、布氏杆菌病等。

280. 对易感人群应采取哪些措施?

在传染病防控工作中,作为三个环节中的易感人群应采取包括免疫预防、药物预防和个人防护等综合措施。

免疫预防又称为免疫接种,可分为人工被动免疫、人工自动免疫和被动自动免疫三种。另外,在传染病流行或暴发时,应对重点人群进行应急接种。

281. 传染病的潜伏期具有哪些流行病学意义?

潜伏期的流行病学意义为:

(1)潜伏期的长短影响疾病的流行特征,一般来说,潜伏期短的传染病常呈暴发型,来势凶猛,平息也快,如流感。潜伏期长的传染病流行持续时间也较长。

(2)根据潜伏期可以推断患者受感染的时间,并依次追踪传染源,确定传播途径。

(3)根据潜伏期的长短,可决定接触者的检疫期限,一般检疫期限按最长潜伏期确定。

(4)根据潜伏期可确定传染病发生流行时的应急接种时间。

(5)接触者在最长潜伏期内没有新病例发生,可以作为疫源地消灭的依据之一。

(6)实施某项干预措施后,经过一个潜伏期观察,如发病人数下降,提示该项干预有效。

282. 甲类传染病暴发流行时,如何进行疫区检疫?

甲类传染病暴发、流行时,根据疫情状况及需要,经县级以上政府报请上一级政府批准,可以对该疫区实施封锁。如要封锁大中城市的疫区或跨省、自治区和直辖市的疫区以及封锁疫区导致中断干线交通或封锁国境时,必须由国务院决定,解除疫区封锁由原宣布实施疫区封锁的机关宣布。

283. 甲类传染病暴发、流行时,被封锁的疫区应实行哪些措施?

被封锁的疫区应实行下列检疫措施:

(1)严格隔离治疗病人,限制或停止集市、集会、影剧院演出以及人群聚集等活动。

(2)必要时停工、停业、停课,封锁被病原体污染的公共饮用水源。

(3)实施彻底的消毒、杀虫和疗理患病动物。

(4)认真追踪和登记所有接触者并实行留验。

(5)必要时对该区的易感人群开展应急免疫或药物预防。

(6)对必须离开封锁区人员,在他们到达目的地后,立即接受就地医学观察。

(7)限制对该病易感者进入封锁区,必须进入者就接受人工自动免疫或药物预防等保护措施。

(8)封锁区内的物资和交通工具,经检查和卫生处理后,保证消灭了病原体、病媒昆虫和染疫动物时,方允许其离开。

(9)死亡者尸体不经严格处理,一律不得外运。

(10)当病人继续存在的情况下,要对其排泄物、分泌物及其污染物品进行随时消毒,当病人住院或死亡后应对疫区进行全面彻底的终末消毒。

284. 乙类、丙类传染病暴发、流行时,对疫区应采取什么措施?

当乙类、丙类传染暴发、流行时,不对疫区进行封锁措施。对乙类传染病病人,需要住院治疗者都应动员其入传染病院(科)或临时隔离病房进行隔离治疗。对病原体污染的环境和各种物品进行彻底消毒。虫媒传染病和动物性疾病应彻底杀虫、灭鼠。丙类传染病病人,如无并发症,则不需住院治疗,均可在医务人员指导下进行自家隔离治疗,并指导患者家属做好通风和食具消毒。

285. 甲类传染病和按甲类传染病疗理的病人死亡后,如何对其尸体进行处理?

鼠疫、霍乱、传染性非典型肺炎和炭疽病死亡的病人尸体,含有大量传染性极强的病原体,不经彻底处理,易造成环境污染或对接触人群的危害,引起续发病例,甚至可能造成这些疾病的暴发和流行。因此,这些病的死亡者尸体必须由医疗单位负责消毒处理后,运送火葬场立即火化,不得举行遗体告别等仪式。不具备火化条件的农村或边远地区,病人尸体可由治疗病人的医疗单位或当地疾病预防控制机构负责消毒后,在远离居民点(500米以外)和远离饮用水源50米以外的地方,将尸体深埋2米以下。

286. 疫区解除应具备哪些条件?

在疫区实施了一系列措施之后,同时具备下列三个条件,才能由原宣布机关宣布解除疫区。

(1)患传染病的病人已隔离、治愈、死亡或移至他处,病原携带者基本被查清并治愈,患传染病的动物被消灭或治愈、病死者尸体被焚化或深埋。

(2)被病人或患病动物所污染的环境以及各种物品被彻底消毒,疫区内的有关病媒昆虫被消灭。

(3)经过全面巡诊后,在其相应传染病的一个最长潜伏期内未再发生新的续发病例和病原携带者。

287. 预防传染病最重要应做好哪三方面的工作?

管理传染源、切断传播途径、保护易感人群。

288. 预防痢疾的“三管一灭”是指什么？

管好水、粪、饮食卫生，杀灭蝇蛆。

289. 传染病在人群中发生、发展以及引起流行必备的条件是什么？

传染病在人群中发生、发展以及引起流行必备的条件是传染源、传播途径和易感人群。

290. 提高机体的抗病能力主要是指什么？

提高机体的抗病能力主要是指保证一定的营养，改善生活环境。开展体育锻炼、增强体质等。

291. 什么是群体性不明原因疾病？

是指在短时间内，某个相对集中的区域内同时或者相继出现具有共同临床表现病人，且病例不断增加，范围不断扩大，又暂时不能明确诊断的疾病。

292. 新发现的传染病包括哪些？

(1)过去早已存在的疾病，但当时未认识是传染病，现今才确定为传染病，如消化性溃疡、胃炎、胃淋巴瘤(由幽门螺杆菌引起)。

(2)早已知道为传染病，当时未发现其病原体，近年由于诊断技术提高发现其相应病原体，如丙肝、戊肝、流行性出热血。

(3)过去确实不存在，新近才出现的，如艾滋病(AIDS)。

(4)已知传染病的病原体，由于变异出现新症状或症状加重及病原学诊断发生变化，如霍乱弧菌O139、SARS、禽流感。

293.《消毒管理办法》对医疗机构的消毒灭菌是如何规定的？

医疗卫生机构使用的进入人体组织或无菌器官的医疗用品必须达到灭菌要求。各种注射、穿刺、采血器具应当一人一用一灭菌。凡接触皮肤、黏膜的器械和用品必须达到消毒要求。

294. 什么是肠道传染疾病？

凡通过粪—口传播的疾病都叫肠道传染疾病。肠道传染疾病经过水、食物、日常生活接触和苍蝇等传播途径传播。

295. 肠道传染疾病中哪些为法定传染病？

肠道传染疾病主要有霍乱、伤寒、痢疾、感染性腹泻及甲型肝炎等。这些疾病都是国家法律规定管理的疾病，而霍乱又是规定实施强制管理的甲类传染病。

296. 肠道传染病有哪些主要症状？

肠道传染病的主要症状有发热、腹痛、腹泻、恶心、呕吐、失水及全身不适等。但霍乱的主要表现为剧烈腹泻、呕吐，进而严重失水甚至休克，大多不发烧，无腹痛及里急后重，如不及时就医治疗，极易死亡。

297. 季节性肠道门诊开设时间是什么？

季节性肠道门诊开设时间为每年5月1日至10月31日。

298. 肠道门诊必须落实的“五专”是指什么？

(1)专用诊断室和诊断桌。

(2)专人负责，做好腹泻病人的登记、报告、分析。

(3)专薄登记，“逢泻必登”，凡24小时内腹泻3次以上者务必详细登记，要求完整、准确、住址清楚，对于分流病人必须及时归口登记，不得漏登。

(4)配备专用消毒药械，必须配备紫外线灯、84消毒液、漂白粉、喷雾器、痰盂等消毒药械，严格执行隔离消毒制度，认真落实随时消毒和终末消毒。

(5)实行腹泻病人“肠道门诊专用处方”。

299. 肠道传染病的传染源有哪些？

肠道传染病的传染源主要是现症病人和带菌者，他们都能向外排菌，有很强的传染性，对他们要进行隔离治疗，才能防止传染他人。

300. 常见的夏季肠道传染病主要有哪些？

(1)细菌性痢疾：由痢疾杆菌引起，病人有排便不尽的感觉，粪便可呈脓血状，常伴有发热，儿童患者可能会休克。

(2)阿米巴痢疾：由阿米巴原虫引起，粪便呈果酱样。

(3)病毒性肠炎：也叫做流行性腹泻，病人常伴有感冒等症状。

301. 个人如何预防肠道传染病？

个人预防肠道传染病主要是养成良好的个人卫生习惯，即做到：洗净手，吃熟食，不喝生水。

302. 如何正确洗手？

正确的洗手方法包括以下5个步骤(图3-1)：

(1)湿：在水龙头下把手淋湿，手腕、手掌和手指均要充分淋湿。

(2)搓：双手擦肥皂或洗手液，搓洗双手的手心、手背、手指、指尖、指甲及手腕，最少洗20秒。

(3)冲：用清水将双手彻底冲洗干净。

(4)捧：捧水将水龙头冲洗干净，或用擦手纸包着水龙头关闭。

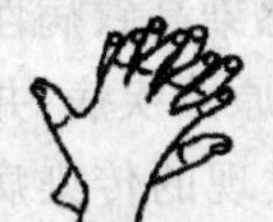

掌心对掌心搓擦　手指交错掌心对手背搓擦　手指交错掌心对掌心搓擦

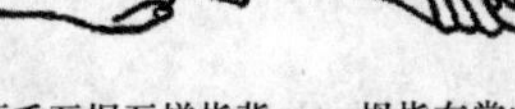

两手互握互搓指背　拇指在掌中转动搓擦　指尖在掌心中搓擦

图 3-1　标准洗手方法

(5)擦:用擦手纸或干净毛巾将双手擦干。

303. 什么是春季传染病?

春季传染病是指春季容易传播流行的一组传染病,多为呼吸道传染病,易在人群聚集的场所暴发流行,常见的春季传染病有流感、麻疹、风疹、流行性腮腺炎、水痘等。

304. 春季传染病如何防控?

主要是针对传染病流行的三个基本环节,采取有效措施进行预防:

(1)控制传染源:发现传染病及疫情时及时报告,对传染源要严格按照传染病的隔离期予以隔离治疗。

学校加强晨检和因病缺勤缺课追踪,尤其对发热的学生进行重点排查,对有传染病可疑症状的学生,及时就诊。

(2)切断传播途径:加强通风换气,搞好环境卫生,养成良好的个人卫生习惯。勤洗手,打喷嚏、咳嗽后要洗手。

(3)保护易感人群:预防接种,积极参加体育锻炼,提高免疫力,在传染病流行期,尽量少去人群聚集的公共场所。

第三节 《突发公共卫生事件与传染病疫情监测信息报告管理办法》

305. 我国的突发公共卫生事件是按照什么分级的,共分几级?

根据突发公共卫生事件性质、危害程度、涉及范围,突发公共卫生事件划分为特别重大(Ⅰ级)、重大(Ⅱ级)、较大(Ⅲ级)和一般(Ⅳ级)四级。

306. 什么情形下构成特别重大突发公共卫生事件(Ⅰ级)?

有下列情形之一的为特别重大突发公共卫生事件(Ⅰ级):

(一)肺鼠疫、肺炭疽在大中城市发生并有扩散趋势,或肺鼠疫、肺炭疽疫情波及2个以上的省份,并有进一步扩散趋势。

(二)发生传染性非典型肺炎、人感染高致病性禽流感病例,并有扩散趋势。

(三)涉及多个省份的群体性不明原因疾病,并有扩散趋势。

(四)发生新传染病或我国尚未发现的传染病发生或传入,并有扩散趋势,或发现我国已消灭的传染病重新流行。

(五)发生烈性病菌株、毒株、致病因子等丢失事件。

(六)周边以及与我国通航的国家和地区发生特大传染病疫情,并出现输入性病例,严重危及我国公共卫生安全的事件。

(七)国务院卫生行政部门认定的其他特别重大突发公共卫生事件。

307. 什么情形下构成重大突发公共卫生事件(Ⅱ级)?

有下列情形之一的为重大突发公共卫生事件(Ⅱ级):

(一)在一个县(市)行政区域内,一个平均潜伏期内(6天)发生5例以上肺鼠疫、肺炭疽病例;或者相关联的疫情波及2个以上的县(市)。

(二)发生传染性非典型肺炎、人感染高致病性禽流感疑似病例。

(三)腺鼠疫发生流行,在一个市(地)行政区域内,一个平均潜伏期内多点连续发病20例以上,或流行范围波及2个以上市(地)。

(四)霍乱在一个市(地)行政区域内流行,1周内发病30例以上,或波及2个以上市(地),有扩散趋势。

(五)乙类、丙类传染病波及2个以上县(市),1周内发病水平超过前5年同期平均发病水平2倍以上。

(六)我国尚未发现的传染病发生或传入,尚未造成扩散。

(七)发生群体性不明原因疾病,扩散到县(市)以外的地区。

(八)发生重大医源性感染事件。

(九)预防接种或群体预防性服药出现人员死亡。

(十)一次食物中毒人数超过100人并出现死亡病例,或出现10例以上死亡病例。

(十一)一次发生急性职业中毒50人以上,或死亡5人以上。

(十二)境内外隐匿运输、邮寄烈性生物病原体、生物毒素造成我境内人员感染或死亡的。

(十三)省级以上人民政府卫生行政部门认定的其他重大突发公共卫生事件。

308. 什么情形下构成较大突发公共卫生事件(Ⅲ级)?

有下列情形之一的为较大突发公共卫生事件(Ⅲ级):

(一)发生肺鼠疫、肺炭疽病例,一个平均潜伏期内病例数未超过5例,流行范围在一个县(市)行政区域以内。

(二)腺鼠疫发生流行,在一个县(市)行政区域内,一个平均潜伏期内连续发病10例以上,或波及2个以上县(市)。

(三)霍乱在一个县(市)行政区域内发生,1周内发病10～29例,或波及2个以上县(市),或市(地)级以上城市的市区首次发生。

(四)1周内在一个县(市)行政区域内,乙、丙类传染病发病水平超过前5年同期平均发病水平1倍。

(1)痢疾、甲肝、伤寒、副伤寒、麻疹:在一个县(市)行政区域内,同一事件累计发病100例以上,或者累计发病10例以上并出现死亡病例。

(2)流脑、出血热:在一个县(市)行政区域内,同一事件累计发病10例以上,并出现死亡病例。

(3)流感:在一个县(市)行政区域内,同一事件累计发病数500例以上。

(五)在一个县(市)行政区域内发现群体性不明原因疾病。

(六)一次食物中毒人数超过100人,或出现死亡病例。

(七)预防接种或群体预防性服药出现群体心因性反应或不良反应。

(八)一次发生急性职业中毒10～49人,或死亡4人以下。

(九)市(地)级以上人民政府卫生行政部门认定的其他较大突发公共卫生事件。

309. 什么情形下构成一般突发公共卫生事件(Ⅳ级)?

有下列情形之一的为一般突发公共卫生事件(Ⅳ级):

(一)腺鼠疫在一个县(市)行政区域内发生,一个平均潜伏期内病例数未超过10例。

(二)霍乱在一个县(市)行政区域内发生,1周内发病9例以下。

(三)一次食物中毒人数30～99人,未出现死亡病例。

(四)一次发生急性职业中毒9人以下,未出现死亡病例。

(五)县级以上人民政府卫生行政部门认定的其他一般突发公共卫生事件。

310. 突发公共卫生事件报告范围与标准是什么?

突发公共卫生事件相关信息报告范围,包括可能构成或已发生的突发公共卫生事件相关信息,其报告标准不完全等同于《国家突发公共卫生事件应急预案》的判定标准。突发公共卫生事件的确认、分级由卫生行政部门组织实施。

(一)传染病

(1)鼠疫:发现1例及以上鼠疫病例。

(2)霍乱:发现1例及以上霍乱病例。

(3)传染性非典型肺炎:发现1例及以上传染性非典型肺炎病例病人或疑似病人。

(4)人感染高致病性禽流感:发现1例及以上人感染高致病性禽流感病例。

(5)炭疽:发生1例及以上肺炭疽病例;或1周内,同一学校、幼儿园、自然村寨、社区、建筑工地等集体单位发生3例及以上皮肤炭疽或肠炭疽病例;或1例及以上职业性炭疽病例。

(6)甲肝/戊肝:1周内,同一学校、幼儿园、自然村寨、社区、建筑工地等集体单位发生5例及以上甲肝/戊肝病例。

(7)伤寒(副伤寒):1周内,同一学校、幼儿园、自然村寨、社区、建筑工地等集体单位发生5例及以上伤寒(副伤寒)病例,或出现2例及以上死亡。

(8)细菌性和阿米巴性痢疾:3天内,同一学校、幼儿园、自然村寨、社区、建筑工地等集体单位发生10例及以上细菌性和阿米巴性痢疾病例,或出现2例及以上死亡。

(9)麻疹:1周内,同一学校、幼儿园、自然村寨、社区、建筑工地等集体单位发生10例及以上麻疹病例。

(10)风疹:1周内,同一学校、幼儿园、自然村寨、社区等集体单位发生10例及以上风疹病例。

(11)流行性脑脊髓膜炎:3天内,同一学校、幼儿园、自然村寨、社区、建筑工地等集体单位发生3例及以上流脑病例,或者有2例及以上死亡。

(12)登革热:1周内,一个县(市、区)发生5例及以上登革热病例;或首次发现病例。

(13)流行性出血热:1周内,同一自然村寨、社区、建筑工地、学校等集体单位发生5例(高发地区10例)及以上流行性出血热病例,或者死亡1例及以上。

(14)钩端螺旋体病:1周内,同一自然村寨、建筑工地等集体单位发生5例及以上钩端螺旋体病病例,或者死亡1例及以上。

(15)流行性乙型脑炎:1周内,同一乡镇、街道等发生5例及以上乙脑病例,或者死亡1例及以上。

(16)疟疾:以行政村为单位,1个月内,发现5例(高发地区10例)及以上当地感染的病例;或在近3年内无当地感染病例报告的乡镇,以行政村为单位,1个月内发现5例及以上当地感染的病例;在恶性疟流行地区,以乡(镇)为单位,1个月内发现2例及以上恶性疟死亡病例;在非恶性疟流行地区,出现输入性恶性疟继发感染病例。

(17)血吸虫病:在未控制地区,以行政村为单位,2周内发生急性血吸虫病病例10例及以上,或在同一感染地点1周内连续发生急性血吸虫病病例5例及以上;在传播控制地区,以行政村为单位,2周内发生急性血吸虫病5例及以上,或在同一感染地点1周内连续发生急性血吸虫病病例3例及以上;在传播阻断地区或非流行区,发现当地感染的病人、病牛或感染性钉螺。

(18)流感:1周内,在同一学校、幼儿园或其他集体单位发生30例及以上流感样病例,或5例及以上因流感样症状住院病例,或发生1例及以上流感样病例死亡。

(19)流行性腮腺炎:1周内,同一学校、幼儿园等集体单位中发生10例及以上流行性腮腺炎病例。

(20)感染性腹泻(除霍乱、痢疾、伤寒和副伤寒以外):1周内,同一学校、幼儿园、自然村寨、社区、建筑工地等集体单位中发生20例及以上感染性腹泻病例,或死亡1例及以上。

(21)猩红热:1周内,同一学校、幼儿园等集体单位中,发生10例及以上猩红热病例。

(22)水痘:1周内,同一学校、幼儿园等集体单位中,发生10例及以上水痘病例。

(23)输血性乙肝、丙肝、HIV:医疗机构、采供血机构发生3例及以上输血性乙肝、丙肝病例或疑似病例或HIV感染。

(24)新发或再发传染病:发现本县(区)从未发生过的传染病或发生本县近5年从未报告的或国家宣布已消灭的传染病。

(25)不明原因肺炎:发现不明原因肺炎病例。

(二)食物中毒

(1)一次食物中毒人数30人及以上或死亡1人及以上;

(2)学校、幼儿园、建筑工地等集体单位发生食物中毒,一次中毒5人及以上或死亡1人及以上。

(3)地区性或全国性重要活动期间发生食物中毒,一次中毒5人及以上或死亡1人及以上。

(三)职业中毒:发生急性职业中毒10人及以上或者死亡1人及以上的。

(四)其他中毒:出现食物中毒、职业中毒以外的急性中毒病例3例及以上的事件。

(五)环境因素事件:发生环境因素改变所致的急性病例3例及以上。

(六)意外辐射照射事件:出现意外辐射照射人员1例及以上。

(七)传染病菌、毒种丢失:发生鼠疫、炭疽、非典、艾滋病、霍乱、脊髓灰质炎等菌毒种丢失事件。

(八)预防接种和预防服药群体性不良反应

(1)群体性预防接种反应:一个预防接种单位一次预防接种活动中出现群体性疑似异常反应;或发生死亡。

(2)群体预防性服药反应:一个预防服药点一次预防服药活动中出现不良反应(或心因性反应)10例及以上;或死亡1例及以上。

(九)医源性感染事件:医源性、实验室和医院感染暴发。

(十)群体性不明原因疾病:2周内,一个医疗机构或同一自然村寨、社区、建筑工地、学校等集体单位发生有相同临床症状的不明原因疾病3例及以上。

(十一)各级人民政府卫生行政部门认定的其他突发公共卫生事件。

311. 突发公共卫生事件报告方式、时限和程序是怎样规定的?

获得突发公共卫生事件相关信息的责任报告单位和责任报告人, 应当在2小时内以电话或传真等方式向属地卫生行政部门指定的专业机构报告,具备网络直报条件的同时进行网络直报,直报的信息由指定的专业机构审核后进入国家数据库。不具备网络直报条件的责任报告单位和责任报告人,应采用最快的通信方式将《突发公共卫生事件相关信息报告卡》报送属地卫生行政部门指定的专业机构,接到《突发公共卫生事件相关信息报告卡》的专业机构,应对信息进行审核,确定真实性,2小时内进行网络直报,同时以电话或传真等方式报告同级卫生行政部门。接到突发公共卫生事件相关信息报告的卫生行政部门应当尽快组织有关专家进行现场调查,如确认为实际发生突发公共卫生事件,应根据不同的级别,及时组织采取相应的措施,并在2小时内向本级人民政府报告,同时向上一级人民政府卫生行政部门报告。如尚未达到突发公共卫生事件标准的,由专业防治机构密切跟踪事态发展,随时报告事态变化情况。

312. 突发公共卫生事件报告内容有哪些?

(一)事件信息报告主要内容包括:事件名称、事件类别、发生时间、地点、涉及的地域范围、人数、主要症状与体征、可能的原因、已经采取的措施、事件的发展趋势、下步工作计划等。

(二)事件发生、发展、控制过程信息

事件发生、发展、控制过程信息分为初次报告、进程报告、结案报告。

(1)初次报告

报告内容包括事件名称、初步判定的事件类别和性质、发生地点、发生时间、发病人数、死亡人数、主要的临床症状、可能原因、已采取的措施、报告单位、报告人员及通信方式等。

(2)进程报告

报告事件的发展与变化、处置进程、事件的诊断和原因或可能因素、势态评估、控制措施等内容。同时,对初次报告的《突发公共卫生事件相关信息报告卡》进行补充和修正。

重大及特别重大突发公共卫生事件至少按日进行进程报告。

(3)结案报告

事件结束后,应进行结案信息报告。达到《国家突发公共卫生事件应急预案》分级标准的突发公共卫生事件结束后,由相应级别卫生行政部门组织评估,在确认事件终止后2周内,对事件的发生和处理情况进行总结,分析其原因和影响因素,并提出今后对类似事件的防范和处置建议。

313. 公共卫生相关紧急突发事件的特征有哪些?

(1)突然发生的,不可预测的。

(2)原因是多样的:法定传染病的暴发;新发现传染病的进入;核物质与放射源污染事故;农药、有毒化学品污染事故;食物中毒;食源性疾患;饮用水污染事故;职业性中毒和自然灾害的次生危害等。

(3)危害是直接的。对健康的损害和影响达到一定的程度易造成社会的恐慌和混乱。

(4)发生是隐蔽的。在正常的公共场所活动中,经过人与人接触;通过饮食为载体和日常工作不知不觉地受到侵害,不易引起人们的注意,用常规的手段也无法检查到,具有极大的隐蔽性和不确定性。

第四节 传染病信息报告管理规范

314. 传染病疫情责任报告单位及报告人有哪些?

《突发公共卫生事件与传染病疫情监测信息报告管理办法》第十六条规定:各级各类医疗机构、疾病预防控制机构、采供血机构均为责任报告单位;其执行职务的人员和乡村医生、个体开业医生均为责任疫情报告人。

315. 发现甲类传染病病人或疑似病人怎么报告？

《突发公共卫生事件与传染病疫情监测信息报告管理办法》第十八条规定：责任报告单位和责任疫情报告人发现甲类传染病和乙类传染病中的肺炭疽、传染性非典型肺炎、脊髓灰质炎、人感染高致病性禽流感的病人或疑似病人时，或发现其他传染病和不明原因疾病暴发时，应于2小时内将传染病报告卡通过网络报告；未实行网络直报的责任报告单位应于2小时内以最快的通信方式（电话、传真）向当地县级疾病预防控制机构报告，并于2小时内寄送出传染病报告卡。

316. 发现乙类传染病的哪些病种时应和甲类传染病一样进行报告？

乙类传染病中的肺炭疽、传染性非典型肺炎、脊髓灰质炎、人感染高致病性禽流感的病人或疑似病人。

317. 发现乙、丙类传染病病人或疑似病人时怎么报告？

乙、丙类传染病病人、疑似病人和规定报告的传染病病原携带者在诊断后，实行网络直报的责任报告单位应于24小时内进行网络报告；未实行网络直报的责任报告单位应于24小时内寄送出传染病报告卡。县级疾病预防控制机构收到无网络直报条件责任报告单位报送的传染病报告卡后，应于2小时内通过网络进行直报。

318. 传染病报告卡如何填写？

传染病报告卡统一用A4纸印刷，使用钢笔或圆珠笔填写，内容完整、准确，字迹清楚，填报人必须签名。

319. 传染病报告卡填写时应注意哪些事项？

传染病报告卡带*号为必填项目，14岁以下患儿要填写家长姓名，时间顺序无逻辑错误，患者住址必须详细到村。如为学生必须填写学校名称和班级，如为幼托儿童必须填写学校幼托机构名称和班级，如为工作人员必须填写工作单位。

320. 传染病报告病例分类与分型有哪些？

传染病报告病例分为疑似病例、临床诊断病例、实验室确诊病例、病原携带者和阳性检测结果五类。其中，需报告病原携带者的病种包括霍乱、脊髓灰质炎、艾滋病以及卫生部规定的其他传染病；阳性检测结果仅限采供血机构填写。

321. 哪些传染病须做分型报告？

炭疽、病毒性肝炎、梅毒、疟疾、肺结核须做分型报告。炭疽分为肺炭疽、皮肤炭疽和未分型三类；病毒性肝炎分为甲型、乙型、丙型、戊型和未分型五类；梅毒分为一期、二期、三期、胎传、隐性五类；疟疾分为间日疟、恶性疟和未分型三类；肺结核分为涂阳、仅培养阳性、菌阴和未痰检四类。

322. 哪些传染病报告须做急慢性分型？

乙型肝炎、血吸虫病应分为急性和慢性报告。

323. 传染病报告程序与方式是什么？

传染病报告实行属地化管理。传染病报告卡由首诊医生或其他执行职务的人员负责填写。现场调查时发现的传染病病例,由属地疾病预防控制机构的现场调查人员填写报告卡;采供血机构发现HIV两次初筛阳性检测结果也应填写报告卡。

(1)传染病疫情信息实行网络直报,没有条件实行网络直报的医疗机构,在规定的时限内将传染病报告卡报告属地县级疾病预防控制机构。

(2)乡镇卫生院、城市社区卫生服务中心负责收集和报告责任范围内的传染病信息。

(3)军队医疗卫生机构向社会公众提供医疗服务时,发现传染病疫情,应当按照本规定向属地的县级疾病预防控制机构报告。

(4)新疆生产建设兵团传染病疫情报告工作管理按卫生部有关规定执行。

324. 传染病报告卡如何审核、录入?

传染病报告卡录入人员对收到的传染病报告卡须进行错项、漏项、逻辑错误等检查,对有疑问的报告卡必须及时向填卡人核实。

县级疾病预防控制机构疫情管理人员每日上网对辖区内报告的传染病信息进行审核,对有疑问的报告信息及时反馈报告单位或向报告人核实。

各级疾病预防控制机构每日进行报告信息审核时,对甲类传染病和乙类传染病中的肺炭疽、传染性非典型肺炎、脊髓灰质炎、人感染高致病性禽流感的病人或疑似病人以及其他传染病和不明原因疾病暴发的报告信息,应立即调查核实,于2小时内通过网络对报告信息进行确认,对误报、重报信息应及时删除。

对于其他传染病报告卡,由县级疾病预防控制机构核对无误后,于24小时内通过网络对报告信息确认。

325. 传染病报告卡如何订正?

在同一医疗卫生机构发生报告病例诊断变更、已报告病例死亡或填卡错误时,应由该医疗卫生机构及时进行订正报告,并重新填写传染病报告卡,卡片类别选择订正项,并注明原报告病名。对报告的疑似病例,应及时进行排除或确诊。

转诊病例发生诊断变更、死亡时,由转诊医疗机构填写订正卡并向病人现住址所在地县级疾病预防控制机构报告。

对于调查核实现住址查无此人的病例,应由核实单位更正为地址不详。

实行专病报告管理的传染病,由相应的专病管理机构或部门对报告的病例进行追踪调查,发现传染病报告卡信息有误或排除病例时及时订正。由专病管理机构或部门订正过的病例需要再次订正的,应通知专病管理机构或部门再次进行订正。

326. 漏报传染病需要补报吗?

需要。责任报告单位发现本年度内的传染病漏报病例,应及时补报。

327. 传染病报告卡如何查重?

疾病预防控制机构及具备网络直报条件的医疗机构每日对报告信息进行查重,对重复报告信息进行删除。

328. 传染病报告卡、传染病资料如何保存？

(1)各级各类医疗卫生机构的传染病报告卡及传染病报告记录保存3年。不具备网络直报条件的医疗机构，其传染病报告卡由收卡单位保存，原报告单位必须进行登记备案。

(2)各级疾病预防控制机构应将传染病信息资料按照国家有关规定纳入档案管理。

329. 如何做好传染病报告信息系统安全管理？

(1)各级疾病预防控制机构负责辖区内信息报告系统用户权限的维护，制定相应的制度，加强对信息报告系统的账户安全管理。

(2)信息报告系统使用人员未经许可，不得转让或泄露信息报告系统操作账号和密码。发现账号、密码已泄露或被盗用时，应立即采取措施，更改密码，同时向上级疾病预防控制机构报告。

(3)各地应建立健全传染病疫情信息查询、使用制度。未经同级卫生行政部门批准，不得扩大系统使用的范围和权限，其他政府部门和机构查询传染病疫情信息资料，应经同级卫生行政部门批准。

330. 疾病预防控制机构发现传染病疫情或接到传染病疫情报告时，应当及时采取哪些措施？

(1)对传染病疫情进行流行病学调查，根据调查情况提出划定疫点、疫区的建议，对被污染的场所进行卫生处理，对密切接触者，在指定场所进行医学观察和采取其他必要的预防措施，并向卫生行政部门提出疫情控制方案。

(2)传染病暴发、流行时，对疫点、疫区进行卫生处理，向卫生行政部门提出疫情控制方案，并按照卫生行政部门的要求采取措施。

(3)指导下级疾病预防控制机构实施传染病预防、控制措施，组织、指导有关单位对传染病疫情的处理。

第五节　传染病

331. 什么是鼠疫？

鼠疫为《传染病防治法》甲类传染病之首，属国际检疫传染病。传染性强，死亡率高，是危害人类最严重的烈性传染病之一。是由鼠疫耶尔森菌引起的自然疫源性疾病，也叫做黑死病。

332. 鼠疫的流行历史？

鼠疫是一种古老的传染病，人类历史上曾发生过三次世界鼠疫大流行。有记载的最早的一次鼠疫大流行发生在公元6世纪(527—565年)，几乎波及当时世界所有著名国家，死亡约1亿人；第二次大流行发生在公元14世纪（1347—1350年），欧洲最为严重，死亡近2500万人，在医学史上被称为“黑死病”；第三次鼠疫大流行发生于1894年，持续到20世纪中叶，波及亚洲、欧洲、大洋洲、美洲和非洲的60多个国家，1500万人死于本次鼠疫流行。

333. 鼠疫的传染源是什么？

鼠疫的传染源包括鼠疫染疫动物和鼠疫病人。自然感染鼠疫的动物较多，都可作为人间鼠疫的传染源，包括啮齿类动物（鼠类）、野生食肉动物（狐狸、狼、猞猁等）、野生偶蹄类动物（黄羊、马鹿等）、家畜（犬、猫等）；肺鼠疫病人在早期就具有传染性，腺鼠疫病人在形成菌血症或败血症后也具有一定的传染性。

334. 鼠疫有哪些传播途径？

最主要的传播途径是跳蚤叮咬，人被跳蚤叮咬后多引起淋巴结感染肿大及全身病症的腺鼠疫；其次是直接接触，人类通过猎捕、剥皮、宰杀及食肉等方式直接接触染疫动物时，也极易感染鼠疫；其他途径还有飞沫传播、经消化道传播、菌液溅入眼内等。

335. 鼠疫的发病机理是什么？

鼠疫菌经过皮肤、黏膜侵入机体后，经淋巴管侵入局部淋巴结，大部分被多核白细胞吞噬并杀死，但巨噬细胞吞噬的鼠疫菌仍然能存活，在吞噬过程中获得了抗吞噬能力，使鼠疫菌得以快速繁殖。局部淋巴结发生以血管内皮损伤、出血、坏死以及肿胀为特征的急性炎症反应，成为原发性淋巴结炎。鼠疫菌破坏淋巴屏障后，通过血液循环和淋巴系统扩散，导致菌血症的产生，使许多器官受到鼠疫菌的侵袭，如肺、肝、脾等，偶尔波及脑膜，表现出特有的出血性炎症。鼠疫菌在血液中大量繁殖形成临床上的败血型鼠疫；在肺脏扩散引起出血性、坏死性肺炎即为肺鼠疫；在某些情况下，鼠疫菌直接进入某一器官和组织，引起相应器官和组织的病变，如眼、扁桃体、皮肤等，在临床上表现为不同型鼠疫。

336. 鼠疫的临床类型有哪几种？

腺鼠疫、肺鼠疫、败血症型鼠疫、其他类型鼠疫。

337. 鼠疫的一般临床表现是什么？

临床上以发病急、进展快、病程短、病死率高为其特点，主要表现为严重的全身中毒症状。各型鼠疫的共同表现为突然发病，恶寒战栗，体温迅速升高至38 ℃以上，剧烈头痛，恶心呕吐，呼吸急促，心率增快，心律不齐，心音低。重症患者早期即出现表情淡漠、意识模糊、狂躁谵妄甚至昏迷等神经系统症状。

338. 鼠疫临床治疗的原则是什么？

鼠疫的治疗应遵循以下原则：及时治疗，减少死亡；正确用药，提高疗效；精心护理，促进康复；消毒隔离，防止传播。

339. 鼠疫的经常性预防措施有哪些？

加强国境卫生检疫、开展预防接种、灭鼠、灭蚤、开展安全猎獭、开展流行病学监测。

340. 消灭鼠疫的根本性措施是什么？

消除鼠疫的自然疫源地是消灭鼠疫的根本性措施。

341. 什么是霍乱？其传染源是什么？

霍乱是由霍乱弧菌引起的急性肠道传染病，具有发病急、传播快、波及面广的特点，是我国《传染病防治法》规定的两种甲类传染病之一，也是《国际卫生检疫条例》规定的国际检疫的三种传染病之一。霍乱病人或带菌者是霍乱的传染源。

342. 霍乱是怎么传播的？

霍乱可通过饮用或食用被霍乱弧菌传染而又未经消毒处理的水或食物，接触霍乱病人、带菌者排泄物污染的手和物品，以及食用经苍蝇污染过的食物等途经传播。

343. 霍乱的潜伏期和传染期多长？

潜伏期为数小时至5天，通常1～3天。粪便阳性期间有传染性，偶有病菌携带者传染期持续数月。对霍乱弧菌有效的抗菌药物可缩短传染期。

344. 什么时候容易得霍乱？

我国霍乱的流行时间为3—11月，6—9月是流行高峰期。

345. 什么人容易感染霍乱？

人群普遍易感，胃酸缺乏者尤其易感。

346. 感染霍乱后有哪些症状？

大多数情况下，感染只造成轻度腹泻或根本没有症状，典型的症状表现为剧烈的无痛性水样腹泻，严重的一天腹泻十几次。感染霍乱后，如果治疗不及时或不恰当，会引起严重脱水导致死亡。

347. 如何发现自己感染霍乱？

有腹泻症状，尤其是剧烈的无痛性水样腹泻，应马上到医院就诊，并做霍乱弧菌的培养检查。与霍乱感染者一起就餐或密切接触的人也应采集粪便检查或肛拭检查，以确定是否感染。在霍乱疫区内或近日去过霍乱疫区，出现腹泻，应及时到医院就诊并留粪便做霍乱细菌学检查。

348. 公众如何预防霍乱？

预防霍乱主要是“把好一张口”，预防病从口入。做到五要五不要。五要：饭前便后要洗手，买回海产要煮熟，隔餐食物要热透，生熟食品要分开，出现症状要就诊。五不要：生水未煮不要喝，无牌餐饮不光顾，腐烂食品不要吃，暴饮暴食不可取，未消毒（霍乱污染）物品不要碰。

349. 餐饮业如何预防霍乱？

做好原材料选购—加工食物—储存食物每个环节的食品卫生。

选购新鲜的食物原材料，不要购买变质、变色、变味的食物；不要从流动熟食小贩或无牌食品店购买食物；注意个人卫生，保持双手清洁，处理食物前、处理生的食物后及如厕后，都应用消毒水或清水洗净双手；任何人如有腹泻或呕吐，不要处理食物；不要过早准备食物，尤其是海产品，最好即煮即用；生熟食物要用不同用具处理；食物要彻底煮熟，尤其是海水产品；生熟食物要分开存放；已煮熟的食物，如不是即时食用，应储存在4 ℃以下且保存时间不超过48小时。

350. 霍乱病人接触者如何处理？

与霍乱病人共同进餐或密切接触的人必须接受医学观察1周，如接触者是食物加工人员，必须暂离工作岗位，直至2次粪便培养阴性。医学观察期间如有腹泻症状必须立即报告当地疾病预防控制中心。接触者采便检查后，在医生指导下，选择服用抗菌药物进行预防。

351. 感染霍乱可以治愈吗？通常如何治疗？

只要及早发现，及时补充水分与电解质溶液，合理使用抗生素，治疗霍乱并不困难。

首先霍乱病人要按甲类传染病隔离治疗。危重病人应先就地抢救，待病情稳定后在医护人员陪同下送往指定的隔离病房。确诊与疑似病例应分开隔离。

不同临床分型的病人治疗的方法不同：轻度脱水病人，以口服补液为主；中、重度脱水病人，须立即进行静脉输液抢救，待病情稳定、脱水程度减轻、呕吐停止后改为口服补液。在液体治疗的同时，给予抗菌药物治疗以减少腹泻量和缩短排菌期。可根据药品来源和引起流行的霍乱弧菌对抗菌药物的敏感性，选定一种常用抗菌药物，常用的抗生素为氟哌酸(诺氟沙星)、环丙沙星等。

352. 霍乱的疫点如何消毒？

对疫点的消毒是有效切断传播途径、控制疫情的措施之一。对可能被病人排泄物污染的厕所、餐具、地面、地拖、门拉手、衣物等要进行消毒。霍乱弧菌对一般的消毒剂均较敏感。漂白粉、漂白精、过氧乙酸、戊二醛等均有效。

353. 什么是人感染高致病性禽流感？

人感染高致病性禽流感是由禽甲型流感病毒某些亚型中的一些毒株如H5N1等引起的人类急性呼吸道传染病。我国《传染病防治法》将其列为乙类传染病，但实行甲类管理，即一旦发生疫情，采取甲类传染病的预防控制措施。

354. 人感染高致病性禽流感的传染源和传播途径是什么？

人感染高致病性禽流感传染源主要为患禽流感或携带禽流感病毒的鸡、鸭、鹅等家禽，特别是鸡；传播途径主要经呼吸道传播，也可通过密切接触感染的禽类及其分泌物、排泄物、受病毒污染的物品和水，以及实验室直接接触病毒毒株被感染。目前尚无人与人之间传播的确凿证据。

355. 人感染高致病性禽流感的流行病学调查要点有哪些？

在出现人禽流感疫情时，应对所有人禽流感确诊病例和疑似病例进行流行病学个案调查,内容包括发病和就诊情况、临床表现、实验室检查、暴露因素及密切接触者情况和转归等。同时,应确定人禽流感病例或疑似病例的密切接触者、可疑病例、死禽的密切接触者,并进行追踪调查。

356. 人感染高致病性禽流感预防性防控措施有哪些?

(1)制定禽流感预防控制的预案。一旦发生禽流感流行时,应按禽流感的预警方案,设立发热门诊及定点医院,加强病例的鉴别与诊治,控制病人的转运。加强医院感染的控制。做好医护人员和疾病预防控制人员的培训。设立专家组,做好病例的诊断、救治和防控。储备必需的物资,加强禽流感防控工作的监督管理。

(2)加强禽类疾病监测,早发现、早报告、早控制、早隔离。

(3)提倡科学、卫生饲养禽类,减少与禽类接触机会,加强对宰杀工人的防护。严防禽流感病毒传入禽群。加强动物检疫、畜禽防疫机构建设。制定和完善防疫法规,依法进行防控。

(4)饲养禽类的人员应该采取防护措施,戴手套和口罩,穿防护服等,避免直接接触病禽、死禽及其排泄物,触摸生鸡蛋后要洗手。注意个人卫生及饮食卫生,鸡、鸭等家禽肉、蛋一定要煮熟后再吃。

357. 人感染高致病性禽流感职业暴露的个人防护要点是什么?

职业暴露个人防护是:各级医护人员、疾病预防控制机构及其他有关人员在医院或疫点、疫区进行禽流感防治工作时,应强化正确的洗手方法并遵循以下防护原则:(1)二级防护,适用于进入医院污染区的人员,如采集疑似病例、确诊病例咽拭子的人员,处理其分泌物、排泄物的人员,处理病人使用过的物品和死亡病人尸体的人员,以及转运病人的医护人员及司机,对禽流感疑似或确诊病例进行流行病学调查的人员,在疫点内对禽流感染疫动物进行标本采集、捕杀禽类及无害化处理的人员,进行终末消毒的人员等。防护要求:穿普通工作服,戴工作帽,外罩一层防护服,戴防护眼镜和防护口罩(离开污染区后更换),戴乳胶手套和穿鞋套。进行家禽的宰杀和处理时,应戴橡胶手套,穿长筒胶鞋。每次实施防治处理后应立即进行洗手和消毒。(2)三级防护,确定禽流感由人传染人时,对病人实施近距离高危操作者,如气管插管、气管切开等医护人员,应实施三级防护。防护要求:除按二级防护外,将口罩、防护眼镜换为全面型呼吸防护器(符合N95或FFP2级标准的滤料)。

358. 流行性乙型脑炎(简称乙脑)是哪一种病原体引起的急性传染病?

流行性乙型脑炎是乙型脑炎病毒引起的急性传染病。

359. 乙脑的流行病学特征有哪些?

乙脑是人畜共患的自然疫源性疾病,猪是乙脑的主要传染源。乙脑传播途径主要是蚊虫叮咬,其中三带喙库蚊是主要传播媒介。人群对乙脑病毒普遍易感,感染后多数呈隐性感染,感染后可获得持久免疫力。

360. 乙脑有几种临床类型？

乙脑临床上以高热、意识障碍、抽搐、病理反射及脑膜刺激征为特征。可分轻型、普通型、重型、极重型(暴发型)。乙脑临床表现以轻型和普通型为多,约占总病例数的2/3。流行初期重型较多,后期则以轻型居多。

361. 流行性乙型脑炎和登革热最关键的预防措施是什么？

流行性乙型脑炎和登革热最关键的预防措施是防蚊和灭蚊。

362. 什么是甲型H1N1流感？

甲型H1N1流感是一种具有高度传染性的急性呼吸道疾病,由A型流感病毒中的一种引起。发病率高,死亡率低。甲型H1N1流感病毒最常见的是H1N1亚型,但是也存在其他的亚型(如H1N2、H3N1、H3N2)。

363. 甲型H1N1流感是怎么传播的？

甲型H1N1流感病人为主要传染源,无症状感染者也具有传染性。目前尚无动物传染人类的证据。

主要通过飞沫经呼吸道传播,也可通过口腔、鼻腔、眼睛等处黏膜直接或间接接触传播。接触患者的呼吸道分泌物、体液和被病毒污染的物品亦可能引起感染。通过气溶胶经呼吸道传播有待进一步证实。

364. 甲型H1N1流感潜伏期有多长？

甲型H1N1流感潜伏期一般为1～7天,多为1～3天。

365. 人感染甲型H1N1流感后有何症状和表现？

通常表现为流感样症状,包括发热、咽痛、流涕、鼻塞、咳嗽、咳痰、头痛、全身酸痛、乏力。部分病例出现呕吐和(或)腹泻。少数病例仅有轻微的上呼吸道症状,无发热。体征主要包括咽部充血和扁桃体肿大。可发生肺炎等并发症。少数病例病情进展迅速,出现呼吸衰竭、多脏器功能不全或衰竭。并可诱发原有基础疾病的加重,呈现相应的临床表现。病情严重者可以导致死亡。

366. 哪些人群较易成为甲型H1N1流感重症病例的高危人群？

(1)妊娠期妇女；

(2)伴有以下疾病或状况者：慢性呼吸系统疾病、心血管系统疾病(高血压除外)、肾病、肝病、血液系统疾病、神经系统及神经肌肉疾病、代谢及内分泌系统疾病、免疫功能抑制（包括应用免疫抑制剂或HIV感染等致免疫功能低下)、19岁以下长期服用阿司匹林者；

(3)肥胖者(体重指数≥40危险度高,体重指数为30～39可能是高危因素)；

(4)年龄<5岁的儿童(年龄<2岁更易发生严重并发症)；

(5)年龄≥65岁的老年人。

367. 甲型H1N1流感病如何治疗？

(1)一般治疗:休息,多饮水,密切观察病情变化;对高热病例可给予退热治疗。

(2) 抗病毒治疗：甲型H1N1流感病毒目前对神经氨酸酶抑制剂奥司他韦(oseltamivir)、扎那米韦(zanamivir)敏感，对金刚烷胺和金刚乙胺耐药。

(3)其他治疗。

(4)中医辨证治疗。

368. 学校未发现甲型H1N1流感疫情，应采取哪些预防措施？

(1)制订应对学校甲型H1N1流感疫情的预案、工作方案；

(2)组织校医院、校医或负责学校卫生工作的人员参加甲型H1N1流感防控知识及技术的培训和演练；

(3)加强疫情应对物资准备；

(4)积极开展多种形式的健康宣教，普及甲型H1N1流感防治知识，倡导环境卫生、科学洗手等卫生行为，提高广大学生、教职员工对流感防治的正确认识和自我防护能力；

(5)加强教室、图书馆(阅览室)、教研室、宿舍等学生和教职员工学习、工作、生活场所卫生与通风，保持空气流通；

(6)落实晨检制度、因病缺课登记追踪制度，发现流感样疫情要在第一时间(2小时内)报告当地疾病预防控制机构和教育行政部门；

(7)建立健全校内有关部门和人员、学校与家长、学校与当地医疗机构及教育行政部门联系机制，完善信息收集报送渠道，保证信息畅通；

(8)建立与卫生部门信息联动机制，及时收集所在地区甲型H1N1流感发生信息，及时准确地进行预警。

369. 学校出现校内感染甲型H1N1流感病例应采取哪些预防措施？

(1)学校停止举办校内各种大型师生集会和会议等活动；

(2)在卫生部门指导下，学校加强宣传教育工作；

(3)根据当地(县级以上)人民政府的决定，学校采取临时停课或暂时关闭措施；

(4)按照国家和当地政府有关规定，在卫生部门的具体指导下落实其他应急处置措施。

370. 防治甲型H1N1流感时孕妇应避免什么误区？

孕产期妇女感染甲型H1N1流感后，可导致流产、早产、胎儿宫内窘迫、胎死宫内等不良妊娠结局。因此，关于妊娠和甲型H1N1流感的问题受到广泛关注。但有一些不太准确的观点和认识造成许多混乱现象，使人无所适从。

误区一：甲型H1N1流感流行期间最好别怀孕。

《孕产期妇女甲型H1N1流感防治指南(试行)》中建议："准备怀孕的妇女最好在甲型H1N1流感流行期间采取避孕措施，推迟怀孕计划。"其实，大可不必推迟怀孕计划。准备怀孕的妇女先打甲型H1N1流感疫苗再怀孕就行了。打了甲型H1N1流感疫苗后半个月左右就可以产生对甲型H1N1流感的免疫力，这时候再怀孕就很安全了。体内的抗体不仅能保护孕妇本人不得甲型H1N1流感,连宝宝也会受益。胎儿可以从母体内获得一定的先天免疫性,出生后一段时间内也不会受甲型H1N1流感病毒的侵扰。

误区二:接种疫苗后3个月才能怀孕。

有专家建议,妇女接种甲型H1N1流感疫苗3个月后再怀孕。其实,这是一种误导。

接种甲型H1N1流感疫苗后,只要没有不良反应发生,随时都可以怀孕,不会对胎儿产生影响。因为从接种疫苗到产生抗体有一段时间,所以,接种1个月后再怀孕比较稳妥。如果打疫苗后即怀孕,只要孕妇本人没有被甲型H1N1流感感染,也没有必要打掉胎儿。

误区三:怀孕的前3个月别打疫苗。

一些怀孕妇女经常咨询这样的问题:为什么有专家说怀孕的前3个月接种甲型H1N1流感疫苗应谨慎?的确,妊娠的前3个月有些疫苗是不能接种的,比如风疹疫苗、麻疹疫苗等。因为这些疫苗属于减毒活疫苗,病毒经处理后还活着,只是毒力减低了。这种疫苗接种后就有可能使孕妇感染,甚至导致胎儿畸形。而我国使用的甲型H1N1流感疫苗是灭活的死疫苗,是灭活裂解疫苗,不会造成孕妇感染,更不会影响胎儿,怀孕前、妊娠各期和哺乳期的妇女均可接种。

误区四:孕妇得了甲型H1N1流感不能随便用药。

最近发现,感染甲型H1N1流感的孕妇病情加重的一个重要原因是不敢服药。这些准妈妈出现发热、咳嗽等甲型H1N1流感症状后不敢到医院去看病,也不愿意用药治疗,担心药物影响胎儿发育,往往延误病情,导致病情进展。

达菲(奥司他韦)是世界卫生组织推荐的治疗甲型H1N1流感的药物。尽管没有太多的妊娠妇女使用的数据,但在动物实验中未发现达菲对胎儿产生不利影响。由于妊娠期患甲型H1N1流感可能有严重危险,所以用奥司他韦治疗对于孕妇或哺乳期妇女来说利大于弊,孕妇感染甲型H1N1流感后早期使用达菲治疗,不仅可以减轻妇女本身的症状,还可以防止胎儿感染甲型H1N1流感病毒。

371. 甲型H1N1流感疫苗怎么接种?

接种甲型H1N1疫苗后,可刺激机体产生针对甲型H1N1流感病毒的抗体,用于此型病毒所致流感流行的免疫预防。

接种剂量/剂次:15 μg/0.5 mL,1剂次。接种部位:上臂外侧三角肌。接种途径:肌肉注射。甲型H1N1流感疫苗要求于2～8 ℃避光保存和运输,严防冻结。

372. 哪些人群应该优先接种甲型H1N1流感疫苗?

医务人员、关键岗位的公共服务人员、学生及教师、慢性病患者等。

373. 哪些人群不能接种甲型H1N1流感疫苗?

以下人群不能接种甲型H1N1流感疫苗:对鸡蛋或疫苗中任何其他成分(包括辅料、甲醛、裂解液等)特别是卵清蛋白过敏者;患急性疾病、严重慢性疾病、慢性疾病的急性发病期、感冒和发热者；格林巴利综合征患者；未控制的癫痫和患其他进行性神经系统疾病者；严重过敏体质者，对硫酸庆大霉素过敏者；年龄<3岁者；医生认为不适合接种的其他人员。

374. 有基础性慢性疾病患者可否接种甲型H1N1流感疫苗？

一方面，有明显基础性疾病患者，特别是有呼吸道和心脑血管性疾病等慢性病的个体，在患甲型H1N1流感后，会加重原有基础性疾病，病重和病死的负担较重，应作为甲型H1N1重点接种对象；另一方面，对这些具有基础性疾病的个体，如患有严重慢性疾病或处于慢性疾病的急性发作期，则不宜接种疫苗。所以，对于有慢性病的个人，是否应该接种疫苗，要考虑当地流感疫情的严重性、患病的严重程度和接种的风险性，咨询当地临床医生或接种人员后再做决定。

375. 甲型H1N1流感疫苗有哪些不良反应？

局部不良反应：常见疼痛；偶见红、肿、瘙痒。

全身不良反应：常见发热、疲劳乏力、头痛、头晕、恶心；偶见咽喉疼痛、肌肉疼痛、咳嗽、腹痛、关节疼痛、活动异常（活动减少/增多）、口干、食欲缺乏、腹泻、过敏、胸闷。

以上不良反应以轻度为主，主要发生在接种后24小时内。

376. 什么是伤寒？

伤寒是由伤寒杆菌引起的急性肠道传染病。临床表现以持续发热、相对缓脉、神情淡漠、脾大、玫瑰疹和血白细胞减少等为特征，肠出血和肠穿孔为其主要并发症。

377. 伤寒如何治疗？如何预防控制？

一般治疗为隔离与休息，对症处理。病原治疗是关键，氟喹诺酮类为首选，如氧氟沙星和环丙沙星，儿童、孕妇、哺乳期妇女可用头孢曲松或头孢噻肟，同时针对并发症治疗。

预防控制措施为：隔离病人，经正规治疗临床症状完全消失后2周，或临床症状消失，停药1周后，粪便2次阴性（间隔2～3天），方可解除隔离；疫点消毒处理和进行医学观察、检疫、接触者及传染源的管理；开展卫生健康教育；加强饮用水卫生管理和污水处理；做好粪便管理和污物处理；疫苗接种。

378. 炭疽是怎样的传染病？

炭疽是炭疽杆菌引起的人畜共患急性自然疫源性传染病。病原主要侵犯食草动物（牛、马、羊）。人类因接触病畜及其污染的产品或食用病畜的肉类而发病。炭疽杆菌从皮肤侵入，引起皮肤炭疽，使皮肤坏死形成焦痂溃疡与周围肿胀和毒血症，也可以引起肺炭疽或肠炭疽，可并发炭疽败血症。

379. 炭疽如何治疗和预防？

炭疽治疗有一般对症支持治疗和病原治疗（青霉素G首选药物）。炭疽的预防措施是：严格管理传染源，隔离炭疽病病人至痊愈，其分泌物、排泄物及其污染的物品与场所，均应按杀灭芽孢的消毒方法进行彻底消毒；患病或病死动物应焚烧或深埋，严禁食用；检疫与防护及疫苗接种。

380. 什么是狂犬病？

狂犬病又叫疯狗病或恐水症，是由狂犬病病毒导致的人兽共患急性传染病。狂犬病特征性临床表现为恐水、畏光、吞咽困难、狂躁等，最后死于呼吸、循环和全身衰竭。人一旦发病，目前尚没有有效的临床治疗方法，几乎100%死亡，病死率是所有传染病中最高的。

381. 狂犬病是怎么感染的？

几乎所有的温血动物都可以感染狂犬病病毒，但最主要的为犬科和猫科动物，以及某些啮齿类动物和翼手类动物。感染了狂犬病病毒的动物咬伤、抓伤人，或舔了人的黏膜及破损的皮肤，都可能导致狂犬病病毒的传播。

382. 狂犬病的潜伏期有多久？

潜伏期的长短受多种因素的影响，如伤口的严重程度及其距头面部的远近、感染病毒的数量和病毒的毒力等。总的来说，和其他很多传染病相比，狂犬病的潜伏期相对较长，可长达数月，但也可短为数天。从我国现有的狂犬病病例来看，大多数病例的潜伏期为半年以内，一般为半个月至三个月。

383. 人患狂犬病后都有哪些症状？

根据狂犬病的临床特点和病程改变，一般将狂犬病分为狂躁型（脑炎型）和麻痹型（抑郁型、哑型狂犬病）两型。

（1）狂躁型，约占80%。

早期唯一的特异症状是有40%～80%的病人在伤口附近出现烧灼、麻木、针刺、瘙痒等异常感觉。病人随后进入高度兴奋状态，突出表现为恐惧不安、怕风、恐水、呼吸困难、胸痛、多汗、流涎等，50%～80%的患者有恐水这一狂犬病的典型症状，在吞咽时咽喉等部位的肌肉因痉挛而出现怕饮水的表现，有时甚至听见水声也可引起喉头痉挛，故又称恐水症。有的病人对光、噪声和感觉刺激格外敏感，出现肌张力增高和面部肌肉痉挛。兴奋期持续1～3天后，痉挛抽搐逐渐停止，患者出现各种迟缓性瘫痪症状，以肢体软瘫较多见，迅速进入昏迷状态，死于呼吸、循环和全身衰竭。

（2）麻痹型，约占20%。

此型病程一般比狂躁型狂犬病要长，由蝙蝠咬伤者常见，无恐水、怕风、兴奋等症状。患者在前驱期后出现肌肉瘫痪、共济失调、麻痹症状，最终死于呼吸肌麻痹。

384. 被动物伤后，应采取什么措施预防得狂犬病？

按照世界卫生组织的推荐，首先要判断受伤的严重程度，然后再据此采取不同的处理措施。

与动物仅有普通的接触或喂养动物，以及被舔的皮肤部位完好时不需要进行任何处理。

然而一旦有下列情况发生,应该立刻就医:

(1)如果皮肤被轻咬或者仅有轻微抓伤或擦伤而无出血时,属于Ⅱ度暴露,则需要对伤口进行处理,同时接种狂犬病疫苗。

(2)如果皮肤被咬伤或抓伤有出血或皮肤破损的伤口被舔时或黏膜被动物体液污染时,属于Ⅲ度暴露,则在伤口处理之后疫苗接种之前,还需要在伤口周围注射抗狂犬病的被动免疫制剂。

在进行预防狂犬病处置的同时,要进行预防伤口感染等治疗。

385. 被动物伤后,暴露伤口为什么需要进行处理?

伤口处理包括对伤口进行彻底冲洗、消毒处理及预防伤口感染,这对于预防狂犬病发生具有重要意义。首先,流水冲洗的机械力量有助于减少伤口的病毒残留量;其次,狂犬病病毒对脂溶剂(肥皂水、氯仿、丙酮等)、75%酒精、碘制剂以及季胺类化合物较为敏感,采用肥皂水和消毒剂能够有效地杀灭伤口周围的大部分病毒。因此,彻底冲洗伤口和消毒可大大降低狂犬病发生的风险。

386. 什么是细菌性痢疾?

细菌性痢疾(bacillarydysentery)是由痢疾杆菌引起的急性肠道传染病。临床主要表现为发热、腹痛、腹泻、里急后重和黏液脓血便,严重者可发生感染性休克和(或)中毒性脑病。

387. 痢疾杆菌分几型?

痢疾杆菌属肠杆菌科志贺菌属,按其抗原结构和生化反应的不同,本菌可分为4群和47个血清型,分别是痢疾志贺菌(A群)、福氏志贺菌(B群)、鲍氏志贺菌(C群)、宋内志贺菌(D群)

388. 预防细菌性痢疾关键措施是什么?

应采取以切断传播途径为主的综合措施。

管理好传染源,应隔离治疗病人,直至临床症状消失、粪便培养2次阴性。

认真贯彻执行三管一灭(管好水源、食物、粪便,消灭苍蝇)。

389. 细菌性痢疾的治疗原则是什么?

(1)一般对症治疗:进易消化饮食,注意水、电解质平衡,可给口服补液盐(ORS),必要时ORS和静脉输液同时应用。

(2)病原治疗:细菌性痢疾可以是自限性的,一般情况下可以不使用抗生素。对症状比较严重的患者,抗生素治疗可缩短病程、减轻病情和缩短排菌期。

(3)休克型菌痢处理:抗感染,抗休克。

(4)脑型菌痢处理:抗感染,防治脑水肿和呼吸衰竭。

390. 什么是百日咳?

百日咳是由百日咳杆菌引起的急性呼吸道传染病。以阵发性痉挛性咳嗽、伴有深长的“鸡鸣”样吸气性吼声为特征。多发于儿童,病程常迁延2～3月,故称“百日咳”。

391. 百日咳的传染源、传播途径分别是什么？

患者是唯一的传染源。从潜伏期末至发病后3周内都有传染性，主要通过咳嗽、喷嚏时病原菌随飞沫传播，易感者吸入带菌的飞沫而被感染。

392. 百日咳的治疗原则是什么？

隔离病人自发病后40天，或至痉挛性咳嗽出现后30天，接触者观察21天，尽早给予抗生素治疗，如红霉素和氯霉素等，并对症治疗，防止并发症的发生。

393. 猩红热的病原体是什么？其皮疹有什么特点？

猩红热是由A组β型溶血性链球菌感染引起的急性呼吸道传染病。

典型皮疹为均匀分布的弥漫充血性针尖大小的丘疹，压之褪色，伴有痒感。发热后24小时内开始发疹，早期出现在耳后、颈部及上胸部，然后迅速蔓及全身。“帕氏线”（在皮肤皱褶，皮疹密集或由于摩擦出血呈紫色线状，称为“线状疹”或帕氏线）、“杨梅舌”、“口周苍白圈”也是其重要特征。

394. 猩红热如何治疗与预防？

猩红热特异性治疗首选青霉素，一般用药1天后发热消退，皮疹很快消失。治疗需足量使用青霉素10天，也可以选用羟氨苄青霉素（阿莫西林）、红霉素、洁霉素（林可霉素）等。

发现病人早期隔离，隔离到咽部炎症消退为止，一般为7～10天。接触者医学观察7～12天。流行期加强宣传教育，不去公共场所，注意个人防护等。

395. 什么是血吸虫病？

血吸虫病（schistosomiasis）是一种严重危害人类健康的寄生虫病。我国和日本为血吸虫病流行区。血吸虫的传染源为人和哺乳类动物。血吸虫的无性繁殖阶段在中间宿主钉螺体内完成，因此钉螺生态学研究对于血吸虫病流行病学有重要的意义。

396. 血吸虫病的发病机制是什么？

血吸虫生活史中，尾蚴、童虫、成虫和虫卵等阶段均可对人体产生不同程度的损伤和复杂的免疫病理反应。主要有尾蚴性皮炎、童虫移行所致的病变、成虫所致损害、虫卵所致损害（虫卵肉芽肿）、异位寄生日本血吸虫。

397. 血吸虫病预防控制措施有哪些？

血吸虫病防治策略主要有：健康教育、化疗、灭螺、防护、管理粪便、保护水源、管理感染动物和提供安全生活用水。

398. 什么是麻疹？

麻疹是由麻疹病毒引起的急性呼吸道传染病。临床症状有发热、咳嗽、流涕、眼结膜充血、口腔黏膜有红晕的灰白小点（Koplik’s spots斑）及皮肤出现斑丘疹等。

399. 麻疹的传染源、传播途径是什么？

患者是唯一的传染源，自发病前2天至出疹后5天内，眼结膜分泌物、鼻、口咽、气管的分泌物中都含有病毒，具有极强的传染性。恢复期不带病毒。麻疹病毒主要通过飞沫直接传播，衣物、玩具等间接传播少见。

400. 典型麻疹的临床经过分几期？如何治疗？

典型麻疹分三期：

(1)前驱期：从发病至出疹前一般3～5天。主要临床症状为发热、咳嗽等，口腔黏膜斑的出现对早期诊断有价值。

(2)出疹期：发病3～4天，皮疹自耳后、发际渐及耳前、面颊、前额、躯干及四肢，最后达手足心，2～5天布及全身。皮疹初为淡红色斑丘疹，疹间皮肤正常。

(3)恢复期：发热开始减退，全身症状减轻，皮疹按出疹的先后顺序消退，留褐色色素斑，1～2周消失，留有碎屑样脱皮。

麻疹治疗重点在于护理、对症治疗及预防并发症。一般治疗有隔离、休息、护理；其他治疗有对症治疗、中医中药治疗、并发症的治疗。

401. 甲肝的传染源是什么？

甲肝的主要传染源是急性期病人、亚临床感染者和隐性感染者。

402. 甲肝的传播途径有哪些？

甲肝主要经粪、口途径传播，经食物传播，经水传播，以日常生活接触为主要方式。通常引起散发性发病，如水源被污染或生食被污染的水产品(贝类动物)，可导致局部地区暴发流行。

403. 甲肝的临床表现有哪些？

甲肝临床上表现为急性起病，有畏寒、发热、食欲减退、恶心、疲乏、肝大及肝功能异常，部分病例出现黄疸。

404. 甲肝如何预防？

主要是管理好传染源。病人做到早发现、早报告、早隔离。密切接触者医学观察45天。加强饮食、水源及粪便的管理，养成良好的卫生习惯，饭前便后洗手等。接种甲肝疫苗可有效保护易感人群。

405. 乙肝的传染源是什么？

乙肝的传染源是乙肝病人和乙肝病毒携带者。其中以慢性乙肝病人和乙肝病毒携带者最为重要。

406. 乙肝的传播途径有哪些？

乙肝的传播途径包括：①医源性传播(输血和血制品以及使用污染的注射器或针刺等)；②母婴垂直传播(主要通过分娩时产道血液、哺乳及密切接触)；③生活上的密切接触；④性接触传播。此外，尚有经吸血昆虫(蚊、臭虫、虱等)叮咬传播的可能性。

407. 如何预防乙肝？

(1)管理传染源：做好乙肝病人的管理、HBsAg病毒携带者及献血人员的管理。

(2)切断传播途径：重视环境卫生和公共场所卫生，防止医源性传播，阻断母婴传播，避免日常生活接触传播及其他。

(3)保护易感人群：主动免疫接种乙肝疫苗，被动免疫注射乙肝免疫球蛋白(HBIJ)。

408. 丙肝的传染源是什么？

丙肝的传染源是急、慢性丙肝病人和无症状病毒携带者。

409. 丙肝的传播途径有哪些？

丙肝的传播途径和乙肝的传播途径类似，主要是经血和血制品传播为主，有医源性传播、性接触传播、母婴传播。

410. 丙肝如何预防？

丙肝的预防采取以切断传播途径为主的综合性防治措施，对献血员进行抗丙肝病毒筛查是目前降低输血后丙型肝炎的重要措施。同时要加强预防母婴传播，宣传丙肝防治知识，遵守消毒隔离制度。

411. 丁肝的传染源是什么？

丁肝的传染源是急、慢性病人和病毒携带者。HBsAg病毒携带者是丁肝病毒的保毒宿主和主要传染源。

412. 丁肝的传播途径有哪些？

丁肝的传播途径与乙肝相似。主要有医源性传播、日常生活接触传播、母婴传播。

413. 戊肝的传染源是什么？

戊肝的传染源是潜伏期末和急性期病人。以潜伏末期和发病初期患者的粪便传染性最高。

414. 戊肝的传播途径有哪些？

戊肝通过粪、口途径传播，经水或食物传播，也可经日常生活接触传播。

415. 流行性出血热的主要传染源是什么？

流行性出血热的主要传染源是鼠类。

416. 流行性出血热传播途径有哪些？

(1)动物源性传播：经呼吸道、经破损皮肤及消化道传播。

(2)生物媒介传播：老鼠体表寄生的螨类叮咬人类可引起本病的传播。

(3)母婴传播:孕妇患病后可经胎盘感染胎儿。

417. 流行性出血热的临床表现分几期？

典型病例可有以下几期：

(1)发热期：起病急剧，体温在多在39～40 ℃，热型以弛张及稽留为多，一般持续3～7天。出现全身中毒症状，全身酸痛、头痛和剧烈腰痛、眼眶痛，称为“三痛”。

(2)休克期：一般发生于病程4～6天，患者出现低血压，重者发生休克。

(3)少尿期：一般发生于病程5～8天。

(4)多尿期：一般发生于病程9～14天，肾小管吸收功能尚未完全恢复，以致尿量显著增多。

(5)恢复期:尿液稀释与浓缩功能逐渐恢复,精神及食欲逐渐好转,体力逐渐恢复。

418. 流行性出血热早期特点是什么?

主要是有三痛(头痛、腰痛、眼眶痛)、三红(脸部、颈部、上胸部红肿充血)症状。

419. 流行性出血热的治疗原则是什么?

治疗流行性出血热的原则是强调三早一就(早发现、早休息、早治疗,就近医治),把好五关(休克关、尿毒症关、高血压容量关、大出血关、继发感染关)。

420. 流行性出血热如何预防?

(1)疫情监测:做好鼠密度、鼠带毒率、易感人群的监测。

(2)管理传染源:灭鼠是预防出血热的根本措施。

(3)切断传播途径:注意个人卫生、饮食及环境卫生,灭螨及防螨。

(4)提高人群免疫力:开展疫苗的接种。

421. 什么是手足口病?

是由多种肠道病毒引起的常见传染病,以婴幼儿发病为主。大多数患者症状轻微,以发热和手、足、口腔等部位的皮疹或疱疹为主要特征。少数患者可表现为病毒性脑炎、神经源性肺水肿和心肌炎等,个别重症患儿病情进展快,易发生死亡。少年儿童和成人感染后多不发病,但能够传播病毒,肠道病毒传染性强,易引起暴发或流行,使住院病人急剧增加。

422. 手足口病病原体是什么?

引起手足口病的病毒属于小RNA病毒科肠道病毒属,包括柯萨奇病毒A组的2、4、5、7、9、10、16型等,B组的1、2、3、4、5型等,肠道病毒71型(EV71),埃可病毒等。

423. 手足口病是怎么传播的?

人是人肠道病毒的唯一宿主,患者和隐性感染者均为本病的传染源,隐性感染者难以鉴别和发现。发病前数天,感染者咽部与粪便可检出病毒,通常以发病后1周内传染性最强。

肠道病毒可经胃肠道(粪—口途径)传播,也可经呼吸道(飞沫、咳嗽、打喷嚏等)传播,亦可因接触患者口鼻分泌物、皮肤或黏膜疱疹液及被污染的手及物品等造成传播。尚不能明确是否可经水或食物传播。

424. 哪些人容易患手足口病?

人对人肠道病毒普遍易感。不同年龄组均可感染发病,以5岁及以下儿童为主,尤以3岁及以下儿童发病率最高。

425. 手足口病潜伏期多长?

手足口病潜伏期为2～10天,平均3～5天。

426. 手足口病的发病高峰是什么时间?

全年均可发生,一般5—7月为发病高峰。

427. 手足口病是不是新的传染病？

手足口病不是新的传染病，它是一种全球性传染病，1957年首次认识并命名，世界各国每年均有病例发生。我国1981年发现手足口病，每年都有人患病。

428. 手足口病严重吗？

通常不严重。手足口病通常在7～10天内痊愈。并发症不常见。极少病人可并发无菌性或病毒性脑膜炎，需要住院治疗一段时间。

429. 手足口病普通病例临床表现有哪些？

急性起病，发热，口腔黏膜出现散在疱疹，手、足和臀部出现斑丘疹、疱疹，疱疹周围可有炎性红晕，疱内液体较少。可伴有咳嗽、流涕、食欲缺乏等症状。部分病例仅表现为皮疹或疱疹性咽峡炎。多在1周内痊愈，预后良好。部分病例皮疹表现不典型，如单一部位或仅表现为斑丘疹。

430. 手足口病重症病例的临床表现有哪些？

(1)重型：出现神经系统受累表现。如精神差、嗜睡、易惊、谵妄；头痛、呕吐；肢体抖动，肌阵挛，眼球震颤、共济失调、眼球运动障碍；无力或急性弛缓性麻痹；惊厥。体征可见脑膜刺激征，腱反射减弱或消失。

(2)危重型：出现下列情况之一者。

①频繁抽搐、昏迷、脑疝。

②呼吸困难、发绀、血性泡沫痰、肺部啰音等。

③休克等循环功能不全表现。

431. 如何诊断手足口病？

手足口病只是可引起口腔溃疡的许多种传染病中的一种，另一种常见的口腔溃疡的原因是口腔疱疹病毒感染，它使口腔和牙龈产生炎症(有时称为口炎)。医生通常能根据病人的年龄、病人或家长诉说的症状，以及检查皮疹和溃疡来鉴别手足口病和其他原因所致的口腔溃疡。可将咽拭子或粪便标本送至实验室检测病毒，但病毒检测需要2～4周才能出结果，因此医生通常不做此项检查。

432. 如何识别早期手足口病重症病例？

具有以下特征，尤其3岁以下的患者，有可能在短期内发展为危重病例，应密切观察病情变化，进行必要的辅助检查，有针对性地做好救治工作。

(1)持续高热不退。

(2)精神差、呕吐、易惊、肢体抖动、无力。

(3)呼吸、心率增快。

(4)出冷汗、末梢循环不良。

(5)高血压。

(6)外周血白细胞计数明显增高。

(7)高血糖。

433. 手足口病能治好吗？

如果得了手足口病，绝大多数情况下7～10天可以自行痊愈，不会留下后遗症，皮肤上也不会留下疤痕。只有个别重症患者可能出现脑膜炎、肺炎等，只要积极配合医生治疗，多数可以痊愈。

434. 手足口病如何治疗？

(1)普通病例

一般治疗：注意隔离，避免交叉感染。适当休息，清淡饮食，做好口腔和皮肤护理。

对症治疗：发热等症状采用中西医结合治疗。

(2)重症病例

对于重症患者，应及早入院治疗。

435. 孩子出现手足口病可疑症状怎么办？

如果孩子出现发热、皮疹等症状，要及时到医疗机构就诊，同时要密切观察。不要去幼儿园和人群聚集的公共场所，避免与其他孩子接触玩耍。一旦出现突然发高烧或神志不清、昏睡、肌肉或身体抽动、呼吸困难等，应立即送孩子到医院就诊。

436. 什么是手足口病聚集性病例？

1周内，同一托幼机构或学校等集体单位发生5例及以上手足口病病例；或同一班级(或宿舍)发生2例及以上手足口病病例；或同一自然村发生3例及以上手足口病病例；或同一家庭发生2例及以上手足口病病例。

437. 一般家庭怎么预防手足口病？

预防手足口病的关键是注意家庭及周围环境卫生，讲究个人卫生。饭前便后、外出后要用肥皂或洗手液洗手；不喝生水，不吃生冷的食物；居室要经常通风；要勤晒衣被。

流行期间不带孩子到人群密集、空气流通差的公共场所，要避免接触患病儿童。流行期可每天晨起检查孩子皮肤(主要是手心、脚心)和口腔有没有异常，注意孩子体温的变化。

438. 散居儿童如何预防手足口病？

(1)饭前便后、外出回家后要用肥皂或洗手液等给儿童洗手；看护人接触儿童前、替幼童更换尿布和处理粪便后均要洗手。

(2)婴幼儿的尿布要及时清洗、曝晒或消毒；注意保持家庭环境卫生，居室要经常通风，勤晒衣被。

(3)婴幼儿使用的奶瓶、奶嘴及儿童使用的餐具使用前后应充分清洗、消毒；不要让儿童喝生水、吃生冷食物。

(4)本病流行期间不宜带儿童到人群聚集、空气流通差的公共场所；避免接触患病儿童。

(5)儿童出现发热、出疹等相关症状要及时到医疗机构就诊。

(6)居家治疗的患儿避免与其他儿童接触,以减少交叉感染;父母要及时对患儿的衣物进行晾晒或消毒,对患儿粪便及时进行消毒处理。

439. 托幼机构如何预防手足口病?

(1)每日进行晨检,发现可疑患儿时,要采取立即送诊、居家观察等措施;对患儿所用的物品要立即进行消毒处理。

(2)出现重症或死亡病例,或1周内同一班级出现2例及以上病例,建议病例所在班级停课10天;1周内累计出现10例及以上或3个班级分别出现2例及以上病例时,经风险评估后,可建议托幼机构停课10天。

(3)教育、指导儿童养成正确洗手等良好的卫生习惯;老师要保持良好的个人卫生状况。

(4)教室和宿舍等场所要保持良好通风;定期对玩具、儿童个人卫生用具(水杯、毛巾等)、餐具等物品进行清洗消毒。

(5)定期对活动室、寝室、教室、门把手、楼梯扶手、桌面等物体表面进行擦拭消毒。

(6)托幼机构应每天对厕所进行清扫、消毒,工作人员应戴手套,工作结束后应立即洗手。

(7)托幼机构应配合卫生部门采取手足口病防控措施。

440. 医疗机构如何预防手足口病?

(1)各级医疗机构应加强预检分诊,专辟诊室(台)接诊发热、出疹的病例。增加候诊及就诊等区域的清洁消毒频次,室内清扫时应采用湿式清洁方式。

(2)医务人员在诊疗、护理每位病例后,均应认真洗手或对双手消毒,或更换使用一次性手套。

(3)诊疗、护理手足口病病例过程中所使用的非一次性仪器、体温计及其他物品等要及时消毒。

(4)对住院患儿使用过的病床及桌椅等设施和物品必须消毒后才能继续使用。

(5)患儿的呼吸道分泌物和粪便及其污染的物品要进行消毒处理。

441. 如果家里有孩子感染手足口病要特别注意什么?

要注意不让生病的孩子接触其他儿童;孩子的唾液、痰液等分泌物要用卫生纸包好丢到垃圾箱,孩子的粪便要收集好消毒后丢入厕所,不要随意丢弃,同时要消毒便盆;看护人接触孩子前、替换尿布后或处理孩子粪便后都要洗手;生病孩子的衣服、玩具、餐具、枕头、被褥等要保持卫生,孩子的日常用具要消毒;要勤开窗通风。如果上幼儿园的小朋友得病,还应及早告诉老师,并不要着急让孩子去幼儿园,要在全部症状消失1周后再去,防止传染其他孩子。一般症状轻不用住院治疗,居家治疗、注意休息即可,以减少交叉感染。

442. 手足口病流行期间怎样对日常用品进行预防性消毒?

在手足口病流行期间,无患病儿童的家庭,应注意家庭成员个人卫生和环境卫生。个人卫生应注意勤洗手、洗澡,勤换洗衣物,勤晾晒被褥。每天开窗通风2～3次,每次不少于30分钟。家庭地面和桌、椅、床、柜、门把手等各种物体表面应做好卫生清洁。婴儿奶嘴、奶瓶煮沸消毒20分钟后使用。儿童玩具定期清洗。搞好厨房、卫生间卫生。

443. 什么是流行性感冒?

流行性感冒是流感病毒及其变异株引起的急性呼吸道感染,是一种传染性强、传播速度快的疾病。其主要通过空气中的飞沫、人与人之间的接触或与被污染物品的接触传播。典型的临床症状是:急起高热、全身疼痛、显著乏力和轻度呼吸道症状。

444. 什么是一般性感冒?

一般性感冒是指"鼻感冒",对人体的影响通常只限于呼吸系统。所有症状都与鼻有关,如鼻涕、鼻塞和喉咙痛、咳嗽甚至发烧等。一般数天后便可痊愈。

445. 简述流感的临床分型?

(1)单纯型流感:急性起病,体温39～40 ℃,畏寒、乏力、头痛、肌肉关节酸痛等全身症状明显,呼吸道卡他症状轻微,可有流涕、鼻塞、干咳等。

(2)肺炎型流感:较少见,多发生于老人、小孩、原有心肺疾患的人群。表现为高热持续不退,剧烈咳嗽、咳血痰、呼吸急促、发绀,肺部可闻及湿啰音。胸片提示两肺有散在的絮状阴影。痰培养无致病细菌生长,可分离出流感病毒。可因呼吸循环衰竭而死亡,病死率高。

(3)中毒性流感:以中枢神经系统及心血管系统损害为特征。表现为高热不退,血压下降,瞻望、惊厥、脑膜刺激征等脑炎脑膜炎症状。

(4)胃肠炎型流感:少见,以腹泻、腹痛、呕吐为主要临床表现。

446. 流感有哪些并发症?

(1)继发细菌性上呼吸道感染。

(2)继发细菌性肺炎。

(3)Reye综合征(脑病—肝脂肪变综合征)是甲型或乙型流感病毒感染肝脏、神经系统的并发症。在急性呼吸道感染热退后数天出现恶心、频繁呕吐、嗜睡、昏迷和惊厥等神经系统症状,肝大,无黄疸,肝功能轻度损害。组织学改变以肝、肾、心脂肪变性为特征。Reye综合征病因不明,可能与长期服用阿司匹林有关。

(4)其他少数并发症患者可能出现肌炎,儿童比成人多见。

447. 预防流感的常用措施有哪些?

(1)室内经常开窗通风,保持空气新鲜。

(2)少去人群密集的公共场所,避免感染流感病毒。

(3)加强户外体育锻炼,提高身体抗病能力。

(4)秋冬气候多变,注意加减衣服。

(5)多饮开水,多吃清淡食物。

(6)注射流感疫苗。

448. 什么是流行性腮腺炎?

流行性腮腺炎是由腮腺炎病毒所引起的呼吸道传染病，多见于儿童和青少年，成人偶发。临床特征以发热和腮腺非化脓性肿痛为主,同时还可引起脑膜脑炎、睾丸炎、胰腺炎、卵巢炎等。

449. 流行性腮腺炎怎么传播?

流行性腮腺炎的主要传染源是早期患者和感染了腮腺炎病毒但未发病的隐性感染者。主要是由患者的喷嚏和咳嗽飞沫通过呼吸道传播。

450. 流行性腮腺炎的腮肿特点是什么？并发症有哪些?

发病1～2天腮腺肿胀,一般先见于一侧,2～4天后对侧肿胀。腮腺肿胀以耳垂为中心向周围蔓延,边缘不清楚,局部皮肤不红,表面灼热,有弹性感及触痛,张口、咀嚼时更明显,进食酸性食物时促使唾液腺分泌,疼痛加剧。

并发症有脑膜炎、脑膜脑炎、睾丸炎、卵巢炎等。

451. 流行性腮腺炎怎么治疗?

包括一般治疗、抗病毒治疗、对症治疗及并发症治疗。

452. 流行性腮腺炎怎么预防?

预防的重点是接种疫苗。儿童应按时完成预防接种。对流行性腮腺炎患者要按呼吸道传染病进行隔离。在流行期间,尽量减少去人员拥挤的公共场所,养成良好的个人卫生习惯,勤洗手,勤通风,勤晒衣被,勤锻炼身体,多喝水。

453. 什么是风疹?

风疹是风疹病毒感染引起的急性呼吸道传染病。风疹从接触感染到症状出现,潜伏期为14～21天,临床表现有低热,全身性皮疹,耳后、枕部及颈后淋巴结肿大,伴有触痛,全身症状轻,病程短。孕妇在妊娠早期感染风疹病毒,可引起胎儿受染,造成发育迟缓和胎儿畸形,甚至胎儿死亡或先天性风疹综合征。

454. 风疹的传染源和传播途径是什么?

风疹患者和隐性感染者及先天性风疹患者为本病的传染源,经空气飞沫传播为主要方式,也可通过接触患者污染物品而感染。孕妇感染风疹病毒,可通过胎盘传给胎儿。

455. 什么是水痘?

水痘是由水痘—带状疱疹病毒引起的急性传染病。以发热及成批出现周身性红色斑丘疹、疱疹、痂疹为特征。冬春两季多发,其传染力强,接触或飞沫均可传染。临床以皮肤黏膜分批出现斑丘疹、水疱和结痂,而且各期皮疹同时存在为特点。该病为自限性疾病,病后可获得终身免疫,也可在多年后感染复发而出现带状疱疹。

456. 什么是感染性腹泻？

感染性腹泻是指各种急慢性的细菌、病毒、真菌、寄生虫感染引起肠道炎症所致的腹泻。除霍乱、细菌性和阿米巴性痢疾、伤寒和副伤寒以外的腹泻，称为感染性腹泻。

457. 感染性腹泻的临床表现有哪些？

感染性腹泻的临床表现可分为炎症性腹泻及分泌性腹泻。炎症性腹泻为病原体侵袭上皮细胞，引起炎症而致的腹泻。常伴有发热，粪便多为黏液便或黏液血便，粪便的显微镜检查有较多的红细胞和白细胞。分泌性腹泻指病原体或其产物作用于肠上皮细胞，引起肠液分泌增多和(或)吸收障碍而导致的腹泻。病人多不伴有发热，粪便性状为稀便或水样便，粪便的显微镜检查多无细胞，或可见少许红细胞和白细胞。

458. 感染性腹泻如何治疗？预防措施有哪些？

感染性腹泻的治疗主要有一般治疗、对症治疗(尤其注意改善中毒症状及纠正水、电解质的平衡失调)和病原治疗(针对引起腹泻的病原体，必要时给予相应的病原治疗)。

预防措施主要有健康教育，加强以预防肠道传染病为重点的卫生宣传教育，搞好环境卫生，加强饮用水卫生，抓好饮食卫生，加强病人、接触者及其直接接触环境的管理。

第四章 肺结核病

第一节 肺结核的基本知识

459. 什么是结核病?

结核病俗称“痨病”,是由结核杆菌侵入人体引起的一种慢性传染病,人体的任何部位都可发生,其中以肺结核最为多见。

460. 肺结核是怎样传染的?

肺结核主要通过吸入传染性肺结核病人咳嗽、咳痰、打喷嚏或大声说话时喷出的含有结核菌的飞沫而感染，一个未经治疗的传染性肺结核病人一年中可能传染10～15人。

461. 肺结核有哪些临床表现?

肺结核最常见的表现为咳嗽、咳痰2周以上,部分患者会出现痰中带血,也有一部分患者会出现午后低热(一般不超过38 ℃)、盗汗、胸痛、食欲缺乏、疲乏和消瘦无力等症状。

462. 结核菌侵犯肺部后会造成哪些改变?

结核菌一旦被吸入到人体的肺部,如果个体的抵抗力较强,结核菌的繁殖过程会受到抵抗力的抑制,通常不会大量繁殖造成严重的破坏,也就不会发生结核病,或发生很轻微的结核病;这类结核病,患者完全没有感觉,只有在做X线检查时肺部有结核病变自行痊愈后而产生的钙化点。

当抵抗力较差或一次性吸入大量的结核菌时,体内的抵抗力不足以抑制或杀灭入侵结核菌的繁殖,此时结核菌在体内会迅速繁殖生长,并侵犯肺组织甚至造成部分肺的坏死,坏死的肺组织随着痰咳出体外后,在肺内形成空洞。部分患者结核菌会进入被破坏的肺部小血管,随着血流到达身体的各个部位如脑(造成脑膜炎或脑结核瘤)、骨(造成骨结核)、肾(造成肾结核)等,引起肺外结核。

463. 按照2001年《中华人民共和国卫生行业标准》，结核病可分为哪几类?

(1)原发性肺结核(简写为Ⅰ),是指结核菌首次侵入人体肺部而发生的原发感染,典型病变包括肺部原发灶、引流淋巴管和肺门或纵膈淋巴结的结核性炎症,三者联合称为原发综合征。绝大多数病人为儿童和青少年。

(2)血行播散性肺结核(简写为Ⅱ),以儿童和青少年多见,原发性肺结核患者肺内原发灶及肺门纵膈淋巴结内的结核菌,以一次性或短期内大量入侵引起的急性血行播散性肺结核,可伴有脑膜炎和其他器官结核。小量结核菌或多次间歇性侵入血流或机体免疫力好时可形成亚急性、慢性过程,临床症状则较轻。

(3)继发性肺结核(简写为Ⅲ),是肺结核中的一个主要类型,因90%发生于成年人,故又称为成人型肺结核。包括浸润性肺结核、纤维空洞性肺结核及干酪性肺炎。

(4)结核性胸膜炎(简写为Ⅳ),临床上已排除其他原因引起的胸膜炎,包括结核性干性胸膜炎、结核性渗出性胸膜炎、结核性脓胸,以渗出性胸膜炎最常见。

(5)肺外结核(简写为Ⅴ),结核杆菌潜伏于肺外脏器,当机体抵抗力低时发病,如结核性脑膜炎、骨结核、肾结核、结核性腹膜炎、肠结核、盆腔结核等。

464. 感染了结核菌是否都会发病?

人体初次受到结核杆菌感染后,绝大多数人没有任何症状,也不发生结核病;少数感染结核杆菌的人因抵抗力低下,可能发生结核病。感染了结核菌一般5%～10%的人会发生结核病。

465. 结核病遗传吗?

结核病是一种慢性传染性疾病,而不是遗传性疾病,所以结核病是不会遗传的;有的家庭同时有几个结核病人,主要是由于家庭中存在传染性肺结核病人,这是相互传染的结果,而不是遗传。

466. 结核病的传染源是什么?

结核病的传染源主要是痰中带有结核菌的肺结核病人,即痰菌阳性的肺结核病人。

467. 肺结核能治好吗?

绝大部分肺结核患者是可以通过规范治疗获得痊愈的,但是前提是医生要遵循合理配置、规范用药的治疗原则,患者也必须积极配合,严格按照医嘱服药及复查。

468. 肺结核患者可以结婚或者生育吗?

患了肺结核的年轻人,应集中精力将病治好;在未完全康复前,应该把恋爱的事暂时搁置,在传染期内尽量减少接触。

准备结婚的患者,应尽可能推迟婚期,待肺结核治愈后再考虑结婚,以避免因为婚后的夫妻生活、生儿育女、家务等一系列的问题,给治疗带来不利的影响,并会传染给配偶。

育龄期妇女,如果患了肺结核,应暂时避孕。此时怀孕,可能会导致患者病情加重,胎儿也可能会出现发育不良或死胎;如果肺结核患者已经怀孕,最好终止妊娠。通常肺结核治愈半年后,可以正常妊娠,最好去医院咨询经治医生。

469. 所有的肺结核病人都有传染性吗?

由于结核杆菌主要是随着痰液排出体外而传播,因而痰里查出结核杆菌的患者才有传染性，才是传染源。传染性的大小取决于痰内菌量的多少。直接涂片法查出结核杆菌者属于大量排菌，直接涂片法检查阴性而仅培养出结核杆菌者属于微量排菌。由此可见只有处于活动期的肺结核患者才具有传染性。

470. 传染性肺结核患者正规治疗多长时间一般就不具有传染性了？

2～3周。

471. 结核菌在什么情况下容易生存？哪些方法可以杀灭结核菌？

结核菌的生存力较强，在室温和阴暗处，干燥的痰内结核菌可以存活6～8个月，黏附在飞扬的空气尘埃中的结核菌可以保持传染性8～10天。结核菌一般对低温比较耐受，在-6 ℃左右可以存活4～5年。

结核菌对干热比较耐受，在阳光下曝晒2～7小时或100 ℃下4～5小时结核菌才能被杀灭，结核患者用过的东西，可以放在强阳光下直晒半日，基本上可以达到消毒的目的。湿热情况下，结核菌更容易被杀死，在60 ℃下30分钟或70 ℃下10分钟或80 ℃下5分钟及90 ℃下1分钟，就可以杀死结核菌，因此煮沸和高压蒸汽消毒是最有效的杀灭结核菌的方法。

暴露的结核菌在与70%的酒精接触5～30分钟后可以被杀死，因此可以使用酒精来进行皮肤消毒。此外，常用0.5%的"84"消毒液，15分钟可以杀死结核菌。如果结核菌是混在痰液中的，则酒精或"84"消毒液的杀灭效果不佳。

472. 肺结核的潜伏期为多长时间？

人们将感染病菌到发病这个阶段叫做潜伏期，结核病也有这个过程，但结核病的潜伏期是无法统计和计算的，成年人90%都感染过结核菌，多数人一生也不发病，有个别人在短期内就可发病，发病与否取决于细菌的数量、毒力和被感染人抵抗力的强弱。所以，结核病没有固定的潜伏期。

第二节　肺结核的疫情与危害

473. 我国结核病疫情怎么样？

我国是全球22个结核病和27个耐多药肺结核高负担国家之一，耐多药肺结核患者人数位居全球首位；普通肺结核患者人数位居全球第二位，仅次于印度。

474. 我国结核病疫情的特点是什么？

一是感染人数多。全国约有5.5亿人已感染了结核杆菌，约占全国总人口的45%，明显高于全球平均感染水平。

二是发病人数多。目前我国肺结核病年发病人数约为130万，占全球发病人数的14.3%。2001—2010年，我国肺结核报告发病人数始终位居全国甲乙类传染病的前列。

三是现患病人数多。全国有活动性肺结核患者约523万人，其中传染性肺结核患者约占25%。

四是耐药患者人数多。我国每年新发耐多药结核病患者约为12万人,每年新发广泛耐多药肺结核患者约1万人。

五是结核菌/艾滋病病毒双重感染人数多。据世界卫生组织估算,我国目前有结核菌/艾滋病病毒双重感染者约为1.9万人。

六是疫情分布不平衡。农村地区高于城镇,西部地区高于东部地区,患病率随年龄增加呈上升趋势,男性高于女性。全国总体疫情与2000年相比有所下降,活动性肺结核患病率年递降率为0.1%,传染性肺结核患病率年递降率为5.5%。但是西部地区和农村地区患病率有所升高。

475. 结核病有哪些危害?

肺结核严重影响患者的身体健康,若不彻底治疗会丧失劳动能力,甚至造成死亡。除此之外,肺结核通过呼吸道传播,传染性强,可危及他人的身体健康。一名涂阳肺结核患者若不加以治疗,一年平均可感染10~15名易感者。肺结核疫情若不加以控制,还将对国民经济造成重大影响。由于大部分肺结核患者是青壮年,处于最具生产能力的年龄段,据估计仅此就使国民生产总值每年直接损失90亿元以上。

耐多药肺结核对个人、家庭和社会的危害则更大。与普通肺结核相比,耐多药肺结核因诊断、治疗所需时间长而导致其传染期更长,患者迁延不愈,四处流动,则大大增加了耐多药菌传播的机会和范围,被感染者一旦发病即直接成为耐多药肺结核患者。此外耐多药肺结核所需治疗时间长达2年之久,治疗费用昂贵,仅抗结核药品费用就高达三四万元,是普通结核病费用的100倍,将对家庭和社会带来沉重的经济负担。

476. 肺结核有哪些并发症?

肺结核常见并发症有自发性气胸与脓气胸、肺心病与心肺功能衰竭、结核性支气管扩张及咯血、继发肺外结核。

第三节 我国对肺结核防治的相关政策

477. 在《中华人民共和国传染病防治法》中,肺结核病被列为哪类传染病?

乙类。

478. 现代结核病控制策略(DOTS策略)包括哪五项内容?

(1)政府承诺;

(2)痰涂片检查发现肺结核病人;

(3)医务人员直接督导下的短程化疗;

(4)持续不间断的药品供应；

(5)建立结核病的信息监测系统。

其中医务人员直接面视下的短程督导化疗是现代结核病控制策略的核心要素。

479. 为什么要实施“直接面视下短程化疗”？

“直接面视下短程化疗”英文缩写为“DOTS”，具体做法是在全程化疗期间(一般为6个月至8个月)，病人每剂抗结核药物均在医务人员（或经过培训的志愿督导人员)面视下服用。“DOTS”可以保证病人在不住院条件下得到规律全疗程治疗，不但能提高治愈率，也能防止细菌产生耐药性，减少复发机会，从而阻断结核病的传播。

480. “世界防治结核病日”在什么时间？

每年的3月24日是“世界防治结核病日”。在“世界防治结核病日”前夕，全球各地都会举办系列倡导、宣传和社会动员活动，以呼吁各界人士关注结核病，向公众传播结核病知识。

481. “世界防治结核病日”的由来？

1882年3月24日世界著名微生物学家、德国医学家罗伯特·科霍在德国柏林生理学会上宣布了结核菌是导致结核病的病原菌。100年后，由国际防痨协会和世界卫生组织倡议，各国政府和非政府组织举办纪念罗伯特·科霍发现结核菌100周年活动，国际防痨协会的会员之一非洲马里共和国的防痨协会提议，要像其他世界卫生日一样，设立“世界防治结核病日”。这个建议后来被国际防痨协会理事会采纳。1995年底，世界卫生组织为了更进一步地推动全球结核病预防控制的宣传活动，唤起公众与结核病作斗争的意识，与其他国际组织一起倡议，将3月23日确定为“世界防治结核病日”。1996年3月24日是第一个“世界防治结核病日”。

482. 出现结核病可疑症状到哪里去检查？

当地县级疾病预防控制机构(或指定的机构)提供免费的结核病诊断和抗结核药品，有结核症状者可到这些机构去咨询、检查、诊断和治疗。

483. 到专业的结核病防治机构诊疗肺结核，有哪些项目可以免费检查？

(1)初诊肺结核可疑症状者或疑似肺结核病人可免费胸部X线检查；

(2)胸片检查异常者，可免费痰涂片检查；

(3)病人在免费抗结核治疗期间，可以免费痰涂片复查。

484. 到专业的结核病防治机构治疗肺结核，哪些病人可免费抗结核药品治疗？

(1)初治涂阳病人；

(2)重症涂阴病人；

(3)活动性涂阴肺结核病人；

(4)复治涂阳病人(只提供一次免费化疗机会)。免费治疗仅限于病人采用指定化疗方案治疗的抗结核药物、注射器及注射水费用，病人自购的抗结核药品、其他需要药品或住院治疗费用均不属于免费的范围。

485. 长期在外打工的人得了肺结核病应当如何就诊、接受治疗和管理？

外来打工人员中，大多数年龄在二三十岁，处于结核病高发年龄段。他们常常因为经济问题，怕丢失工作而隐瞒病情，不按时就医，因而贻误治疗，甚至成为耐药结核病。提高治愈率最好的方法是到结核病防治机构就医，采取直接面视下的短程化疗法完成6～8个月的治疗，如不能在工作所在地完成全疗程治疗，应回到家乡坚持完成治疗。

486. 控制结核病最有效的两个措施是什么？

控制结核病最有效的两个措施是提高发现率和治愈率。在各级政府的正确领导、各相关部门的积极参与和密切配合下，经各级结核病防治专业人员共同努力，至2005年底，我国结核病防治工作已取得重大的阶段性成果，即新涂阳肺结核患者发现率达到79%，新涂阳肺结核患者治愈率达到91%。

487. 什么是结核病的系统管理？

系统管理指结核病防治机构对登记的肺结核患者，在治疗过程中均能按时查痰、督导服药和规范治疗。

488. 什么是全程督导化疗？

全程督导化疗指在肺结核患者治疗全过程中，患者每次用药均在督导人员(医务人员或家庭成员、志愿者)直接面视下进行。用药后记录，如病人未按时用药，应在24小时内设法补上。涂阳患者和含有粟粒、空洞的新涂阴患者，应采用全程督导化疗的治疗管理方式。

489. 什么是结核病的强化期督导？

指在肺结核患者治疗强化期内，患者每次用药均在督导人员直接面视下进行，继续期采用全程管理。非粟粒、空洞的新涂阴肺结核患者及结核性胸膜炎患者，应采用强化期督导的治疗管理方式。

490. 什么是结核病的全程管理？

指在肺结核患者治疗全过程中，通过对患者加强宣教，定期门诊取药，家庭访视，复核患者服药情况(核查剩余药品量、尿液抽检等)，误期(未复诊或未取药)追回等综合性管理方法，以保证患者规律用药。

491. 怀疑自己得了肺结核怎么办？

当你明白了结核病是怎么一回事，知道了肺结核都有些什么症状，那么如果你具有前述症状而怀疑自己患肺结核时，特别是咳嗽咳痰、痰中带血已经超过2周，你就应立即到所在地的结核病防治机构明确诊断，规则治疗，早日痊愈。另外，排菌肺结核的亲属(密切接触者)，也应该及时进行健康体检。

492. 什么是结核病的筛查和预防性治疗？

由于结核病具有传染性，且更容易传染给与患者有密切接触的人，因此我国出台了政策,对具有传染性的肺结核患者(涂阳肺结核)的密切接触者进行筛查,以帮助更早地发现这些人中的肺结核患者。医生会询问涂阳肺结核患者的亲属或同事的情况,尤其是这些亲属或同事是否出现了咳嗽、咳痰超过2周的结核病可疑症状,如果已经出现可疑症状,国家有免费为他们进行检查的相关政策。对于未出现可疑症状的密切接触者,尤其是儿童,可以通过结核菌素试验来测试其是否感染了结核菌。

对于一些特殊人群,如果经检查已经明确感染了结核菌的人,即使他们没有症状,也可以通过短期服药来进行预防性治疗。这些人群包括:(1)艾滋病毒感染者;(2)与涂阳肺结核患者接触密切,而且结核菌素试验阳性的幼儿和青少年;(3)结核菌素试验结果阳性,并且是糖尿病、长期使用激素、长期使用免疫抑制剂的患者;(4)结核菌素试验结果强阳性者。

第四节 肺结核的预防

493. 怎样预防结核病?

(1)早期发现传染源,及时治疗,减少传染性。

(2)新生儿、未被结核菌感染者或结核菌素试验阴性者要接种卡介苗。

(3)要养成良好的卫生习惯,不要随地吐痰;要注意教室和宿舍的开窗和通风。

(4)注意营养和休息,坚持锻炼身体,提高身体抵抗力。

494. 哪些人容易发生结核病?

(1)传染性肺结核的密切接触者,尤其是婴幼儿。

(2)从未接触过结核菌的人群。

(3)肺部有陈旧性结核病灶或结核菌素试验呈阳性反应的年轻人和老年人。

(4)艾滋病感染者或患者。

(5)患有营养不良、矽肺、糖尿病、胃切除术后及较长时间应用激素或抗癌药物治疗者。

(6)打工者、长期处在有害气体或空调环境工作者。

(7)有可能长期反复接触结核病患者的人群,主要包括医务人员,尤其是综合医疗机构中呼吸科门诊和呼吸科病房的医务人员。

495. 什么情况下结核病的传染性增高?

传染性肺结核病人出现下述情况时传染性增高:病人排菌量多;病人咳嗽频繁;与病人的密切接触;病人居住房间的通风差;接触者的抵抗力弱等。

496. 减少结核菌传播的主要措施有哪些?

及时发现和规范治疗传染源,加强督导管理,家内房间及时通风、阳光照射,病人咳嗽时用手帕捂住嘴,不随地吐痰。

497. 肺结核在农民工群体中迅速传播的主要原因是什么?

(1)生活条件较差、营养不足、身体抵抗力弱而容易感染结核杆菌。

(2)生活环境差,往往是多人共居一室,一人患病很快传染他人。

(3)无钱医治,造成大量病人流失,扩大传播范围。

498. 卡介苗接种的对象和目的是什么?

接种的对象是新生儿。接种卡介苗后可减少结核病的发病,特别是防止那些严重类型的儿童结核病,如结核性胸膜炎、急性血行播散型肺结核。接种卡介苗对儿童的健康成长很有好处。

499. 卡介苗有什么作用和不足?

主要作用是提高儿童对结核杆菌感染的特异性抵抗力,减少儿童血行播散型肺结核和结核性脑膜炎的发生。不足之处是不能完全防止发生结核病,对预防成人结核无明显效果。

500. 什么是肺结核的密切接触者?

通常,与传染性肺结核有密切接触的人(如家属、办公室同事等),被称为肺结核密切接触者。这些人与患者的近距离接触而被感染上结核菌,因此比其他的人更容易发病,应该引起高度重视。密切接触者应经常注意自己是不是出现长期咳嗽、咳痰的症状,一旦出现应尽快到医院进行相关的检查,以免延误诊断和治疗的时机。

501. 密切接触者通常包括几类人员?

(1)与患者共同居住的家属或密集居住空间里共同居住的人(如民工宿舍、学生宿舍、监狱监舍等)。

(2)与患者共用办公室的同事。

(3)与患者短期在密闭空间接触的人,如长程航空飞行中与患者距离很近的人。

502. 接触过肺结核患者的人就一定会得肺结核病吗?

并非所有接触肺结核患者的人都会得肺结核病。这主要取决于以下几个因素:

首先,要看这个肺结核患者的痰中是不是带有肺结核菌,有一部分患者是不带有结核菌的(称为“菌阴肺结核”),他们没有传染性。

其次,既使患者的痰中带有结核菌,也要看接触者接触时吸入的结核菌的量有多大;距离近或者患者正在咳嗽、打喷嚏时,如果在他身边,就会吸入更多量的结核菌,因此应当避免这种情况的发生。

最后,既使已经吸入了比较大量的结核菌,还要看接触者自身抵抗力的高低;如果抵抗力够高,可以抑制结核菌在体内的繁殖,并杀死它们;如果抵抗力不高,则结核菌会大量繁殖生长,对肺部造成破坏,形成肺结核。因此,一些抵抗力较低的人,如老年人、服用免疫抑制剂的病人、抵抗力低下的艾滋病患者,都更容易患上肺结核病。

第五节　肺结核的诊断

503. 如何诊断肺结核？

肺结核的诊断目前主要依靠两种手段，一种是痰结核菌的检查，另一种是拍摄胸部X光片。

当结核菌侵入人体后，往往会因为大量繁殖而造成肺部的病变，此时，繁殖的结核菌以及破坏后坏死的肺组织，会随着痰液被咳出来。对这些痰进行涂片，并经过染色，发现痰液中存在结核菌，可诊断为肺结核(被称为菌阳肺结核)。但是，也有相当一部分的患者，虽然也有肺部的病变，但由于痰液留取方法不正确、细菌量过少等各种原因，查不到结核菌，这部分患者可以通过拍摄胸部X光片，发现肺部被结核菌破坏的影像，从而诊断为肺结核(被称为菌阴肺结核)。

504. 诊断肺结核为什么要查痰？

查痰对确诊肺结核极为重要。对肺结核病人应用抗结核药物治疗的目的就是为了杀死结核菌，治愈结核病。在治疗中，只有依靠反复查痰才能知道结核菌是否被杀死。医生根据查痰结果来了解病人的病情，判断治疗效果，从而决定治疗方案。因此，必须遵照医嘱，按时送痰检查。

505 怀疑得了结核病要做哪些检查？

拍摄胸部X光片，如发现异常阴影，须做痰涂片检查抗酸杆菌，儿童要做结核菌素试验，必要时要做肺部CT扫描。

506. 可疑肺结核病人就诊时如何查痰？

应连续送3份痰标本，包括夜间痰、清晨痰和即时痰。即时痰为就诊当时咳出的痰液；清晨痰为清晨咳出的第二口或第三口痰液；夜间痰为送检前一日晚上睡前咳出的痰液。

507. 如何留取合格的痰标本？

肺结核病人痰中能否找到结核菌，除痰中含菌量大小外，留取的痰标本是否符合要求也是一个重要的因素。正确留取痰标本的方法是：(1)病人留痰标本前用清水漱口；(2)做深呼吸数次后收腹用力咳出自支气管深部的脓样或黏液样痰液，痰量为3～5毫升，避免留取唾液或鼻咽部分泌物；(3)留痰标本要使用专用的痰盒，并及时送到结核病防治机构检查。

508. PPD试验的方法及其阳性结果的意义是什么？

(1)结核杆菌纯蛋白衍生物试验(PPD)方法：0.1毫升PPD稀释液于前臂内侧皮内注射，使局部形成直径6～8毫米圆形橘皮样皮丘。72小时观察并记录结果。以局部硬结(不宜用红晕作标准)平均直径(纵径和横径相加除以2)作为分度标准。

(2)PPD阳性意义:①曾感染过结核杆菌或已接种卡介苗者;②3岁以内儿童未接种卡介苗提示体内有活动性结核病灶;③新近阳转表示有患结核病的可能;④PPD反应强弱与结核病的活动程度无直接关系。

509. 痰标本根据性状分为哪几类?哪种痰标本的检出率最高?哪种最低?

一般分为干酪痰、血痰、黏液痰、唾液四种,其中干酪痰的检出率最高,唾液的检出率最低。

510. 诊断肺结核的金标准是什么?

诊断肺结核的金标准是痰结核菌培养阳性。

511. 什么叫痰涂片阳性肺结核?

痰涂片抗酸杆菌检查2次阳性或1次阳性,胸部X光片符合结核病表现,或1次涂片阳性加上结核菌培养阳性。

512. 抗酸杆菌萋–尼氏染色镜检结果分级报告的标准是什么?

痰涂片镜检的结果报告,不仅对结核病的诊断提供依据,报告的抗酸杆菌数量也一定程度上反映疾病严重程度和传染性的大小。痰涂片镜检结果的登记应按照镜检结果的分级报告标准,登记在结核病细菌学实验室登记本上和痰检验单上,不能只填写阴性、阳性或(–)、(+)等。

抗酸杆菌阴性(–):连续观察300个不同视野未发现抗酸杆菌。

报告抗酸杆菌条数:1~8条/300视野。

抗酸杆菌阳性(1+):3~9条/100视野。

抗酸杆菌阳性(2+):1~9条抗酸杆菌/10视野。

抗酸杆菌阳性(3+):1~9条抗酸杆菌/视野。

抗酸杆菌阳性(4+):≥10条抗酸杆菌/视野。

513. 老年结核病有哪些特点?

近年来的调查结果显示,老年结核病人的发病率在逐渐上升,因此应该特别注意。老年肺结核病人,除了会有一般肺结核病人常有的症状外,由于年龄较大,器官退化,常常合并有呼吸困难等症状,而且容易和老年人原有的肺部疾病症状重叠,导致诊断延误,一直到肺结核的症状非常严重才引起重视。在老年肺结核病人的治疗中,由于老年患者不仅仅有结核病,还可能存在糖尿病、高血压、肺心病、肺炎、肺癌等其他疾病,用药的选择会比较困难,容易出现药物的副作用。

514. 有关儿童肺结核你需要知道的有哪些?

由于儿童的器官对结核菌非常敏感,所以儿童结核往往发病都比较严重,除了肺结核外,常常发生结核性脑膜炎、全身结核(由于结核菌进入血液引起)。对于儿童而言,卡介苗具有较好的预防发生重症结核的效果,因此我国已将卡介苗的接种列为计划免疫项目之一。

儿童感染结核菌大多来源于患有传染性肺结核(涂阳肺结核)的家庭成员。因此,和涂阳肺结核患者有共同生活的儿童,则应密切观察孩子表现,一旦出现异常,应尽快带孩子就诊,及早检查、及早治疗。

一般而言,儿童肺结核的早期症状不明显,不易被发现。对于幼儿,肺结核可能表现为不活泼、精神不振、脾气急躁或无故哭闹,也可能出现夜间盗汗、脸部潮红、消瘦、食欲减退和消化不良、疱疹性结膜炎或全身淋巴结肿大。

第六节 肺结核的治疗

515. 得了结核病为什么要进行正规治疗?

如果得了结核病,应到专业结核病防治机构进行正规治疗。由于结核病治疗时间较长,为了避免漏服药而导致治疗失败,病人每次用药都要在医务人员的观察下进行。如果能够按照医生的要求用药,那么治愈的概率就能达到95%以上。治愈结核很重要的一条就是要规律用药,如果不能坚持规律服药,体内的结核菌就不能有效地被杀死,并且逐渐对以前用过的药物产生耐药,这就意味着结核病可能复发;在增加治疗费用的同时,也会把耐药的结核菌传播给周围的亲人和朋友。

516. 什么是初治涂阳肺结核病人?

指从未接受过抗结核药物治疗或虽接受过抗结核药物治疗,但不超过1个月及治疗虽然超过1个月,但登记后仍按原方案治疗的痰涂片阳性的病人。

517. 什么是复治涂阳肺结核病人?

指以前曾经接受不规则的抗结核药物治疗超过1个月,现在痰涂片仍为阳性的病人。

518. 肺结核患者应何时进行复查?如何进行复查?

肺结核患者治疗期间的复查对治疗效果的判定以及是否需要调整治疗方案具有很重要的意义。医生在开始治疗前,会根据患者的情况,将其分为初治肺结核患者和复治肺结核患者。初治肺结核患者应在服药满2、5、6个月时送痰进行复查,而复治肺结核患者则应在服药满2、5、8个月时送痰进行复查。

519. 什么是重症涂阴肺结核病人?

X线检查符合下述两种情况的初治涂阴肺结核病人:

(1)胸片显示有空洞的活动性肺结核病人;

(2)确诊为粟粒型肺结核并适宜于不住院治疗的病人。

520. 肺结核患者不规则治疗的后果是什么?

肺结核患者一旦不坚持规律治疗,很容易产生严重的后果。

(1)患者体内的结核菌会反复繁殖,导致疾病迁延不愈,形成慢性排菌。患者的排菌期延长,意味着他的传染期加长,可传染更多的健康人。

(2)患者本人在这种慢性过程中,其体内的结核菌也很容易产生耐药,演变成耐药肺结核患者。

(3)一旦形成耐药,患者的治疗更加困难,治疗期延长3～4倍,治疗花费高达100倍,造成大量的资源浪费。

因此,肺结核患者一旦确诊,应遵从医嘱,坚持规律治疗,力争一次性治愈疾病。

521. 为什么结核病患者病情好转了还要继续用药?

在标准短程化学疗法中,经过强化期间用药后,结核中毒症状消失快,病情明显好转,痰菌阴转,X线显示病灶吸收明显,少数病人就自动中止治疗。事实证明,这种过早自动停药,治疗极不彻底,日后复发的概率很高。因此,病情虽然好转,但仍要坚持用药完成规定的6～8个月疗程。

522. 治疗肺结核遵循的"十字"原则是什么?

早期、联合、适量、规律、全程。

523. 肺结核的化学治疗需坚持联合用药的原则,其目的是什么?

联合用药的目的主要是延缓或防止耐药性的产生,发挥药物的协同作用。

524. 肺结核治疗过程中常出现哪些副反应? 出现了副反应患者应怎么办?

服用抗结核药物后,最可能出现的副反应包括:胃肠道不适、恶心、皮肤瘙痒、关节疼痛、手足麻木等,严重时可能会出现呕吐、视物不清、皮疹、听力下降等。一旦出现上述情况,患者应该及时与负责治疗的医生联系,以便妥善处理;千万不要自行停药或任意更改治疗方案,这会直接影响到治疗效果。在此需要了解的一点是,服用利福平后,患者的尿液会变红,这是由于利福平经尿液排出所引起的,属正常现象,患者不必紧张。

525. 在结核病治疗中,治愈的概念是什么?

涂阳肺结核患者完成规定的疗程,连续2次涂片结果阴性,其中1次为治疗末的涂片。

526. 在结核病治疗中,完成疗程指什么?

涂阴肺结核患者完成规定的疗程,疗程末痰涂片检查结果阴性或未痰检者;涂阳肺结核患者完成规定的疗程,最近1次痰检结果阴性,完成疗程时无痰检结果。

527. 常用的抗结核药物有哪几种?

(1)异烟肼(INH):对结核菌具有极强的杀灭作用,其价格低廉,是治疗结核病必不可少的药物。

(2)利福平(RFP):对结核菌有很强的杀灭作用,是继异烟肼之后最为有效的抗结核药物,也是初治肺结核治疗方案中不可缺少的组成药物。

(3)链霉素(SM):对结核杆菌有明显杀菌作用。该药对颅神经有损害,可引起眩晕、耳鸣、听力减退甚至耳聋、口唇麻木等副作用,故孕妇、儿童及老人应禁用或慎用。

(4)乙氨丁醇(EMB):对结核菌有抑制作用,特别是对已耐异烟肼、链霉素的结核菌仍有抑制作用,用药期间应注意视力变化。

(5)吡嗪酰胺(PZA):对细胞内或静止状态下的结核杆菌具有特殊杀灭作用。

上述五种药物被称为一线药物,对80%以上新感染的肺结核患者治疗都有效,是当前治疗结核病较常用或较有效的药物,医生可根据病人的病情变化及用药情况组成合理的化疗方案进行治疗。

528. 二线抗结核药物有哪些?

二线抗结核药物包括卡那霉素(KM)、丁胺卡那霉素(AM)、卷曲霉素(CM)、氧氟沙星(Ofx)、左氧氟沙星(Lfx)、莫西沙星(Mfx)、丙硫异烟胺(Pto)、环丝氨酸(Cs)、对氨基水杨酸(PAS)、阿莫西林/克拉维酸(Amx/Clv)和克拉霉素(Clr)。

529. 肺结核治疗的疗程一般是多长时间?

初次患病的肺结核患者一般治疗的疗程为6个月, 复发的肺结核患者一般治疗的疗程为8个月,而耐药肺结核患者的疗程一般为24个月,广泛耐药肺结核患者的疗程为36个月。

530. 初治涂阳肺结核患者的治疗方案是什么?

2H3R3Z3E3/4H3R3强化期:异烟肼、利福平、吡嗪酰胺、乙胺丁醇,隔日1次,共2个月,用药30次。继续期:异烟肼、利福平,隔日1次,共4个月,用药60次。全疗程用药共计90次。

531. 复治涂阳肺结核患者的治疗方案是什么?

2H3R3Z3E3S3/6H3R3E3强化期:异烟肼、利福平、吡嗪酰胺、链霉素、乙胺丁醇,隔日1次,共2个月,用药30次。继续期:异烟肼、利福平、乙胺丁醇,隔日1次,共6个月,用药90次。全疗程用药共计120次。

532. 复治涂阳肺结核患者在治疗过程中因故不能使用链霉素者,应如何更改治疗方案?

因故不能使用链霉素的患者,可延长1个月的强化期,即3H3R3Z3E3/6H3R3E3。

533. 哪些结核病人需要住院治疗?

一般结核病人不需要住院治疗,有以下情况时需要住院治疗:粟粒性肺结核、大咯血、自发性气胸等;合并肺外结核或有严重并发症,如合并肺心病、心力衰竭等;发生严重药物反应影响治疗者;重症糖尿病患者;需要手术治疗的病人;虽病情轻,但过集体生活,或理解力差、精神异常不能自理的人。

534. 结核病人怎样进行家庭护理?

(1)家庭成员要在精神上给予病人关怀、关心,鼓励病人增强战胜疾病的信心。

(2)督促病人坚持按时、按量服药,完成规定疗程的治疗。

(3)经常开窗通风、晾晒被褥。

(4)加强病人的营养。

535. 结核病人治疗期间应该注意些什么?

(1)保持乐观情绪,精神愉快。

(2)按照医嘱按时、按量服药,完成疗程。

(3)不随地吐痰,不近距离对他人咳嗽、打喷嚏、大声说话。

(4)生活有规律,早睡早起,劳逸适度,坚持锻炼。

(5)禁止烟酒,少吃刺激性食物。

(6)减少房事,节制性生活。

536. 肺结核患者服药时应注意什么?

(1)遵医嘱治疗,不能自行停药。肺结核患者一旦确诊,应尽早按照医嘱开始正规的治疗,且治疗期间不能轻易停药或自行调换药物。如果出现头晕、胃肠不适、恶心、视物模糊等不适症状,应立即到医院或结核防治机构就诊,由医生通过检查判断这些症状是否是由于药物的毒副作用引起的,并给予相应的处理。

(2)按时复查。治疗期间应按照医嘱定期送痰复查,医生会根据痰结核菌检查的结果决定治疗是否有效,是否需要调整治疗。定期复查还可以帮助医生确定患者是否患有其他的疾病或是否是耐药肺结核,以便进行进一步检查或及时作出相应的治疗改变。

537. 肺结核患者治疗中怎么调节自己的心态?

患者在治疗中,除了积极配合治疗,按时复查外,还应注意调整自己的心态。如果积极配合治疗,一般1个月以后传染性就会消失。在治疗期间,可做些力所能及的、有意义的活动来分散自己的注意力,如打太极拳、钓鱼等。

538. 肺结核患者在治疗中应如何注意饮食调节?

肺结核患者治疗期间,应忌烟酒并注意营养和休息。饮食以高蛋白、高热量为主,以补充由于结核病所造成的蛋白损失和能量消耗。同时还应尽量多摄入蔬菜、水果,这些食物中含有大量的维生素和纤维素,可以帮助人体增强抵抗力,补充机体的消耗,并保持肠道通畅。

539. 肺结核病人为什么要戒烟?

吸烟可加重咳嗽、咳痰、咯血等症状;能降低人体对药物的吸收和利用,影响抗结核药物的疗效;会影响病变愈合,延长治疗时间、增加用药剂量,不仅增加了病人痛苦,也增加了治疗费用。

第七节 耐药肺结核

540. 什么是耐药肺结核?

从肺结核患者的痰液中分离出结核菌,通过药敏试验发现这种结核菌在一种或多种抗结核药物存在时仍能生长,则患者将被确诊为耐药肺结核。也就是说,这名患者在治疗肺结核时,有一种或多种抗结核药物已经不能起到杀灭结核菌的作用,需要更换不常用的二线药物进行治疗。耐药包括以下四种类型:

(1)单耐药:仅对一种抗结核药物耐药。

(2)多耐药:对一种以上的抗结核药物耐药,除同时对异烟肼和利福平耐药。由于异烟肼和利福平是在一线抗结核药物中最重要的两种杀灭结核菌的药物,因此如果耐药试验的结果发现,这两种药物还没有同时出现耐药,则耐药的程度相对较轻,仍然可以考虑使用一线药物治疗。

(3)耐多药:至少对异烟肼和利福平同时耐药。这种情况就必须更换为二线的抗结核药物进行治疗。

(4)广泛耐药:除对异烟肼和利福平耐药之外,同时对任意一种氟喹诺酮类药物及对三种二线抗结核药物注射剂(卡那霉素和丁胺卡那霉素、卷曲霉素)中的至少一种耐药。

541. 耐药肺结核是怎么形成的?

耐药肺结核的发生往往是由多种因素造成的。

(1)医院使用药物不规范。在单一使用某一药物进行抗结核治疗时,结核菌很容易对这种药物产生耐药,使治疗效果明显下降。因此抗结核治疗时,要遵从联合用药的原则,开始治疗至少4种药物联合应用,使用足够的治疗剂量;而一旦发生单药耐药,在更换药物时,也应该考虑,不能仅仅替换一种药物,以避免造成新替换药物的耐药。

(2)患者治疗不规范。肺结核的治疗过程中,患者的不适症状在1个月内会得到明显的改善,咳嗽、咳痰等症状消失,患者会误认为疾病已经痊愈,而自行停药,该情况很容易导致已经被抑制的结核菌重新大量繁殖并产生耐药性;此外,由于抗结核药物在治疗中必须采用联合治疗的方式,多种药物一起服用,副作用较大,如胃肠不适、恶心、呕吐、肝肾功能的异常等,这些都可能使患者不愿意遵从医嘱长期服药。这些都是导致耐药性结核菌产生的原因。

(3)感染的为原发耐药菌。随着耐药结核病患者的逐年增多,耐药结核菌的传播使受传染者吸入体内的结核菌本身就对某些抗结核药物耐药,治疗效果不佳,这种情况被称为原发耐药。

542. 耐药肺结核和非耐药肺结核有何不同?

耐药肺结核和非耐药肺结核比较有很大的不同。

(1)治疗的难度及时间不同:非耐药肺结核一般经6~8个月规律的抗结核治疗,80%以上的患者可以获得痊愈;而耐药结核菌则至少需要24个月的抗结核治疗,重者甚至需要36个月的治疗,且治愈率仅仅为50%~60%。

(2)治疗的药物不同:非耐药肺结核一般使用一线抗结核药物治疗,其治疗的副作用相对较少,患者容易耐受;而耐药肺结核则必须启用二线抗结核药物治疗,治疗的副作用往往较多、较大,患者不容易耐受。

(3)治疗的费用不同:非耐药肺结核患者整个疗程的治疗费用一般为500元,而耐药肺结核整个疗程的治疗费用一般是非耐药结核的100倍，接近5万元；如果耐药患者出现其他的并发症，治疗费用将会更高。

(4)对社会的影响不同：非耐药肺结核患者一般在治疗后1个月左右，其痰内不再排出结核菌，传染性消失；而耐药肺结核由于治疗比较困难，其传染期更长，容易传染更多的健康人，受到耐药肺结核患者传染的人，一旦发病就是耐药肺结核患者，其治疗较非耐药患者困难很多。

543. 耐药肺结核需要如何治疗？

耐药肺结核患者一旦确诊，需要尽早开始抗结核治疗。一般应先到指定的医疗机构住院治疗2个月，加用二线抗结核药物，观察患者对药物的反应以及是否出现了副作用等。如果治疗顺利，2个月后患者可携带药物回到家中，由社区服务站或村卫生室的医生负责为其打针及督导服药。患者除应遵照医嘱按时服药外，还应按照要求定期进行复查，以便了解治疗效果，及时调整治疗方案。

544. 我国哪里负责治疗耐药肺结核？

我国目前在大多数的地市级，有结核病治疗的定点医院，在这些医院进行治疗，享有国家支持的部分免费政策。通常耐药肺结核治疗的前2个月，需要在这些定点医院住院治疗，而其他的22个月，则需要在所属的社区医疗服务点或村卫生室接受医生面视下的督导服药治疗。

545. 什么是严重耐药结核？

严重耐药结核是除耐多药结核之外对任何氟喹诺酮类药物以及3种二线注射药物(硫酸卷曲霉素、卡那霉素和阿米卡星)中至少1种具耐药性的结核。严重耐药结核的这一定义于2006年10月得到世界卫生组织严重耐药结核全球专题小组的同意。

546. 严重耐药结核(XDR-TB)是如何感染的？

肺结核患者通常具有传染性，并可通过咳嗽、打喷嚏等传播该病，人只要吸入这些病菌，便会受到感染。如果这些细菌来自耐药结核患者，它们便具有了耐药性。形成耐多药结核或严重耐药结核的第二个途径是患者自身的结核产生了耐药性，在抗结核药物被滥用或管理不当时可出现这种情况。例如当患者未获得适当支持以完成其全部疗程时；当卫生保健提供者给予错误治疗或错误剂量，或治疗时间太短时；当分发药品的诊所药物供应不稳定时，或者当药物的质量低劣时。

547. 严重耐药结核是否常见？

世界卫生组织估计，2004年全世界有约50万耐多药结核病例，并且在产生严重耐药结核之前通常出现耐多药结核。在治疗耐多药结核的二线药物被滥用的任何地方，存在着严重耐药结核的可能性。

548. 严重耐药结核是否可被治愈？

具有良好结核病控制规划的国家已显示，有可能治愈多达30%的受感染者。但是成功的结果极大地取决于耐药程度、疾病的严重程度以及患者的免疫系统是否受到损害。至关重要的是,临床医生要意识到耐药性的可能性,以准确的实验室数据为依据,尽快提供有效治疗。

549. 怎样知道自己是否有结核或严重耐药结核?

严重耐药结核的症状与普通结核的症状并无不同:咳嗽,伴有稠的混浊黏液(或痰),有时候有血,持续2周以上;发烧、寒战和盗汗;疲劳和肌肉无力;体重减轻;在某些情况下气喘和胸痛。如果有这些症状,并不意味着有严重耐药结核,但确实意味着必须去医院检查。如果是一名结核患者并且正在接受治疗,经过几周治疗之后其中一些症状仍未改善,应去找临床医生进行复查。

550. 如果已接触已知或疑似严重耐药结核病例,应做些什么?

任何人已接触已知或疑似严重耐药结核的患者,应向医生或当地结核病防治所咨询或筛检以确定是否罹患结核。如果接触者出现结核症状,这是极其重要的信息。咳嗽时提供痰样本检验是否有结核,同时拍胸部X光片。如果发现患有结核,分离培养结核菌,通过药敏试验,提出规范的药物治疗方案。对于有结核菌感染的依据但不能诊断为结核病的,可给予预防性治疗(药物的选择取决于已知耐药性模式),并要求定期进行复查。

551. 严重耐药结核如何能迅速得到诊断?

这取决于患者对卫生保健服务的可及性。如果在痰中发现结核菌,即可作出结核病诊断,但是这一结果不能区分药物敏感结核与耐药结核。要评价药物敏感性,必须在合适的实验室对细菌进行培养和检测。以这种方式对结核尤其是严重耐药结核进行最后诊断,可能需要6～16周。

552. 世界卫生组织正在为抗击严重耐药结核开展哪些工作?

首先,世界卫生组织正在确保负责结核控制的卫生当局获得关于严重耐药结核的准确信息。其次,世界卫生组织正在强调良好的结核控制可预防耐药性的出现,并且耐多药结核的正确治疗可预防严重耐药结核的出现。这完全符合2006年3月启动的新的控制结核战略。再次,世界卫生组织正在传播2006年5月发表的供国家结核控制规划管理人员使用的耐多药结核准则,以帮助各国建立有效规划抗击耐药结核。最后,世界卫生组织控制结核和艾滋病毒司正在通过世界卫生组织严重耐药结核全球专题小组协调国际应对,该专题小组于2006年10月首次举行会议。

第八节　肺结核与艾滋病

553. 如何预防艾滋病毒感染者发生结核病?

预防艾滋病毒感染者发生结核病的最好方法是采用药物预防。艾滋病毒感染者有以下一项者,应进行药物预防:

(1)结核菌素皮肤试验阳性反应。

(2)肺内有陈旧病灶。

(3)来自结核病高发地区。预防方法是服用异烟肼12个月。在结核病高发地区，受艾滋病毒感染但无症状的儿童可以用卡介苗预防；若母亲感染艾滋病毒，其自身表现正常的儿童也应该接种卡介苗。

554. 肺结核合并艾滋病如何治疗？

对有艾滋病的结核病人应给予积极的抗结核治疗，以控制病情恶化，减少传染源，最好采用包括利福平和吡嗪酰胺的强效化疗方案，必须重视耐药性问题，要采用敏感药物联合方案，总疗程应不短于9个月或在痰菌阴转后继续用药6个月。由于患艾滋病的结核病人治疗更困难，药物不良反应较多，任何的耐药性对艾滋病人都可能更危险，因而对艾滋病毒感染的结核病人一律实行直接面视下督导治疗。

555. 结核病人感染艾滋病的特点是什么？

结核病人感染艾滋病毒后，症状会变得明显而快速，且比未感染艾滋病毒者症状多。如具有下述的至少两条主要表现和一条次要表现，就可以诊断艾滋病。

主要表现：(1)体重减轻超过体重的10%；(2)1个月以上的慢性腹泻；(3)长期发烧超过1个月。

次要表现：(1)持续咳嗽超过1个月；(2)反复性带状疱疹；(3)白色念珠菌感染；(4)全身性皮肤瘙痒、皮炎；(5)慢性进行性或全身性单纯疱疹；(6)全身淋巴结肿大。

另外结核进展急剧并伴有血行淋巴播散者，有卡波西肉瘤或隐球菌性脑膜炎者也应考虑艾滋病的诊断。

556. 为什么艾滋病病人和艾滋病毒感染者容易发生结核病？

感染结核菌并不一定发生结核病，只有在抵抗力降低的情况下才发病。艾滋病是由艾滋病毒所引起的，艾滋病毒所攻击的正是人体免疫系统，致使人体免疫力低下，丧失抵抗能力，不能与那些对生命有威胁的病菌战斗，最终导致感染者死亡。因此，艾滋病毒感染者，只要受到结核菌感染，就很容易发生结核病；另外，艾滋病毒感染者一旦再感染结核菌，其发展成活动性肺结核的可能性比未感染艾滋病毒者高30～50倍。结核病是艾滋病患者的最常见的机会性感染病原和杀手，结核菌与艾滋病毒双重感染的致死性极高，蔓延速度极快。艾滋病毒感染者，一旦与排菌的肺结核病人接触，就很容易感染结核，并迅速恶化、扩散。另外，因艾滋病人的免疫功能严重受损，也可使体内潜伏的结核菌重新活跃，大量繁殖，致使病灶恶化进而发病。

第五章 性病、艾滋病

第一节 性病、艾滋病基本知识

557. 什么是性病?

性病是性传播疾病(sexuallytransmitteddiseases,STD)的简称,指通过性接触而发生传播的一组传染病。

558. 性病的传染源是什么?

主要传染源是性病病人和无症状感染者。其中主要高危人群为女性性工作者、嫖客、男性同性性行为者等。

559. 性病的传播途径有哪些?

性接触传播、间接接触传播、血源性传播和胎盘产道感染。

560. 性病的易感人群有哪些?

人类对性病普遍易感。

561. 性传播疾病有哪些流行特点?

(1)流行范围广,传播速度快。从世界范围来看,性病在所有国家都有发生和流行,因而国际上性传播疾病发病率每年都居高不下。据世界卫生组织统计,192个国家和地区中有172个国家和地区报告有艾滋病患者,而且逐年增加。性病中的淋病和非淋菌性尿道炎的潜伏期很短,感染后发病很快,病情蔓延迅速,与其性接触者患病率很高,有些引起家庭成员或集体成员受感染,是传播速度很快的传染病。

(2)在我国各种性病的发病率有所变化,过去以梅毒为主,目前非淋菌性尿道炎、淋病成为发病率最高的性传播疾病。据有关资料显示,有的国家淋病比梅毒患者多15～20倍。我国由于基层医疗卫生单位检测手段有限,经费不足,影响了非淋菌性尿道炎的诊断。据报道,我国现有的性传播疾病是以淋病为首位。

(3)多种感染。近年来,性传播疾病患者从单纯感染一种性病发展为同时感染多种性病的情况越来越多。其中以同时感染淋病和非淋菌性尿道炎或淋病同时感染尖锐湿疣为最多。

(4)生殖器外感染。由于性行为方式的多样化,性变态、同性恋等异常性行为发生在生殖器以外的部位比以往多见,其中以肛门直肠、口腔、五官、乳房、手指处皮肤的性传播疾病感染为多。

(5)无症状带菌者的传播。不少性传播疾病如淋病、非淋菌性尿道炎、念珠菌病在女性可无明显症状而带菌，也有些患者经治疗后症状消失但仍有一段时期带菌；潜伏性梅毒患者也没有症状，这些无症状的带菌者常是性传播疾病蔓延的传染源，给性病的防治工作带来一定的困难。

562. 性病的流行有哪些决定因素？

性病的流行涉及生物学、医学、公共卫生、心理行为、社会和政治等方面，是典型的生物—心理行为—社会医学模式的传染病。研究表明，人群中经性接触传播的性病(包括HIV/AIDS)发病主要由三方面因素决定：

(1)易感人群暴露于感染者的平均频率，即更换新性伴侣的平均频率，也就是说性活跃人群单位时间内的平均性伴侣数。

(2)性病的平均传播效率。

(3)新感染病例保持传染性的平均时间，即性病病例的平均传染期。

563. 性传播疾病有哪些种类？

在我国卫生部制定的《性病防治管理方法》中，指定监测的性病有8种，即艾滋病、淋病、梅毒、软下疳、性病性淋巴肉芽肿、非淋菌性尿道炎、尖锐湿疣、生殖器疱疹。在我国，这些疾病的传染途径，主要是通过性接触，而且往往与不洁性行为有关。

其实，很多疾病都可通过性接触而传播感染，因此，许多国家根据其国情，规定其性病种类。一般来说，它们规定的性病都比我国要多。目前，世界卫生组织规定的已达20种，除了上述的8种性病外，还有阴部念珠菌病、阴道滴虫病、细菌性阴道炎、阴部传染性软疣、性病肉芽肿(腹股沟淋巴肉芽肿)、阴虱病、巨细胞病毒感染、股癣、疥疮、乙型肝炎、阿米巴病、传染性单核细胞增多症等。

564. 性病的危害有哪些？

(1)性病对个人的影响

性病会导致男性不育：大多数男性性病患者，只要及时就诊，性病是可以治愈的。但若不及时、正规治疗，以致反复感染，则可以引起前列腺炎、附睾炎、输精管炎和精囊炎，造成男子不育。

性病会导致其他并发症：尖锐湿疣、生殖器疱疹有时会诱发阴茎癌、肛门癌。生殖器疱疹有时会导致尿道狭窄。梅毒不仅侵犯皮肤及黏膜，还侵犯全身脏器，最终导致死亡。如果患者感染性病就应该及时进行检查治疗。

(2)性病对家人的影响

当夫妻一方患性病，另一方被传染患病的概率高达70%。另外也可能通过日常生活中密切生活接触传染给家人。因此，家庭中如有性病患者应该注意消毒隔离，即使没有明显症状，其他家庭成员也应该到正规医院检查。

(3)性病对后代的影响

梅毒或非淋菌性尿道炎病原体可通过胎盘传给胎儿,导致流产、早产、胚胎死亡、先天畸形、胎传梅毒;自发性流产主要与淋病、支原体或单纯疱疹病毒有关;淋病可致新生儿淋病,造成有缺陷新生儿出生,还可导致新生儿眼炎而失明,严重危害到家人的健康和幸福。

565. 怎样防治性病?

(1)性病中除了尖锐湿疣和生殖器疱疹有可能复发外,大多数是可以治愈的,因此,得病后不必过分担心和忧虑。为了尽快恢复健康,除药物治疗外,良好的情绪、营养与适当锻炼至关重要。

(2)遵医嘱治疗十分必要,自行停药、增减药物或找游医治疗会造成不良后果。

(3)定期复查对判断疗效和预后很有意义。请配偶或性伴侣来医院检查是对自己和他人健康负责的行为。

(4)您或您的家人、性伴侣如果出现某些可疑的症状(皮疹、溃疡、阴道或尿道分泌物异常等),怀疑有性病时,应尽早到正规医院检查治疗。因为早期诊断、早期治疗能够防止产生并发症和后遗症。

(5)为了早日康复,最好在治疗期间不过性生活,需要时要使用安全套。

(6)正确使用安全套。

(7)一般日常生活不会传染性病,但应做好家庭内部的清洁卫生,防止对衣物等生活用品的污染,如勤晒洗被褥,患者内衣裤不和小孩的衣物混在一起洗,大人、小孩分床睡,分开使用浴盆,马桶圈每天擦洗等。

(8)如果要结婚、怀孕,最好等完全治愈,身体恢复一段时间。

(9)人体感染性病后不会产生终身免疫,可再次感染,因此治愈后需要改变不良行为,保持健康的生活方式。

566. 性病患者夫妻需要同时治疗吗?

性病患者夫妻必须同时接受治疗。当一方发现自己患了性病,另一方一定要将配偶及性伴侣带到医院进行检查和治疗,不然的话,会交叉感染,时间一长,疾病的并发症相应出现,药物的副作用及耐药性也出现,使疾病不易治愈。因此性病患者将配偶及性伴侣带到医院进行检查,一方面是对对方负责,另一方面也是对自己负责,使疾病能彻底治愈。

567. 哪些性病会传给下一代?

性病侵扰着人们的正常生活及家庭和睦,人们谈“性”色变,畏之如“虎”,好多人患了性病,羞于启齿,以致延误病情;也有不少性病遗传给后代致胎儿畸形,如梅毒、艾滋病、疱疹病毒、淋球菌、衣原体、支原体等微生物感染的性病。

(1)先天性梅毒

未经治疗的梅毒病人妊娠后,血液中的梅毒螺旋体引起胚胎或胎儿先天性梅毒感染的概率为75%～95%，其胚胎或胎儿播散与因血源性梅毒螺旋体扩散引起的胎盘炎有关。早期先天性梅毒是指2岁以下被确诊的婴儿,具有传染性,并可能危及生命。患儿发育不成熟或早产,有溶血性贫血,肝脾肿大,偶有水肿。迟发性先天性梅毒出现在2岁以上儿童中,大约2/3以上无明显临床症状,但血清学检查持续阳性。

(2)人类免疫缺陷病毒(艾滋病毒、HIV)感染

据了解,有2%的分娩活产婴儿的母亲为HIV感染者。婴幼儿的HIV感染主要由母体宫内的先天性感染。母亲HIV血清学阳性的新生儿,都可以有HIV血清阳性的表现,但其中只有30%～45%实际有HIV感染,其余的新生儿则是于体内存在着从子宫内被动传递的母体抗体。

(3)先天性单纯疱疹病毒感染

妇女妊娠期间单纯疱疹病毒(HSV)的感染率为1%～2.5%,可以经胎盘和产道传播给胎儿,新生儿的感染率为1/5000～1/2500,虽然感染的比例较小,但HSV是引起胎儿死亡、发病和各种出生缺陷的主要原因。子宫颈部的疱疹可能与宫颈癌有关。

(4)尖锐湿疣

尖锐湿疣主要通过性接触和母婴传播。母亲患性病,在分娩过程中,婴儿可受传染,发生婴儿尖锐湿疣或喉乳头状瘤。流行病学资料表明尖锐湿疣与生殖器癌之间有密切关联。少数生殖器及肛周的尖锐湿疣经过一段时间后出现并发展为原位癌或鳞状细胞癌,特别是宫颈癌,这些均已被病理检查所证实。

(5)淋球菌感染

新生儿经产道时感染到淋球菌可引起新生儿淋菌性结膜炎。其表现为眼睑红肿,结膜内大量的脓性分泌物自眼睑裂流出,偶尔可在短期内并发角膜穿孔,失明。分泌物中可找到淋球菌。淋病也是不孕症、宫外孕和盆腔感染的常见原因。

(6)生殖器念珠菌病

生殖器念珠菌病主要指白色念珠菌生殖器的皮肤黏膜感染。男性同性恋者可引起口和肛门念珠菌感染,而新生儿可通过母亲的产道感染引起鹅口疮(念珠菌性口炎)。多见于口腔黏膜、舌、咽喉、齿龈和口唇。皮疹为散在分布,大小不等,单块或多块的乳白色薄膜,易于剥离,露出鲜红色湿润基底,多见于新生儿。

568. 性病患者的衣物如何消毒?

常用的消毒方法包括以下几种:

(1)日晒:性病病原体如梅毒螺旋体、淋球菌、乳头瘤病毒等,对外界抵抗力较弱,既不耐高温,也怕低温。如淋球菌在45 ℃时只能存活15分钟,在紫外线照射下仅能存活90分钟；而梅毒螺旋体在40～60 ℃时2～3分钟就能死亡,100 ℃时则即刻死亡。因此,对于性病患者用过的衣物,在阳光下曝晒2～3小时,冬季将衣物放到户外一夜,即可达到消毒目的。

(2)浸泡:性病病原体对化学药品也很敏感,对于那些可浸泡的污物,可用含有

效氯0.1%～0.5%的漂白粉液、6%的过氧化氢等消毒液浸泡30分钟即可达到消毒目的。

(3)开水烫洗和煮沸：患者穿过的衣服、用过的毛巾、浴巾及碗、盆等，可采用开水烫洗和煮沸的方法消毒。但入水前宜先用肥皂洗净，再放入锅中煮洗。一般煮沸几分钟，即可杀死病原体。而被艾滋病毒污染的物品要煮沸20分钟才可达到消毒目的。

(4)擦拭：对马桶、门窗、桌椅等物品，可用擦拭的方法消毒。擦拭前用水冲洗，然后再用消毒液擦拭。常用的消毒液包括含有效氯漂白液，也可用来苏液。

(5)透风：经常开窗换气，保持室内空气新鲜、干燥，也有一定的消毒作用。

569. 性病控制的目的是什么？

(1)阻断性病的传播，预防性病的发生。

(2)防止性病的发展及其并发症和后遗症的发生。

降低HIV感染的危险。

570. 性病控制的原则是什么？

性病控制的原则是科学防治，其中性病及时、有效的治疗是关键，国际性病专家新近再次强调，缩短性病的传染期是一个非常重要的策略。性病有效治疗具有很好的费用—效果关系，加之可以减少HIV的性传播，其费用—效果更好。

571. 控制性病流行的策略与措施有哪些？

(1)医疗干预策略

通过纵、横向的医疗服务系统，改善和提高医疗服务质量，促进求医行为，尽早发现和治愈性病感染者，缩短其传染期，并广泛覆盖到各类性病患者。

(2)筛查策略

扩大筛查是控制性病、艾滋病的一项重要手段，其目的是早期发现可疑的性病和HIV感染者，及时给予确诊和治疗，控制进一步的传播。性病、艾滋病筛查属于二级预防，已广泛应用于产前、婚前、献血前、妇科门诊、出入境人员(检疫部门)及高危人群和有关重点人群的性病、艾滋病筛查，对控制性病、艾滋病通过血液、母婴、性接触传播起到了重要作用。

(3)健康教育与行为干预策略

广泛开展宣传，提高高危人群和普通人群的防范知识和风险意识，做到洁身自好，不发生非婚性行为，推广使用安全套，减少性伴侣数，在中学时期开展早期性教育等。健康教育与行为干预策略，是一项治本策略，可以从根本上预防性病、艾滋病的发生，但要改变人群的行为需要深入持久地开展工作。

572. 什么是性病监测？

性病监测指连续、系统地收集、分析人群中性病发病、患病、分布及危险因素的资料，对结果进行解释与分发，并将结果用于性病防治的规划、计划、实施和效果评价；同时用于预测性病的流行，并可作为艾滋病流行的预警监测。

573. 开展性病监测的目的有哪些?

(1)追踪性病流行趋势;

(2)评价性病的流行规模与疾病负担;

(3)理解性病流行分布及危险因素;

(4)理解性病流行的自然史;

(5)病例的溯源和管理;

(6)确定干预工作的目标人群,为干预提供依据;

(7)确定工作的优先重点,为决策提供依据;

(8)社会动员,将性病监测所获得的信息及时向公众发布,让公众知情,了解何时何人群发生性病流行,从而提高警惕性和防范意识;

(9)评价性病与艾滋病防治的效果;

(10)预测未来性病流行趋势,并可作为艾滋病的预警监测。

574. 开展性病监测应遵守哪些伦理学原则?

(1)尊重原则,尊重每一位调查对象,建立充分的信赖关系。

(2)知情同意原则,调查前用简明易懂的语言向调查对象讲解调查的目的、方法与内容、好处、可能的不适与风险,告诉他们参加调查是保密的,经同意后方可调查。

(3)自愿原则,调查对象是否参加调查均是自愿的,在任何时候不能强迫和诱导其参加。

(4)匿名与关联,为确保调查的真实性,调查一般采用匿名的方式,在任何调查表上不填写调查对象的姓名和地址(分配调查编号)。

(5)保密原则,保护调查对象的隐私。

(6)无伤害原则,对调查对象不会产生任何不利影响与伤害。最大限度地保护调查对象,不至于受到来自社会和法律方面的威胁。

(7)受益原则,调查时应为所有的调查对象提供咨询,解答其疑难问题,讲解性病、艾滋病的预防知识,减少性病、艾滋病传播风险。对调查时发现的感染或疾病应提供支持、关怀或治疗服务或转介服务等。

575. 我国目前开展监测的性病病种有哪些?

我国在1991年卫生部颁布的《性病防治管理方法》中明确了性病监测病种,当时为8种性病,包括艾滋病、梅毒、淋病、非淋菌性尿道炎、尖锐湿疣、生殖器疱疹、软下疳和性病性淋巴肉芽肿。经过16年的监测,发现软下疳和性病性淋巴肉芽肿在我国非常少见,且没有可用的、成熟的诊断方法。随着医学的发展和诊断方法的进步,认识到生殖道沙眼衣原体感染是一种单独的疾病,并且可以方便地得到诊断,国际上将此种性病单独列出。因此,卫生部于2007年下发了《卫生部办公厅关于进一步加强性病监测工作的通知》,对监测病种作出了调整,目前我国主要监测的性病病种为梅毒、淋病、生殖道沙眼衣原体感染、尖锐湿疣和生殖器疱疹5种,由于艾滋病的特殊性,单独列出进行监测。

576. 性病病例报告可以达到哪些目的?

(1)监测性病新发病例或新感染病例的发病趋势。

(2)通过提供性病新近感染的最低发病率来评估性病疾病负担。

(3)理解性病的三间(人群、地区与时间)分布及流行的影响因素。

(4)提供性病患者及其性伴侣管理所需要的信息,以便开展传染来源的追踪、个案流行病学调查等。

(5)为疾病预防工作者提供性病疫情信息,并为制订性病防治项目计划和管理提供依据。

(6)为医疗机构的药品采购管理提供必要的信息。

577. 性病病例报告的时限要求是什么?

根据卫生部发布的《传染病信息报告管理规范》,在诊断为淋病与梅毒后,应在24小时内报告。对于生殖道沙眼衣原体感染、尖锐湿疣和生殖器疱疹,其报告时限也按照上述要求执行。

疾病预防控制机构在收到辖区内无网络直报条件的性病诊疗机构寄送的《传染病报告卡》后,应在2小时之内进行网络直报。

578. 性病病例报告应注意哪些事项?

(1)梅毒应分类与分期报告。

(2)梅毒血清随访复查病例不进行报告,跨年度的梅毒血清随访复查病例也不进行报告。

(3)医疗机构对术前、孕期保健、产前检查、婚前检查及其他相关体检人员等梅毒血清筛查阳性者,应明确诊断后进行报告。如果无法对其进行诊断,不能直接进行病例报告,应转介到皮肤性病科或性病防治专业机构进行诊断或会诊后报告。

(4)采供血机构如血站或血液中心等对鲜血人员梅毒血清筛查阳性者,也不能直接进行并报告,应转介到皮肤性病科或性病防治专业机构进行诊断后报告。

(5)疾病预防控制中心开展的哨点监测发现的梅毒血清阳性者不能直接进行报告,应转介到皮肤性病科或性病防治专业机构进行诊断后报告。

(6)对于不能确定发病日期的性病,如隐性梅毒、生殖道沙眼衣原体感染、淋球菌感染等,在填写发病日期时应填写采样日期。

579. 临床医务人员,应为性病患者提供哪些规范的性病医疗服务?

(1)全面采集病史和危险因素进行评估;

(2)正确的体格检查,包括生殖器部位和系统的体格检查;

(3)合理的实验室检查;

(4)正确的诊断和有效的治疗;

(5)有关全程治疗和用药的医嘱;

(6)健康教育和咨询,促进安全套的使用;

(7)性伴侣通知;

(8)建议患者做艾滋病检测;

(9)患者的随访,必要时的转诊;

(10)病例报告,即疫情报告。

第二节 梅　毒

580. 什么是梅毒?

梅毒是由苍白(梅毒)螺旋体引起的慢性、系统性性传播疾病。

581. 梅毒怎样分期?

(1)后天(获得性)梅毒

①早期梅毒:感染在2年以内,传染性强。分为一期、二期及早期潜伏梅毒。

②晚期梅毒:感染在2年以上,分为三期及晚期潜伏梅毒。

(2)先天(胎传)梅毒

①早期先天梅毒:2岁以内发病。

②晚期先天梅毒:2岁以后发病。

582. 梅毒的临床表现有哪些?

(1)一期梅毒:有不洁性交史,潜伏期2～4周。皮损多为单个结节,暗红色,表面糜烂,触之坚实,好发于外生殖器,少数见于肛门、口唇及其他部位,伴近卫淋巴结肿大。

(2)二期梅毒:有不洁性交史、硬下疳史,病期小于2年。可有发热、乏力、头痛、纳差、关节痛等全身症状。皮损为多样性,包括斑疹、丘疹、斑丘疹。常泛发,对称,有轻度浸润,不痒。掌跖常有环状脱属性斑疹,皮损常呈红铜色,黏膜可受累,外阴、肛门常伴发扁平湿疣。

头发可呈虫蛀样脱落,浅表淋巴结肿大。还可伴发眼、骨关节等损害。未经治疗可复发;其皮损数目少,分布局限,常为面部及上肢。

(3)晚期梅毒:有不洁性交及早期梅毒史。

结节—梅毒疹:为前额、臂、四肢处的皮下结节,红铜色,可自然消失或形成浅溃疡,愈合后留下瘢痕。

树胶肿:为皮下结节或浸润性斑块,中心逐渐软化,发生边缘整齐的溃疡,有树胶状分泌物,多见于四肢伸侧、头部、胸骨及臀部等处。

近关节结节:发生于髋、肘、膝及坐骨关节等大关节附近的结节。

骨梅毒:以骨膜炎多见,其次为骨髓炎及骨梅毒瘤。

眼梅毒：少数发生虹膜睫状体炎、视网膜炎和角膜炎。

心血管梅毒：梅毒性主动脉炎、主动脉瓣关闭不全、主动脉瘤、冠状动脉口狭窄等。

神经梅毒：无症状神经梅毒、脑膜血管梅毒、脑实质梅毒(脊髓痨、麻痹性痴呆)。

其他内脏器官梅毒：可累及肝、肾、肺或胃肠道及眼部等处。

潜伏梅毒：无临床症状，血清反应阳性，脑脊液阴性。

(4)先天梅毒(胎传梅毒)：是胎儿在母体内通过血源途径感染所致。

早期先天梅毒：患儿瘦小，早期症状为鼻炎、声音嘶哑、吞咽困难，皮损多可显多形性如梅毒性天疱疮，在潮湿部位如肛周可出现扁平湿疣样损害，在口角、鼻孔及肛周有特征性的放射状瘢痕，也可有脱发、甲沟炎、指炎、长骨软骨炎、肝脾肿大、贫血、血小板减少等表现。

晚期先天梅毒(大于2岁)：临床表现为两组。①永久性标记，无浮动性，即前额圆凸、佩刀胫、胡氏齿、桑椹齿、马鞍鼻、胸锁关节骨质肥厚。②活动性损害，实质性角膜炎、神经性耳聋、关节积液、鼻或腭树胶肿。先天潜伏梅毒，先天梅毒未经治疗，无临床症状，血清反应阳性。

583. 梅毒的病原体是什么？

梅毒的病原体为梅毒螺旋体，是小而纤细的螺旋状微生物，长度为5～20 μm，平均为6～10 μm，粗细<0.2 μm，有6～12个螺旋，因其透明不易染色，所以称为苍白螺旋体。

584. 梅毒螺旋体其有何特征？

(1)螺旋整齐，固定不变；

(2)折光力强，较其他螺旋体亮；

(3)行动缓慢而有规律，这些特征对梅毒的诊断很有帮助。有经验的医生常常取梅毒患者的皮疹或梅毒患者的下疳分泌物置于暗视野显微镜下观察梅毒螺旋体的形态和运动的规律，给予明确的诊断。梅毒螺旋体在体外不易生存，煮沸、干燥、肥皂水以及一般的消毒剂如升汞、石炭酸、酒精等很容易将其杀死。

585. 梅毒的传染源和主要传播途径有哪些？

梅毒患者是唯一的传染源，性接触是最主要的传播途径。

586. 梅毒的潜伏期有多长？

梅毒潜伏期通常分3期：

(1)一期梅毒

即硬下疳，潜伏期2～4周，外生殖器部位发生暗红色硬肿块、浅溃疡，有软骨样硬度，周围淋巴结肿大。

(2)二期梅毒

在一期梅毒1～2个月之后，全身皮肤、黏膜发生对称泛发皮疹、斑疹、丘疹、脓疱疹等。黏膜可发生黏膜斑、扁平湿疣,传染性强。

(3)三期梅毒

发生在感染后2～3年乃至10年,皮肤为树胶样肿,还可涉及骨、关节、心、血管,表现为主动脉炎、主动脉瓣闭锁不全和主动脉瘤等,侵及神经为脊髓痨、全身麻痹(麻痹性痴呆)。先天梅毒有早期先天梅毒,相当于后天梅毒二期,但较重。晚期先天梅毒与后天梅毒相似,但很少发生心、血管及神经病变。主要为实质性角膜炎、神经性耳聋、哈钦森氏齿(上门齿中央切痕,下小上大,宽厚相等)、佩刀形胫骨等。

587. 梅毒的治疗原则是什么?

强调诊断,早治疗,疗程规则,剂量足够;定期临床和实验室随访,性伴侣同查同治。早期梅毒经彻底治疗可痊愈并去除传染性,多数正规治疗的病人,6个月后USR、RPR或VDRL试验转成阴性或滴度显著降低,如抗体滴度再升高,应是血清性复发。晚期梅毒治疗可消除组织内炎症,但已破坏的组织不会自然修复,为后遗症。

588. 梅毒的预防措施有哪些?

(1)追踪病人的性伴侣,包括病人自报及医务人员访问的,查找病人所有性接触者,进行预防检查,追踪观察并进行必要的治疗,未治愈前与配偶绝对禁止有性生活。

(2)对可疑病人均应进行预防检查,做梅毒血清试验,以便早期发现新病人并及时治疗。

(3)发现梅毒病人必须强迫其进行隔离治疗。

(4)对可疑患梅毒的孕妇,应及时给予预防性治疗,以防止将梅毒感染给胎儿;未婚男女病人,未经治愈前不能结婚。

(5)对已接受治疗的病人,应给予定期追踪治疗。

(6)杜绝不正当的性行为,提倡洁身自好。若不慎,有了可疑梅毒接触史,应及时做梅毒血清试验,以便及时发现,及时治疗。

(7)对性伴侣,应全面了解其性生活史和健康状况,若有可疑症状,应敦促其检查治疗。

(8)出门在外,应注意用具的消毒,可随身携带“肤阴洁”等进行清洗。

(9)正常性生活前,注意阴部清洗、消毒。

(10)发现患病后要隔离治疗,治愈前严禁性生活。对患者的性伴侣要进行检查或预防性治疗。

(11)晚期梅毒患者应注意劳逸结合,进行必要的功能锻炼,保持良好的心态,以利康复。

(12)如需献血,要去正规采血点,在献血前需做全面的血液检查,预防交叉感染;如需输血,需要输血单位出示所输血液的检查证明,防止不必要的麻烦发生。

589. 什么是梅毒治疗中的吉海反应?

在梅毒治疗中,首次使用青霉素治疗梅毒的病人,由于梅毒螺旋体(TP)被迅速杀死，释放出大量的异种蛋白，引起急性变态反应，在治疗后数小时出现寒战、高热、头痛、肌肉骨骼疼痛、皮肤潮红、恶心、心悸、多汗等全身症状，或者各种原有梅毒损害的症状也加重，严重的梅毒患者甚至发生主动脉破裂。这就是吉海反应。

590. 梅毒的实验室检测方法有哪些？

(1)暗视野显微镜检。暗视野显微镜检查是一种检查梅毒螺旋体的方法。暗视野，顾名思义即是显微镜下没有明亮的光线，这便于检查苍白的螺旋体。这是一种病原体检查，对早期梅毒的诊断有十分重要的意义。

(2)梅毒血清学检测。梅毒血清学检查对于诊断二期、三期梅毒，以及判定梅毒的发展和痊愈，判断药物的疗效都有十分重要的意义。梅毒血清学检查包括非梅毒螺旋体血清学试验和梅毒螺旋体血清学试验。前者常用于临床筛选及判定治疗的效果，抽血后1小时即可出结果，费用也低廉；后者主要是用于判定试验，但是它不能判定治疗效果，一旦患过梅毒，这一试验将终身阳性。

(3)梅毒螺旋体IgM抗体检测。梅毒螺旋体IgM抗体检测是近年来才有的新的诊断梅毒的方法。IgM抗体是一种免疫球蛋白，用它来诊断梅毒具有敏感性高、能早期诊断、能判定胎儿是否感染梅毒螺旋体等优点。特异性IgM类抗体的产生是感染梅毒和其他细菌或病毒后机体首先出现的体液免疫应答，一般在感染的早期呈阳性，随着疾病发展而增加，IgG抗体随后才慢慢上升。经有效治疗后IgM抗体消失，IgG抗体则持续存在，TP-IgM阳性的一期梅毒病人经过青霉素治疗后，2～4周TP-IgM消失。二期梅毒TP-IgM阳性病人经过青霉素治疗后，2～8个月之内IgM消失。此外，TP-IgM的检测对诊断新生儿的先天性梅毒意义很大，因为IgM抗体分子较大，其母体IgM抗体不能通过胎盘，如果TP-IgM阳性则表示婴儿已被感染。

(4)分子生物学检测。

(5)脑脊液检查。

晚期梅毒患者，当出现神经症状，经过驱梅治疗无效，应做脑脊液检查。

591. 梅毒有哪些并发症？

(1)黏膜病变易发展为慢性间质性舌炎，是一种癌前期损害，应严格观察。

(2)心血管病变可相继发生单纯性主动脉炎、主动脉瓣关闭不全、心肌梗死、主动脉瘤或猝死等。

(3)神经梅毒发病缓慢，可发生脊髓膜炎，可压迫脊髓导致痉挛、瘫痪。

592. 梅毒经过治疗后，如何判断是否痊愈了？

梅毒患者在经过正规治疗以后，头三个月应当每月复查一次RPR的滴度，以后可改为每三个月复查一次RPR，第二年每三个月或每半年复查一次RPR，以观察比较当次与前几次的RPR滴度变化的情况。如果每次检测的RPR的滴度呈现不断下降的趋势，说明抗梅治疗是有效的。如果连续三次到四次检测的结果都是阴性，则可以认为该患者的梅毒已经治愈。

第三节 淋病

593. 什么是淋病?

淋病(Gonorrhea)是由淋病奈瑟菌(淋病双球菌)感染所致的泌尿生殖系统化脓性感染为主要表现的性传播疾病。

594. 淋病的病原体是什么?

淋病的病原体是奈瑟菌,是1879年由Neisseria首次分离出的淋病双球菌,因此淋病双球菌又称为奈瑟双球菌(Neisseriagon-orrhoeas)。淋病双球菌呈肾形,两个凹面相对,大小一致,直径0.6～0.8微米。其特点是侵袭生殖、泌尿系统黏膜的柱状上皮细胞,在细胞内繁殖而发生淋病。

595. 淋病的病因病机是什么?

淋病的病原体为淋球菌,是革兰阴性球菌,多寄生在淋病患者的泌尿生殖系统。淋球菌表面含有黏附因子,它不但能黏附和侵入黏膜上皮,而且能引起黏膜上皮细胞的损伤、坏死和脱落,造成皮下结缔组织或黏膜下层的扩散性感染病灶,菌毛和淋球菌表面的白细胞协同因子能对抗机体吞噬细胞的吞噬作用,同时还可抵抗抗体和补体的杀伤作用,这样淋球菌能在感染病灶内大量生长繁殖,并可沿泌尿生殖管蔓延扩散。

596. 淋病有哪些临床表现?

淋球菌感染引起的临床表现取决于感染的程度、机体的敏感性、细菌的毒力、感染部位及感染时间的长短,同时和身体的健康状况、性生活是否过度、酗酒有关。淋病的主要症状有尿频尿急、尿痛、尿道口流脓或宫颈口阴道口有脓性分泌物等,或有淋菌性结膜炎、肠炎、咽炎等表现,或有播散性淋病症状。

597. 根据临床表现,淋病如何分类?

无合并症淋病与有合并症淋病;无症状与有症状淋病;播散性淋病及急性与慢性淋病等。

598 淋病的传染方式有哪些?

(1)通过性接触传染:主要是通过性交或其他性行为传染。

(2)非性接触传染(间接传染):此种情况也较多,主要是接触病人含淋病双球菌的分泌物或被污染的用具,如沾有分泌物的毛巾、脚布、脚盆、衣被,甚至厕所的马桶圈等均可传染。

599. 淋病如何诊断?

(1)接触史:患者有婚外性行为或嫖娼史,配偶有感染史,与淋病患者(尤其家中淋病患者)共物史,新生儿母亲有淋病史。

(2)临床表现:淋病的主要症状有尿频、尿急、尿痛、尿道口流脓或宫颈口、阴道口有脓性分泌物等,或有淋菌性结膜炎、肠炎、咽炎等表现,或有播散性淋病症状。

(3)实验室检查:男性急性淋病性尿道炎涂片检查有初步诊断意义,对女性仅做参考,应进行培养,以证实淋球菌感染,有条件的地方采用基因诊断方法确诊。

600. 淋病的实验室检测方法有哪些?

涂片检查、培养检查、抗原检测、基因诊断、药敏试验和PPNG检测。

601. 淋病治疗的原则是什么?

应遵循及时、足量、规则用药的原则,根据不同的病情采用相应的治疗方案。性伴侣如有感染,应同时接受治疗。治疗后应进行随访判愈。

602. 怎样预防淋病?

(1)宣传性传播疾病知识,提倡高尚的道德情操,严禁嫖娼卖淫,提倡洁身自好,反对性自由、性解放。

(2)使用安全套,可降低淋球菌感染发病率。

(3)预防性使用抗生素可减少感染的危险。在性交前后服用氟哌酸或阿莫西林,可有效地预防性病的感染。

(4)性伴侣同时治疗。

(5)患者注意个人卫生与隔离,不与家人、小孩尤其是女孩同床、同浴。

(6)在公共浴池,不入池浴,提倡淋浴。

(7)患病后要及时治疗,以免传染给配偶及他人。

(8)患病后要注意隔离,未治愈前应避免性生活。

(9)应当经常用肥皂清洗阴部和手,不要用带脓汁的手去揉擦眼睛。

(10)新生儿出生时,经过有淋病母亲的阴道,淋球菌侵入眼睛会引起眼睛发炎,为了预防发生新生儿眼病,对每一个新生儿都要用1滴1%硝酸银进行点眼预防。

603. 淋病有哪些并发症?

(1)男性淋病并发症:淋病性龟头包皮炎、淋病性副尿道炎、淋病性尿道狭窄、淋病性前列腺炎、淋病性附睾炎、淋病性精囊炎等。

(2)女性淋病并发症:子宫内膜炎、输卵管炎、输卵管卵巢囊肿、盆腔脓肿、腹膜炎等。

604. 淋病患者有哪些注意事项?

(1)患病后要注意隔离,未治愈前应避免性生活。

(2)应当经常用肥皂清洗阴部和手,不要用带脓汁的手揉擦眼睛。触摸患处后,须清洗,消毒手部。

(3)发现病人要去正规医院就医,积极彻底进行治疗,治愈的淋病患者要定期进行追踪复查和必要的复治,以求根治,防止复发。为防止无症状性淋病传播,导致晚期病变,在必要时应进行预防性治疗。30天内接触过淋病的性伴侣,均应进行检查,必要时进行预防性治疗。患病6周后应常规做梅毒血清学检查,必要时做艾滋病抗体的检测。

(4)淋病极易患病,治愈率也很高,只要系统治疗,一般都能治愈。治愈标准不是临床症状缓解,而是尿道或阴道分泌物涂片镜检无淋病双球菌生长。

(5)提倡洁身自好,反对性自由、性解放。性交时,必须配戴安全套。加强治安管理,坚决取缔卖淫嫖娼活动,查处客留卖淫的宾馆、旅社、歌舞厅和酒吧等场所。坚持一夫一妻的性关系,爱情专一是我国传统的性道德观念,也是预防性病在我国蔓延的重要手段之一。夫妻一方一旦感染了性病,应及时治疗,治愈后再性交,或鼓励和劝说其使用安全套。

(6)在公共浴池,不入池浴,提倡淋浴。

(7)患病后要及时治疗,以免传染给配偶及他人。淋病患者应禁止与儿童,特别是幼女同床,共用浴盆和浴巾等。淋病病人在未治愈前应自觉不去公共场所,如公共浴室、公共厕所、餐厅等。被淋病病人污染的物品包括被褥、衣服等生活日常用品应及时消毒处理。

605. 淋病有哪些危害?

并发其他病症(如尿道腺炎、尿道周围组织炎和脓肿、包皮腺炎等)、诱发不孕不育症、引发排尿障碍或尿潴留、导致性功能障碍。

606. 得了淋病应如何护理?

(1)多种性病都有可能复发,大多数是可以治愈的,因此,得病后不必过分担心和忧虑。为了尽快恢复健康,除药物治疗外,良好的情绪、营养与适当锻炼至关重要。

(2)遵医嘱治疗十分必要,自行停药、增减药物,或找游医治疗会有不良后果。

(3)定期复查对判断疗效和预后很有意义。需要遵医嘱到医院复查。

(4)请配偶或性伴侣去医院检查是对自己和他人健康负责的行为。

(5)家人和性伴侣如果出现某些可疑的症状(皮疹、溃疡、阴道或尿道分泌物异常等),怀疑有性病时,应尽早到正规医院检查治疗。因为早期诊断、早期治疗能够防止产生并发症和后遗症。

第四节 尖锐湿疣

607. 什么是尖锐湿疣?

尖锐湿疣又称生殖器疣、性病疣等,是由人乳头瘤病毒(HPV)感染引起的一种性传播疾病。

608. 人乳头瘤病毒的感染方式有哪些?

(1)性接触感染:通过性接触使病原体接触并感染。

(2)非性直接接触感染:通过接触病变部位及病人分泌物感染。

(3)间接接触:通过接触病人的衣物和用品感染。

(4)医源性感染:通过为病人检查、手术、上药治疗接触感染。

(5)婴儿分娩的时候有可能感染。

(6)病菌在体外只存活48小时,不直接接触感染概率比较小。

609. 尖锐湿疣有哪些临床表现?

生殖器内外部、会阴部或肛周有可见的表皮赘生物损害。男性多见于龟头、冠状沟、包皮系带、阴茎部和肛周;同性恋者多见于肛门及直肠内;女性多见于大小阴唇、阴道口、阴蒂、阴道、宫颈、会阴及肛周;少数患者可见于肛门生殖器以外部位(如口腔、腋窝、乳房、趾间等)。皮损初起为单个或多个散在的淡红色小丘疹,质地柔软,顶端尖锐,后渐增多增大,依疣体形态可分为无柄型(即丘疹样皮损)和有柄型,后者可呈乳头状、菜花状、鸡冠状及蕈样状;疣体常呈白色、粉红色或污灰色,表面易发生糜烂,有渗液、浸渍及破溃,尚可合并出血及感染;多数患者无明显自觉症状,少数可有异物感、灼痛、刺痒或性交不适。宫颈部位疣体通常较小,界限清晰,表面光滑或呈颗粒状、沟回状,妊娠时可明显增大增多。少数患者疣体过度增生成为巨大型尖锐湿疣(Buschke-loewenstein肿瘤),常与HPV-6型感染有关,部分可发生恶变。

610. 尖锐湿疣怎样诊断?

(1)病史:有不洁性交史、配偶感染史或间接感染史。

(2)临床表现:有尖锐湿疣皮损表现及相关症状。

(3)组织病理:具有HPV感染特征性空泡细胞的病理学变化特点。

(4)醋酸白试验阳性。

611. 尖锐湿疣有哪些鉴别诊断?

(1)扁平湿疣:二期梅毒的特征性皮损,发生在生殖器部位的暗红色浸润性斑块,表面糜烂渗液,含大量梅毒螺旋体,暗视野可查到梅毒螺旋体,梅毒血清反应强阳性。

(2)假性湿疣:主要发生在青年女性的小阴唇内侧,对称分布不融合的绒毛状小丘疹,触之柔软,表面光滑,呈黏膜色或淡红色。无自觉症状,可能与长期阴道分泌物刺激有关。组织病理缺乏典型的空泡细胞。醋酸白试验阴性。

(3)阴茎珍珠状丘疹病:多见于青壮年,表现为沿冠状沟排列成一行或数行、互不融合的珍珠样小丘疹,无任何自觉症状。醋酸白试验阴性。

612. 尖锐湿疣的治疗原则是什么?

尖锐湿疣的治疗以去除疣体为目的,尽可能地减少或预防复发。治疗前需明确病人是否合并有其他性传播疾病或炎症,有则应同时治疗。同时也应对其配偶进行检查和治疗。病人患病和治疗期间应避免性行为,治疗后6个月内有性行为时应使用安全套。

613. 尖锐湿疣有哪些传播途径？

(1)直接性接触传染。这是最主要的传播途径。与患有尖锐湿疣的病人性交时，生长在外生殖器部位的疣体，由于呈外生凸出而且质地比较脆，故表面容易擦破，疣体及表皮组织内的病毒随之脱落接种到性交伴侣的生殖器上，导致人类乳头瘤病毒的感染而发病。所以，尖锐湿疣在性关系比较混乱的人群中很容易发生。

(2)母婴传染。患有尖锐湿疣的孕妇，尤其是临床症状不明显而子宫颈部位有病毒感染的孕妇，生殖道内会有病毒，分娩时，胎儿经过产道，导致新生儿病毒感染，引起婴幼儿患尖锐湿疣。

(3)间接传播。部分尖锐湿疣病人感染人乳头瘤病毒是通过间接的途径，最常见者为日常生活用品如内裤、浴巾、浴盆等。因此，外出旅游者对此途径应引起高度重视。

614. 哪些危险因素可以感染尖锐湿疣？

(1)性行为：多性伴侣及过早性交是造成发生HPV感染的因素。

(2)免疫抑制：HPV感染和与HPV有关的癌症似乎是慢性免疫功能抑制的晚期并发症。

(3)HIV感染：HIV阳性使发生HPV感染及HPV相关肿瘤的概率增加。

615. 对尖锐湿疣患者治疗时应注意哪些事项？

(1)首先要消除尖锐湿疣患者的恐惧心理。

(2)对确诊为尖锐湿疣的患者要进行其他性病的检查。

(3)检查尖锐湿疣患者有无其他局部的感染。

(4)了解尖锐湿疣患者性伴侣或夫(妻)有关情况。

(5)要了解尖锐湿疣患者全身状况。

(6)尖锐湿疣患者在治疗期间应禁止性生活。

(7)治疗期间患者要注意休息。

(8)尖锐湿疣患者要勤洗病变局部，保持局部干净、干燥。

(9)尖锐湿疣患者的生活用品要单独使用。

616. 尖锐湿疣患者应如何自我护理？

(1)内裤的洗涤最好以温和的肥皂手洗，不要用强效的洗衣粉或洗洁剂。

(2)穿棉质内裤，尽量不要穿尼龙、合成纤维的质料，保持通风、透气。

(3)家庭护理时，应让病人注意个人卫生，保持外生殖器的清洁干燥。

(4)饮食需要改变，以增强免疫力，应少吃淀粉类、糖类以及刺激性的食物如酒、辣椒等，多吃蔬菜、水果类，水分要充足。

(5)尖锐湿疣较大者应做手术或激光治疗。

(6)在使用25%的足叶草脂石蜡液或5%的氟尿嘧啶乳剂治疗时，应保护好周围健康皮肤。

617. 尖锐湿疣如何判愈？

尖锐湿疣的判愈标准为治疗后疣体消失，6个月无复发。尖锐湿疣的预后一般良好，虽然治疗后复发率较高，但通过正确处理最终可达临床治愈。

618. 如何预防尖锐湿疣？

(1)避免非婚性行为，避免多性伴侣。

(2)提倡使用安全套，防止传染给性伴侣。

(3)注意卫生和洗浴用具及内衣裤的清洁卫生，避免通过物品间接感染。

第五节　生殖器疱疹

619. 什么是生殖器疱疹？

生殖器疱疹是由单纯疱疹病毒(HSV)感染泌尿生殖器及肛周皮肤黏膜而引起的一种炎症性、复发性性传播疾病。

620. 生殖器疱疹的发病机制是什么？

单纯疱疹病毒(HSV)侵入人体，引起局部表皮局灶性炎症和坏死，出现疱疹症状。原发HSV感染后，病毒感染感觉神经或自主神经末梢，并由轴索运送到神经节或神经根内的神经元细胞中，形成潜伏感染。HSV感染生殖器部位后，常潜伏在骶神经根区。

潜伏感染是生殖器疱疹复发的根本原因。免疫抑制、免疫缺陷及HIV/AIDS感染、局部皮肤损伤(如性交、手术、拔毛)、月经、精神紧张、劳累、酗酒、发热性疾病(如感冒)等可引起潜伏HSV复活，导致生殖器疱疹复发。

621. 生殖器疱疹的传染源是什么？

亚临床感染或无症状排毒者、不典型或未识别症状的病人是主要传染源。复发性生殖器疱疹发作的间歇也存在排毒，也有传染性。

622. 生殖器疱疹有哪些临床表现？

本病好发于15～45岁的性活跃人群。潜伏期为2～20天(平均3～5天)。临床表现多样，且亚临床或无症状感染多见。主要临床表现有外生殖器或肛周部位的疼痛性水疱、糜烂、溃疡、结痂等。

623. 生殖器疱疹有哪些种类？

(1)原发性生殖器疱疹。

(2)复发性生殖器疱疹。

(3)直肠肛门疱疹病毒感染。

(4)孕妇、新生儿HSV感染。

624. 如何诊断生殖器疱疹?

根据流行病学史(多性伴侣、不安全性行为或性伴侣感染史)和临床表现一般不难诊断,有条件和必要时需做实验室检查确定诊断。

625. 临床上生殖器疱疹需要与哪些疾病进行鉴别?

一期梅毒(硬下疳)、软下疳、白塞病、其他皮肤病(带状疱疹、固定性药疹、接触性皮炎、脓皮病、Reiter病、念珠菌病等)。

626. 生殖器疱疹的治疗原则是什么?

尽早、及时给予足量抗疱疹病毒药物等综合处理措施,以促进皮损愈合,减少传染与复发,同时做好咨询、健康教育工作。

627. 如何判断生殖器疱疹复发?

生殖器疱疹是一种常见的病毒性皮肤病,易复发,大多发生在阴道、宫颈、龟头以及外阴等部位,尿道发病比较少见。每次复发通常都在原发病部位,全身的症状、水疱数目以及持续时间都比原发者轻。

628. 生殖器疱疹复发的因素有哪些?

饮酒、吸烟、劳累、受凉、性生活过频、食辛辣刺激食品、多食海鲜、包皮过长、性伴侣未同时治疗、免疫力低下等均为生殖器疱疹复发的因素。

629. 如何预防生殖器疱疹感染?

(1)避免婚外性生活,洁身自好。

(2)家人患生殖器疱疹时,患者的内衣、床单以及被患者分泌物污染的用具可用煮沸或消毒液浸泡法消毒。在疱疹活动期,禁止性生活,以免被病毒传染。

(3)夫妻一方患有生殖器疱疹,另一方也应该检查、治疗。

(4)讲究卫生,每日清洗外阴,换洗内裤;不使用他人的盆具、泳衣,以免造成生殖器疱疹的间接感染。

(5)孕妇要做好生殖器疱疹的预防,既往有单纯疱疹病毒Ⅱ型感染史或可疑感染史者,不要隐瞒病情,在妊娠期间定期复查,并选择适当的分娩方式。如果确认孕妇患病,应该积极治疗,以免传染胎儿。

630. 生殖器疱疹患者如何做好自我护理?

(1)预防感染,特别是夏天,气温高,出汗多,加上局部搔抓,很容易导致局部感染,用清水每天清洗生殖器部位是必要的。当出现局部感染后,要及时用消毒液清洗局部。常用消毒液有3%硼酸水200毫升外洗患部,也可用黄连素1片研末加入200毫升沸水,待温度适宜后清洗患部。

(2)避免局部搔抓,不可用刺激性太强的药品。

(3)患者需预防感冒、着凉、劳累,避免病情加重,防止愈后复发。

(4)治疗期间禁房事。

第六节 生殖道沙眼衣原体

631. 什么是生殖道沙眼衣原体感染?

生殖道沙眼衣原体感染指经性接触传染的有明显尿道炎症,但尿道分泌物中检查不到淋球菌的一组感染性疾病。主要由沙眼衣原体、生殖支原体、解脲支原体引起,主要经性接触感染,新生儿可经产道分娩时感染。

632. 生殖道沙眼衣原体感染有哪些临床表现?

男性尿道炎、附睾炎;女性宫颈炎、盆腔炎;男性和女性直肠炎、眼结膜炎;新生儿眼结膜炎、肺炎等。男性可为无症状感染,女性多为无症状感染。

633. 生殖道沙眼衣原体感染的治疗原则是什么?

早期诊断,早期治疗;及时、足量、规则治疗;不同的病情采用不同的治疗方案;同时治疗性伴侣。

634. 如何诊断生殖道沙眼衣原体感染?

生殖道沙眼衣原体感染的诊断需要依靠性接触史、临床表现和实验室检查的结果。当有典型的尿道炎、宫颈炎症状时,诊断不难。但由于无症状感染多见,化验检查显得尤为重要。

635. 如何预防生殖道沙眼衣原体感染?

(1)衣原体感染的根本措施是提倡安全性行为(包括安全套的使用),杜绝非婚性接触,洁身自好。病人在患病期间不从事可能扩散疾病的职业,如保育员、护理及浴室工作等。在医院及托儿所等处,如发现工作人员患病及入托幼儿有外阴阴道炎,要注意观察。为防止间接传染应分开使用体温表,对浴室、毛巾及床单等应进行消毒。

(2)为预防性伴侣间相互感染,性伴侣任何一方患有本病未彻底治疗前,应避免性生活,若有性生活则必须使用安全套,并应严格分开使用毛巾、脸盆、床单等可致传染的物品;污染物可煮沸消毒或使用消毒剂。

(3)避孕措施可改变沙眼衣原体感染的传播和并发症的发生。不使用任何避孕方法或使用安全期避孕法对感染不起任何保护作用。使用屏障避孕法(如安全套),如方法正确且坚持使用,可使衣原体感染率降低一半以上。阴道隔膜加杀精剂也可起一定的保护作用。而口服避孕药可能增加生殖道沙眼衣原体感染的易感性。因此,使用安全套等屏障式避孕措施是预防生殖道沙眼衣原体感染的有效方法。

第七节 性病性淋巴肉芽肿

636. 什么是性病性淋巴肉芽肿？

性病性淋巴肉芽肿是沙眼衣原体(L1–L3血清型)引起的性传播疾病之一，又称第四性病。

637. 性病性淋巴肉芽肿有哪些临床表现？

(1)潜伏期：有不洁性交史，潜伏期7～10天。

(2)早期症状：初疮多发生在男性阴茎体、龟头、冠状沟及包皮，女性阴道前庭、小阴唇、阴道口、尿道口周围的5～6毫米的极小疱、溃疡，常为单个，有时数个，无明显症状，数日不愈，愈后不留瘢痕。亦可发生于肛周、口腔等处。

(3)中期症状：第四性病性横痃，疼痛，压痛，粘连，融合，可见“槽沟征”(腹股沟韧带将肿大的淋巴结上下分开，皮肤呈槽沟状)。数周后淋巴结软化，破溃，排出黄色浆液或血性脓液，形成多发性瘘管，似“喷水壶状”，数月不愈，愈后留下疤痕。女性初疮多发生于阴道下部，向髂及直肠淋巴结回流，引起该部淋巴结炎、直肠炎，临床可有便血、黏液血便、腹痛、腹泻、里急后重及腰背疼痛，形成肛周肿胀、瘘管、直肠狭窄及大小阴唇象皮肿等。

(4)晚期症状：数年或数十年后，长期反复性的腹股沟淋巴管(结)炎可致阴部象皮肿、直肠狭窄等。

(5)全身症状：淋巴结肿大化脓期间可有寒战、高热、关节痛、乏力及肝脾肿大等全身症状。亦有皮肤多形红斑、结节性红斑、眼结膜炎、无菌性关节炎、假性脑膜炎。

638. 性病性淋巴肉芽肿诊断依据有哪些？

(1)有不洁性交史，潜伏期7～10天。

(2)早期为外生殖器水疱，糜烂与溃疡，1～4周后可见腹股沟淋巴结肿大，男性有“槽沟征”，多数瘘管似“喷水壶状”，愈后有瘢痕。女性可发生直肠周围炎，晚期出现象皮肿及直肠狭窄。

(3)发生淋巴结炎时，可有寒战、高热及关节痛等全身症状。

(4)病理改变为淋巴结有星状脓肿。

(5)补体结合试验于感染4周后呈阳性反应，滴度1:64以上。

(6)组织培养，可分离出衣原体(L1，L2及L3血清型)。

(7)PCR检测衣原体DNA阳性。

639. 性病性淋巴肉芽肿有哪些并发症？

(1)生殖器象皮肿。

(2)直肠狭窄。

(3)少数病人肛门外围可继发癌变。

640. 性病性淋巴肉芽肿有哪些预防措施?

(1)性病性淋巴肉芽肿主要经过性交传染,洁身自好是远离本病最好的手段。

(2)本病的确诊常需要多项实验室检查,如补体结合试验、免疫荧光试验、病原体培养,甚至活体组织检查,所以,一旦怀疑患病,就要去正规医院就诊,以免延误治疗。

(3)性病性淋巴肉芽肿发展到不同阶段,常易与某些疾病混淆。如早期易与初期梅毒、生殖器疱疹、软下疳等疾病混淆;晚期常需与恶性肿瘤、结核病、单核细胞增多症等疾病相鉴别。所以,患病后一定要去正规医院做系统检查,以免发生诊断及治疗错误。

(4)罹患本病后一定要及早治疗,才有可能避免晚期需行外科手术才能解决的多器官狭窄。

第八节 软下疳

641. 什么是软下疳?

软下疳是由杜克雷嗜血杆菌引起的一种以横痃为特点的急性疼痛性生殖器溃疡的性传播疾病,以往称为第三性病。

642. 软下疳发病机理是什么?

机体感染杜克雷嗜血杆菌后，主要靠多形核白细胞参与清除软下疳局部细菌。别的免疫途径是否参与杀灭细菌作用尚不清楚,如补体激活的替代途径,补体是否参与了杀灭血清中的杜克雷嗜血杆菌,这个过程可能主要是抗体依赖性的。补体起到增强抗体的作用。细菌对反应的敏感由脂多糖的组成决定。

临床确诊为软下疳时，杜克雷菌抗原免疫印迹吸附试验可以检测到血清IgG、IgM抗体增多,通过血清抗体试验表明存在特异性抗原决定簇。用杜克雷菌做免皮内感染试验可引起很强的抗体反应,其抗体合成的经过与其他细胞感染相同,而人类产生抗体反应的过程比动物的多。在整个感染过程中存在有可识别的重要共同抗原。在感染的某一时期存在可识别的共同抗原及个体相关抗原。总之杜克雷菌的免疫应答对宿主本身所起的作用仍不清楚,因为人类可以重复感染。很明显不存在完全保护性免疫。

643. 软下疳有哪些临床表现?

感染后潜伏期平均2～3天。大部分病例约在1周以内,有时少数病例可在数周以后发病。女性比男性的症状一般较轻,潜伏期也长。

初发为外生殖器部位的炎性小丘疹。24～48小时后,迅速形成脓疱,3～5天后脓包破溃后形成溃疡,境界清楚。溃疡呈圆形或椭圆形,边缘为锯齿状,其下缘有潜浊现象,周围呈炎症红晕。溃疡底部有黄色猪油样脓苔,并覆盖很多脓性分泌物,剥去脓苔可见出血,疼痛明显,触诊柔软,称为软下疳。

软下疳数目在最初仅为1～2个,因可自加接种,故可在附近又出现新生病灶。软下疳大部分发生在外阴部位,男性多在冠状沟、包皮、龟头、包皮系带处。女性多发生在阴唇、外阴、后联合处。阴部以外如手指、口唇、舌等部位也可见到。

病损处所属的淋巴结肿大,并且50%的患者于数日到2周间形成溃疡。损伤多居一侧(尤其左侧),男性比女性较多见,称为横痃。

软下疳横痃呈急性化脓性腹股沟淋巴结炎,多为单侧,局部红肿热痛,横痃溃破后呈鱼嘴样外翻,俗称"鱼口"。近年由于及早使用了有效治疗剂,控制了感染进一步发展,典型的软下疳横痃已不多见。

644. 软下疳怎样进行鉴别诊断?

软下疳常被误诊为生殖器疱疹,生殖器疱疹在疱疹阶段出现多发性,成群生性水疱,检菌阴性。与硬下疳鉴别时,需注意梅毒的硬下疳较硬,脓性分泌物少,无痛。

645. 软下疳常见的并发症有哪些?

(1)软下疳性淋巴结炎。软下疳性淋巴结炎又称软下疳性横痃或痛性横痃,50%～60%患者可以发生,多在软下疳溃疡出现后数天到3周内发生。以腹股沟多见,常为单侧性,开始为局部淋巴结肿大,有轻微压痛,然后可逐步累及邻近多个淋巴结,并产生淋巴结周围炎,彼此可融合成较大的团块。局部皮肤可红肿,触之有波动感,最后可破溃而形成溃疡。此时患者可有明显的疼痛,还可伴有发烧,常需2～4周才逐步愈合形成疤痕。

(2)包皮炎和嵌顿包茎。当患者在包皮内发生软下疳时,可因炎症水肿而造成包皮炎性包茎,包皮内脓汁积潴可引起龟头炎。如果包皮高度水肿不能翻转时,则可引起嵌顿包茎。

(3)尿道瘘。由于阴茎部软下疳可造成阴茎毁坏性溃疡而侵犯尿道,可引起排尿剧痛,最后可导致尿道狭窄,排尿困难。

(4)继发感染。在感染软下疳的同时少数病人还可继发感染梅毒和性病性淋巴肉芽肿等,可以增加损害的严重性,此时可发生混合性下疳,往往难以治疗。

646. 软下疳治疗应注意哪些事项?

(1)由于软下疳的临床表现缺乏特异性,实验室检查特异性和敏感性不高,所以软下疳的诊断应综合考虑,应首先排除生殖器溃疡中最常见的疾病。对缺乏相应实验室检查设备的地区,在排除其他性病的条件下,可给予试验治疗。

(2)杜克雷嗜血杆菌耐药性发展很快,注意选用敏感抗生素。

(3)软下疳患者的性伴侣如果在患者出现症状之前10天内,与患者有过性接触,无论有无此病的症状,都必须进行检查和治疗。

(4)在治愈前,应避免性生活。在随诊期间,性生活应有防护(使用安全套)。

647. 如何预防软下疳?

(1)预防主要通过性行为传播的软下疳,只要遵守夫妻间的忠诚,不在外拈花惹草,就基本上可以防止染病沾身。

(2)培养良好的卫生习惯:保持外阴清洁干燥;每日清洗内裤,清洗时使用个人的盆具;即使家人之间,洗浴盆具、毛巾也不宜互用。

(3)使用公共浴池的淋浴,不洗盆塘;尽量避免使用公共厕所的坐式马桶;上厕所前也养成洗手的习惯。

(4)避免非婚性行为,不可避免用安全套。

(5)外阴肛门有可疑的红斑溃疡应及时就医诊治。

(6)凡是软下疳患者在出现症状前10天内,与其有过性接触的性伴侣,不论有无症状,都必须接受检查和治疗。

(7)患病治愈前绝对不能有性行为。

648. 软下疳有哪些危害?

(1)危害社会:软下疳的流行常伴随着流氓犯罪活动的存在和愚昧、落后思想的扩散,因此软下疳流行会降低社会文明程度、败坏风气,增加社会负担及不安定因素。

(2)危害个人:软下疳可损害人的健康并带来痛苦,一旦治疗不当可导致不育或丧失劳动力,有时还给人的精神造成伤害。

(3)危害家庭:软下疳可由于不注意隔离与消毒在家庭内部造成传播。如可通过性生活传染配偶,通过生活用具传给子女或共同生活的亲戚。

(4)危害后代:软下疳对后代的危害较为严重,它可使胎儿生长迟缓、大脑发育不全、畸形、智力低下等。因此性病流行可使人口数量及素质下降。

第九节　其他几种性病

649. 什么是滴虫病?

滴虫病是由阴道毛滴虫引起的一种炎症性疾病。主要侵犯女性阴道而引起滴虫性阴道炎,但也可使男性发生泌尿生殖道感染。

650. 引起滴虫病的病因是什么?

阴道毛滴虫是引起滴虫病的病原体。阴道毛滴虫属原生动物门鞭毛纲滴虫目原虫。在人体中寄生的毛滴虫有三种,即阴道毛滴虫、口腔毛滴虫和人毛滴虫,其中阴道毛滴虫是唯一具有致病性的。阴道毛滴虫的易感组织是复层鳞状上皮,主要寄生于人体的泌尿生殖道,包括阴道、尿道、子宫颈、前庭大腺和尿道旁腺等。

651. 滴虫病的临床表现有哪些？

(1)女性滴虫病

在女性中，阴道毛滴虫主要侵犯阴道引起滴虫性阴道炎，并可累及宫颈外膜导致宫颈外膜炎。潜伏期为4～28天。女性中滴虫病的临床表现差异较大。根据感染的严重程度，可分为急性、慢性和无症状感染。

①急性感染，表现为弥漫性外阴阴道炎。最常见的症状包括阴道分泌物增多、外阴刺激症状和瘙痒、尿痛或有异味。严重者可出现下腹痛。

②慢性感染，急性感染未得到及时治疗时可转变为慢性感染。此时临床症状较轻，可有瘙痒和性交痛，阴道分泌物量较少，常混有黏液。

③无症状感染，10%～50%的女性感染者可无任何临床症状。但50%的无症状携带者可在半年内出现临床症状。

(2)男性滴虫病

男性感染了阴道毛滴虫后临床症状较女性轻微，甚至可无症状。有症状者可出现尿道炎、包皮龟头炎。有尿道炎者可有轻度尿道内刺痒或不适，排尿时明显，有少量尿道分泌物。

652. 滴虫病有哪些并发症？

并发症包括子宫附件炎、输卵管积脓、子宫内膜炎和不孕症等。近年来研究表明，女性滴虫感染与妊娠并发症相关，可引起胎膜早破、早产、低出生体重儿等。

653. 滴虫病的诊断依据是什么？

滴虫病的诊断需结合临床表现和实验室检查综合判断，查到滴虫可明确诊断。女性滴虫性阴道炎若出现较典型的临床症状，如黄绿色泡沫样阴道分泌物、外阴及阴道瘙痒等，结合湿片检查见到阴道毛滴虫，诊断并不困难。但还要注意进一步检查引起阴道分泌物增多的其他性传播疾病。

654. 怎样预防滴虫病？

滴虫性阴道炎主要通过性交直接传播，也可通过污染的毛巾、浴盆、衣物、游泳裤等间接感染。筛查和治疗所有感染者包括有症状和无症状者，消灭传染源；加强健康教育，提倡安全性行为，改变不良卫生习惯；改进公共卫生设施等均有助于控制疾病的传播。

655. 什么是细菌性阴道病？

细菌性阴道病主要由于阴道正常菌群的生态平衡发生紊乱而引起，以阴道分泌物增多伴有鱼腥样气味为特征。过去曾称为非特异性阴道炎或阴道嗜血杆菌性阴道炎或加特纳菌阴道炎。

656. 引起细菌性阴道病的病因是什么？

细菌性阴道病为内源性感染，是由于阴道正常菌群的生态平衡发生紊乱所致，与其密切相关的病原体主要有阴道加特纳菌、厌氧菌（解脲类杆菌、具核酸杆菌、胨链球菌、普氏菌属、动弯杆菌属)及人型支原体。但促发阴道正常菌群发生转变,发展成细菌性阴道病的启动因素尚不清楚。乳酸杆菌尤其是产H_2O_2的菌株对维持正常阴道的生态内环境十分关键。细菌性阴道病时乳酸杆菌减少而其他细菌增多,导致乳酸盐浓度降低,胺增多,使阴道分泌物pH增高,具有鱼腥样气味。细菌性阴道病的病原体可产生的毒力因子包括细胞毒素、唾液酸酶、黏多糖酶和胶原酶,造成上皮细胞损伤,使液体渗出及阴道鳞状上皮细胞脱落,产生典型的细菌性阴道病的分泌物。

657. 细菌性阴道病有哪些临床表现?

细菌性阴道病主要症状是阴道分泌物增多,有鱼腥样气味。阴道分泌物有异味也可能是病人就诊的唯一原因。阴道分泌物的异样气味可给患者造成一定心理负担,出现忧郁、不愿参加社交活动等。一般不伴有外阴阴道疼痛、瘙痒或刺激症状。该病可有周期性复发,常在月经期后出现。大约50%的细菌性阴道病病人无明显自觉症状。

658. 细菌性阴道病的诊断标准是什么?

(1)阴道壁上附有稀薄而均匀一致的灰白色分泌物;

(2)阴道分泌物的pH>4.5;

(3)阴道分泌物嗅试验阳性;

(4)阴道分泌物镜检线索细胞阳性。

以上4项临床症状或体征中满足3项即可诊断为细菌性阴道病。一般认为线索细胞阳性为诊断所必需。

659. 什么是外阴阴道念球菌病?

外阴阴道念球菌病主要是由念球菌感染所引起的一种常见黏膜念球菌病。好发于育龄妇女。

660. 引起外阴阴道念球菌病的病因是什么?

外阴阴道念球菌病的主要病原体是白念球菌,占85%~90%。其次为光滑念球菌和热带念球菌,偶尔高里念球菌、近平滑念球菌、克柔念球菌、假热带念球菌和酿酒酵母菌也可引起。念球菌是一种条件致病菌,机体抵抗力下降是发病的内因,念球菌的毒力或致病性是外因。

661. 外阴阴道念球菌病的临床症状有哪些?

主要症状有外阴瘙痒、灼痛,阴道分泌物增多,尿痛,阴道内疼痛或刺激感和浅表性性交痛。检查可见外阴潮红水肿,散在抓痕或表皮剥脱,慢性感染者外阴皮肤肥厚呈苔藓样变。

第十节 艾滋病

662. 什么是艾滋病(AIDS)?

艾滋病又称获得性免疫缺陷综合征(英文缩写AIDS),是人类受到HIV病毒感染后,免疫功能受到破坏,导致人体发生多种难以治愈的机会感染或肿瘤,最终导致死亡的严重疾病。HIV即Human Immunodeficiency Virus,是人类免疫缺陷病毒的英文缩写。

663. 艾滋病是在哪年、哪国发现的?

艾滋病是1981年在美国发现的,1982年正式命名为“获得性免疫缺陷综合征”(Aquired Immunodeficiency Syndrome)。

664. 目前发现的人类艾滋病病毒有几种?

已经发现的人类艾滋病病毒目前有两种,即HIV-1和HIV-2。

665. 艾滋病主要发病机制是什么?

艾滋病的发病机制主要是CD4T淋巴细胞在HIV直接和间接作用下,细胞功能受损和破坏,导致细胞免疫缺陷。

666. 何为艾滋病病毒感染者?

体内有艾滋病病毒,但未出现艾滋病临床症状和体征的人称为艾滋病病毒感染者。

667. 艾滋病传播的途径是什么?

艾滋病通过性接触、血液和母婴垂直传播三种途径传播。

668. 从艾滋病病毒感染到发展成艾滋病病人潜伏期有多长?

潜伏期依传播途径而不同,艾滋病病毒感染后,短至数月,长至17年,一般5～10年发展为艾滋病病人。

669. 艾滋病病毒急性感染期有哪些主要临床表现?

感染艾滋病病毒后1～2周,50%～70%的感染者因艾滋病病毒血症和免疫系统急性损伤而产生一系列症状,包括发热、咽痛、盗汗、关节痛、淋巴结肿大、皮疹和肝脾肿大等。持续2～4周后进入无症状期。

670. 艾滋病的临床表现分为几期?

艾滋病病毒感染后临床上分为4期。Ⅰ期:急性感染期;Ⅱ期:无症状期;Ⅲ期:临床期(持续性全身淋巴结肿大综合征);Ⅳ期:终末期。

671. 什么是艾滋病病毒的窗口期?

艾滋病病毒感染人体后,需要一段时间才能产生出能够检测出来的足够数量的抗体。自感染艾滋病病毒到血液中能够检测出艾滋病病毒抗体为止,这段时间称为“窗口期”。

672. 窗口期有多长时间,有什么意义?

窗口期一般为2周～3个月,有极少数人可长达6个月。在窗口期做HIV抗体检测,结果有可能是"阴性",但其血液中已有艾滋病病毒,可以传染给他人。

673. 我国艾滋病流行分为几个阶段?

第一阶段是1985年至1988年,为传入期;第二阶段是1989年至1994年,为扩散期;第三阶段是1995年至今,为快速增长期。

674. 我国目前艾滋病流行有哪些特点?

(1)流行范围广,全国低流行,局部高流行。目前全国32个省(区、市)均有疫情报告,全国平均感染率仍处于较低水平,但某些地区和某些人群中感染率较高,例如云南、新疆、广东、广西等省区的部分地区吸毒人群中HIV感染率高达70%以上;在河南等省个别地区的既往不规范采供血人群中,部分地区HIV感染率为50%以上。

(2)面临艾滋病发病和死亡高峰。

(3)传播模式及途径发生变化。目前经吸毒途径传播仍为主要传播方式,经性传播及母婴传播的比例呈上升趋势。

(4)疫情由高危人群向一般人群扩散。

675. 一般的生活和工作接触会不会传染艾滋病?

一般的接触如握手、拥抱、礼节性亲吻、共同进餐等不会传染艾滋病。

676. 蚊虫叮咬会不会传播艾滋病?

蚊虫叮咬不会传播艾滋病。

677. 使用安全套能否预防艾滋病?

使用质量合格的安全套可以有效降低艾滋病、性病传播的概率。

678. 性病与艾滋病之间的关系是什么?

性病是AIDS流行的重要因素之一,局部生殖器溃疡的性病患者,其HIV易感性和传染性均大幅度提高。

679. 艾滋病的传染源有哪些?

艾滋病的传染源是艾滋病病人和无症状的艾滋病病毒携带者。

680. 有高危行为后应该怎么办?

遇有高危行为(如不洁性生活、吸毒)或性病,应主动到有艾滋病筛查实验室的机构做HIV抗体筛查检测。

681. 艾滋病属于哪类传染病?

艾滋病属于乙类传染病。

682. 什么是艾滋病患者的卡波氏肉瘤?

艾滋病患者因免疫功能缺陷常继发肿瘤,其中最常见的肿瘤是卡氏肉瘤。这是一种主要累及皮肤的肿瘤,可出现于全身皮肤,四肢多见,呈深紫色斑块,皮损附近淋巴结肿大,皮损可发展为不易愈合的溃疡或霉菌感染。

683. **哪些人群是高危人群？**

吸毒者、性服务者、性病患者和有偿献血者。

684. **为什么不把艾滋病病毒感染者和病人隔离起来？**

从艾滋病病毒感染的途径来看，它不像其他烈性传染病那样会主动传染。

685. **艾滋病病毒的存活力有多大？**

艾滋病病毒在外界的抵抗力弱，不易存活，干燥、高温几小时到几天可死亡。血液成分在室温可存活15天，对热比较敏感，加热80 ℃ 30分钟、100 ℃ 20分钟可灭活。对一般消毒剂敏感，25%以上浓度酒精、0.2%次氯酸钠、漂白粉、2%福尔马林浸泡可灭活病毒。但对射线和紫外线不敏感。

686. **预防艾滋病应采取哪些措施？**

艾滋病虽然不能治愈，但完全可以预防。拒绝毒品，珍爱生命，不与他人共用注射器等；保持一个性伴侣，要洁身自爱，不卖淫嫖娼和乱交；接受输血或血液制品时，要求使用经过艾滋病病毒抗体检测阴性的血液及其制品；在接受任何刺皮肤的医疗操作或美容操作时，要求使用一次性或经过严格消毒的器械；正确使用安全套，注意有效期和质量；患有性病时要及时到正规医疗机构咨询、检查和治疗；怀疑自己感染了艾滋病病毒时，应及早到有条件的医疗单位（如当地疾病预防控制中心、正规医院等）咨询、检查和治疗。

687. **何为安全性行为？**

安全性行为是指以下几种情况：只有一个稳定的性伴侣；不作肛交、口交，不作湿吻（唾液交流），不共用性玩具；仅作阴茎—身体摩擦，或双方手淫；不与HIV感染者发生性接触；正确使用安全套（可减少感染HIV的机会，但不是绝对安全）。

688. **什么是艾滋病监测？**

主动对某些人群开展人类免疫缺陷病毒抗体的血清流行病学检测，以了解艾滋病的流行状况，并为制定卫生政策提供依据。

689. **HIV抗体检测实验室的种类有哪些？**

HIV抗体检测实验室分为确认与初筛（或称筛查）实验室两类。

690. **艾滋病初筛（筛查）实验室可以设立在哪些单位？**

艾滋病初筛（筛查）实验室可以设立在疾病预防控制中心、检疫机构、医疗机构、采供血机构、生物制品生产单位、医学科研教学等单位内。

691. **什么是非婚性行为？**

没有婚姻关系的男女之间发生的性行为。非婚性行为包括两类：一类是婚前性行为，即尚未结婚的男女之间发生的性行为；另一类是婚外性行为，即有合法配偶的人与他人发生的性行为。

692. **为何同性性行为更易感染性病、艾滋病？**

这是由男性同性性行为的方式和特点决定的。首先，男性同性恋者多存在多性伴现象，而多性伴是感染性病、艾滋病的主要原因；其次，男性同性性行为的特殊性交方式是引起感染和传播性病、艾滋病的重要原因。

693. 针头刺伤后感染艾滋病病毒的危险性有多大？

据研究资料显示：被艾滋病病毒污染的针头刺伤后，发生艾滋病病毒感染的概率为0.33%(20/6135)。美国疾病预防控制中心进行的一项研究显示，影响针头刺伤后感染艾滋病病毒的危险性因素包括：刺伤的深度；针头的性质（空心比实心更危险）；有可见的血液从伤口溢出；针头刺伤了静脉和动脉；污染源来自感染早期和晚期艾滋病病毒感染者（病毒载量高）。

694. 感染艾滋病病毒的妇女能怀孕生孩子吗？

从医学上讲，如果不用抗艾滋病病毒的药物，感染的孕妇有1/3的机会将病毒传给胎儿或婴儿。从个人来说，虽然是否怀孕生孩子是个人的权利，但是，如果孩子被感染，一般来说5岁以前就会死亡，这对孩子来说非常不公平。如果孩子侥幸未被感染，他不久将会失去母亲；在很多情况下，由于妻子是通过性接触被丈夫感染的，孩子将会失去父母成为孤儿，他的一生将会很悲惨。从社会的角度来说，要承担治疗被感染的新生儿或是抚养孤儿到18岁的负担。从以上三个方面考虑，艾滋病病毒感染的妇女生孩子，于私于公都是弊大于利。所以，建议已被艾滋病病毒感染的妇女最好不要怀孕生孩子；如已怀孕，建议做人工流产。

如艾滋病病毒感染者坚持要怀孕，则应加强围产期与分娩时的监护。要到医疗条件好的医院分娩。分娩时要做好严格的消毒隔离，在医生的指导下进行预防性服药，推荐剖宫产和人工喂养，并做好新生儿的医学随访工作。

695. 什么是艾滋病自愿咨询检测？

联合国艾滋病规划署和世界卫生组织认为，艾滋病自愿咨询检测(HIV Voluntary Counseling&Testing，简称VCT)是指人们咨询后，在知情和保密的情况下，对是否做HIV检测自愿作出选择的过程。

696. 我国开展自愿咨询检测(VCT)工作的主要目的有哪些？

最大限度地发现HIV感染者和艾滋病病人，促使更多的人了解自己的HIV感染状况，及时采取保护自己和他人的措施，预防艾滋病在社会上传播。

使VCT服务成为其他预防控制艾滋病工作的重要连接点或转介环节。

(1)及时发现感染了HIV的育龄妇女，有利于尽快采取避孕、终止妊娠、围产期给予预防性抗病毒药物、选择性剖宫产及人工喂养等预防艾滋病母婴传播的干预措施，减少艾滋病对母婴健康的危害；

(2)与有关治疗服务配合，帮助HIV感染者和艾滋病病人及时获得治疗；

(3)使咨询和检测成为推动有高危行为的人改变危险行为的起点，减少新感染的发生；

(4)为接受HIV检测的人们提供心理、情感上的支持，帮助他们树立信心，适应新的生活。

697. 开展艾滋病自愿咨询检测(VCT)的作用是什么?

(1)帮助更多的人接受有关艾滋病和HIV检测的基本知识,在知情同意的前提下自愿接受检测并能获得检测的结果;

(2)促使高危人群改变(降低)危险行为,减少HIV的传播;

(3)VCT为那些担心自己感染HIV的人提供了一个与医务人员或其他人接触的机会,有利于获得有关医疗服务的信息;

(4)及时发现感染HIV的孕产妇,帮助孕产妇作出最有益的选择,减少艾滋病对母婴健康的危害;

(5)作为艾滋病治疗、关怀和预防工作的切入点和枢纽,为高危人群(如静脉吸毒者、暗娼、嫖客、同性恋者)和重点人群(如既往有偿供血者、孕产妇等)提供心理、情感支持与转介服务;同时,有利于加强艾滋病检测、治疗、关怀和预防等各部门、各机构之间的联系,促使艾滋病防治各部门的配合与工作的开展;

(6)广泛开展VCT服务,营造理解、关怀HIV感染者的社会氛围,对HIV感染者和艾滋病病人提供公开、富有同情心的关怀,有利于减少歧视、克服对艾滋病的恐惧心理,争取社会支持,促进艾滋病和相关服务"正常化",使艾滋病预防控制工作真正得以持续和深入进行。

698. 艾滋病自愿咨询检测工作的原则是什么?

(1)自愿原则,应建立在知情同意的基础上;

(2)保密原则,各个管理与服务环节注意保护求询者的隐私;

(3)尊重原则,求询者利益优先的原则,维护其人格与自尊,以平等态度看待对方,不因求询者的职业、性别、性取向、文化程度、经济地位或处境遭遇而歧视他们;

(4)提供信息原则,无论求询者是否做检测以及结果如何(阳性或阴性),都应利用求询者前来寻求帮助的机会,根据对方需求为其提供有关HIV检测、预防感染和传播、改变危险行为、促进安全套使用等信息;

(5)受益原则,应确保自愿咨询检测工作活动有利于促进求询者的健康,例如对HIV阳性者及其他有需求的求询者应尽可能提供支持性咨询、特殊需求咨询和治疗、关怀等相关转介服务;

(6)因地制宜原则,在不违背上述自愿咨询检测工作基本原则的前提下,各地开展自愿咨询检测工作服务的方式和内容可以采用一些因地制宜的方法。

699. 为什么要对孕产妇开展咨询?

孕产妇可能通过胎盘和哺乳将HIV传染给胎儿或新生儿,但目前已有阻断艾滋病病毒母婴传播的有效措施,这些措施包括及时采取避孕、中止妊娠、围产期给予抗病毒药物治疗、及时处理混合感染、剖宫产及人工喂养等。对孕产妇咨询,可以使她们了解预防HIV母婴传播的最新信息、方法和效果,帮助她们分析感染者妊娠对本人、家庭、后代造成的影响和利弊,促使她们配合医务人员采取恰当的干预措施,及时控制HIV的母婴传播,对预防控制艾滋病有重要作用。

700. 什么是"四免一关怀"政策?

2003年,我国政府提出了"四免一关怀"政策,即:国家实施艾滋病自愿免费血液初筛检测;对农民和城镇经济困难人群中的艾滋病患者实行免费抗病毒治疗;对艾滋病患者遗孤实行免费就学;对孕妇实施免费艾滋病咨询、筛查和抗病毒药物治疗;将生活困难的艾滋病患者及其家庭纳入政府救助范围。

701. 什么是艾滋病的职业暴露?

艾滋病职业暴露是指工作人员在从事艾滋病防治工作或其他工作过程中被HIV感染者或艾滋病病人的血液、体液污染了破损的皮肤或非胃肠道黏膜,或被含有HIV的血液、体液污染了的针头及其他锐器刺破皮肤,而具有被艾滋病病毒感染可能性的情况。

702. 造成艾滋病职业暴露的原因有哪些?

没有制定内部安全防护管理制度;没有遵守安全操作规程;缺乏自我防护知识与技能; 工作中发生意外, 如给HIV感染者或艾滋病病人注射时不慎被针头刺破手指,医疗护理和实验室工作中皮肤或黏膜意外被针刺或被其他锐器损伤,感染者分泌物或血液意外溅入工作人员的眼、鼻、口中等。

703. 艾滋病职业暴露后的处理原则是什么?

(1)紧急局部处理:用肥皂和水清洗被污染的皮肤,用生理盐水冲洗黏膜;如有伤口应轻轻挤压,尽可能挤出损伤处的血液,用肥皂水或清水清洗;受伤部位的消毒,伤口应用消毒液(如75%的酒精,0.2%~0.5%的过氧乙酸,0.5%的碘伏等)浸泡或涂抹消毒,并包扎伤口。被暴露的黏膜,应用生理盐水或清水冲洗干净。

(2)对暴露者的处理:暴露者应暂时脱离工作岗位;由专家对暴露级别进行评估,确定是否进行药物预防,如有必要,应于24小时内开始服药并坚持完成整个过程。原则上,用药越早越好,并采用联合疗法(二种或三种药物);暴露者应于暴露后当天、6周、12周、6月、12月进行血液检测。

(3)事故的报告和记录:立即向单位负责人和当地疾病控制中心报告;查找事故原因,并对事故过程和处理情况进行详细记录。包括事故的发生时间、地点及经过、暴露方式、损伤的具体部位、损伤的程度、接触物的种类和含有HIV的情况、处理方法和处理经过(包括现场专家和领导的活动),详细记录用药情况及首次用药时间、药物的毒副作用情况及用药的依从性;各事故处理单位在每年的7月5日和次年的1月5日前将上半年和下半年填写的艾滋病职业暴露人员个案登记表报至本省疾病预防控制中心。每年的7月10日和次年的1月10日省疾病预防控制中心填写本省的"艾滋病防治工作人员职业暴露事故汇总表",报至本省(市、区)卫生厅(局),抄报中国疾病预防控制中心。

(4)保密:无论重大事故还是小型事故,对事故涉及的职业暴露者在整个处理过程中均应做好保密工作,每一个得到信息的机构或个人均应严守秘密。

704. 如何预防艾滋病职业暴露?

制定、实施医疗实验室安全操作和普遍性防护措施指南;对有关人员(包括医务人员、警务人员等)加强艾滋病传播途径和自我防护的宣传教育以及相关知识技能的培训,提高他们预防艾滋病的知识水平及自我防护能力,并持正确态度,既不能过度恐惧,也不能无所谓;设有专门的组织和管理系统;落实好各项防止职业暴露的安全操作和个人防护措施,包括医疗实验室的布局,安全操作规章,废弃物的消毒处理,个人防护用品和健康监护等。

705. 世界艾滋病日和宣传主题是哪年开始的?

在1988年1月各国卫生部长参加的世界卫生大会上,与会的学者、官员一致确立每年的12月1日为世界艾滋病日,宣传主题为“全球共讨,征服有期”。

706. 艾滋病中长期规划的实施原则是什么?

政府领导、多部门合作、全社会参与;宣传教育为主、标本兼治、综合治理;突出重点、加强对高危行为干预能力建设;调查研究、因地制宜、分类指导;注重实效、综合评价防治工作。

707. 艾滋病中长期规划的防治策略与主要措施是什么?

(1)加强宣传教育,全民普及艾滋病、性病防治知识。营造有利于艾滋病防治的社:环境,减少艾滋病对个人、家庭、社区和社会的影响。

(2)针对高危人群(吸毒、卖淫、嫖娼和同性恋者)开展健康教育和行为干预工作,减少人群中的相关危险行为,控制艾滋病经性接触和经吸毒途径传播。

(3)依法监督,阻断艾滋病病毒经血液、血液制品等医源性和非医源性途径传播。

(4)规范艾滋病、性病防治管理,控制艾滋病在性病人群中的传播,改善艾滋病、性病的医疗保健服务质量。

708. 艾滋病疫情报道有哪些原则和要求?

在艾滋病疫情报道中,凡涉及感染者、病人的个人情况,未经本人同意,任何单位或个人均不得公开泄露,电视影像的遮挡必须可靠。涉及艾滋病疫情的报道,数字要准确,发稿前应经当地卫生行政部门核实。

709. 怎样防止对艾滋病病毒感染者和艾滋病病人的歧视宣传?

歧视不利于预防和控制艾滋病的传播, 反而极易成为引起社会不安定的因素;每个人都必须懂得预防艾滋病的知识和措施,否则都有感染艾滋病的可能;感染者是无知和疾病的受害者,与其他病人一样需要人们和社会给予人道主义的关心和帮助,即使是由于有过某种过失行为而感染艾滋病病毒的人也是受害者。

710. 什么是艾滋病宣传教育的“五进”活动？

“五进”，即艾滋病防治知识的宣传教育进社区、进家庭、进学校、进农村、近公共场所。

711.《关于对艾滋病病毒感染者和艾滋病病人的管理意见》的管理原则是什么？

遵守法律法规和社会道德规范，维护社会安定；坚持预防和宣传教育为主，加强社区综合治理和预防指导，防止艾滋病病毒的扩散和传播，保护人民群众的身体健康；严格保密制度，保障个人合法权益，履行社会义务和责任，反对歧视。

712. 经艾滋病确认实验室确认的HIV阳性患者应如何报告？

应按传染报告制度报告，确认报告属于个人隐私，不得泄漏。

713. 经确认的艾滋病阳性结果怎样告知受检者本人及其配偶或亲属？

经确认的艾滋病阳性结果原则上告知受检者本人及其配偶或亲属。告知的时机和方式，由当地卫生行政部门决定。在告知时，要给予心理咨询并提供预防再传播的技术指导。

714. 各地疾病预防控制中心怎样负责组织对本地艾滋病病毒感染者和艾滋病病人的疫情及管理？

各地卫生防疫部门负责组织对本地艾滋病病毒感染者和艾滋病病人进行流行病学调查，建立个人档案，并按计划定期随访。如有可能，应对其密切接触者进行随访。档案属机密资料，要妥善保管、严格保密，并设专人负责，明确其职责和任务。

715. 艾滋病病毒感染者和艾滋病病人及其家属应享有的权利

艾滋病病毒感染者和艾滋病病人及其家属不受歧视，他们享有公民依法享有的权利和社会福利。不能剥夺艾滋病病毒感染者工作、学习、享受医疗保健和参加社会活动的权利，也不能剥夺其子女入托、入学、就业等权利。

716. 从事艾滋病病毒感染者和艾滋病病人诊断、治疗及管理工作的人员，其保密原则是什么？

不得向无关人员泄漏有关信息。任何单位和个人不得将艾滋病病毒感染者和艾滋病病人的姓名、住址等个人情况公布或传播，防止社会歧视。

717. 流动人口中的艾滋病病毒感染者和艾滋病病人如何管理？

流动人口中被确诊的艾滋病病毒感染者和艾滋病病人，原则上由常住地负责对其监护管理，其疫情由常住地的疾病预防控制中心按规定报告和管理，并由省级疾病预防控制中心向其户籍所在省的疾病预防控制中心通报。没有正当理由，不得将艾滋病感染者和艾滋病病人遣送回原籍。

718. 艾滋病初筛（筛查）实验室的任务是什么？

对本地按规定和要求检测的对象做HIV抗体初筛检测，并提供检测前、后咨询服务；及时将初检呈阳性反应的标本送HIV抗体初筛中心实验室，再转送确认实验室确认；做好初检标本登记、实验记录，定期向当地的HIV抗体初筛中心实验室或省级HIV抗体确认中心报告HIV抗体检测情况。

719. 初筛实验室必备人员的条件是什么？

有3名以上的医技人员，其中中级卫生技术职称人员1名以上（采供血机构的HIV抗体检测人员必须具有技师以上卫生技术职称），从事病毒血清学检测技术工作2年以上，接受过国家或省级HIV抗体确认中心举办的HIV抗体检测学习班培训，并获得合格证书。

720. 艾滋病初筛实验室设备的条件是什么？

有独立的实验用房（或至少有专用的检测台），污染区和清洁区要分开。从我国HIV抗体检测工作发展要求，要以酶联免疫法测定考虑所需的检测器材，包括酶标读数仪和洗扳机、精确的移液器、专用的普通冰箱、低温冰箱、离心机，以及各种消毒与污物处理设施、安全防护用品和恒温设施。

721. 美沙酮为什么可替换毒品？

美沙酮是一种合成的鸦片类毒品，美沙酮的止痛效果强于吗啡，毒性和副作用较小，成瘾性也小于吗啡。口服美沙酮可维持药效24小时。吸毒者服用美沙酮可以使其停止使用非法毒品。

722. 为什么说性病会增加感染艾滋病病毒的危险和机会？

性传播疾病易造成生殖器或生殖道的皮肤或黏膜的炎症、破损、溃疡，在性交过程中易造成进一步的破损和出血，从而使艾滋病病毒经性传播更加容易。

723. 艾滋病对家庭有哪些危害？

社会上对艾滋病病人及感染者的种种歧视态度会殃及其家庭，他们的家庭成员和他们一样，也要背负沉重的心理负担。由此容易产生家庭不和，甚至导致家庭破裂。

724. 艾滋病的主要治疗方法有哪些？

目前，艾滋病的治疗尚无特效的病因疗法，但总的治疗原则为抗感染、抗肿瘤、杀灭或抑制HIV病毒、增强机体免疫机能。

725. 艾滋病诊断标准有哪些？

(1)艾滋病病毒抗体阳性，又具有下述任何一项者，可为实验确诊艾滋病病人。

①近期内（3～6个月）体重减轻10%以上，且持续发热达38 ℃ 一个月以上；②近期内（3～6个月）体重减轻10%以上，且持续腹泻（每日3～5次）一个月以上；③卡氏肺囊虫肺炎（PCR）；④卡波济肉瘤KS；⑤明显的霉菌或其他条件致病感染。

(2)若抗体阳性者体重减轻、发热、腹泻症状接近上述第1项时，可为实验确诊艾滋病病人。

①CD4/CD8（辅助/抑制）淋巴细胞计数比值<1，CD4细胞计数下降；②全身淋巴结肿大；③明显的中枢神经系统占位性病变的症状和体征，出现痴呆，辨别能力丧失，

或运动神经功能障碍。

726. 艾滋病对儿童有哪些影响?

艾滋病使千千万万的儿童沦为孤儿，使千万无辜儿童被迫承受失去亲人的痛苦,还要经常忍受人们的歧视、失学、营养不良以及过重的劳动负担。

727. 什么是艾滋病的三级预防?

一级预防是未感染的人感染艾滋病病毒；二级预防是使感染者能够早期诊断、早期得到治疗、教育和咨询服务,延缓艾滋病病毒感染者发展成艾滋病病人,同时减少艾滋病病毒在人群中进一步传播；三级预防是通过医疗和其他社会支持服务,改善艾滋病病人的生命质量,延长他们的生存时间。在三级预防中,一级预防是最重要的。

728. 在艾滋病宣传活动中,以免造成不必要的恐慌应注意什么?

应强调艾滋病是完全可以预防的,不宜用“绝症”、“超级癌症”等词,应使用“艾滋病是一种目前尚无有效治愈方法但是完全可以预防的严重传染病”的提法。

729. 艾滋病病毒感染者和艾滋病病人应对社会承担哪些义务和责任?

(1)认真听从医务人员的医学指导,服从卫生防疫部门管理。到医疗机构就诊时,应当主动向医务人员说明自身的感染情况,防止将病毒传播给他人。对艾滋病病毒感染者和艾滋病病人所从事的工作有传播艾滋病病毒危险的,其所在单位应负责安排其从事其他工作。

(2)对明知自己是艾滋病病毒感染者或艾滋病病人而故意感染他人者,应依法追究其法律责任。

(3)艾滋病病毒感染者和艾滋病病人不得捐献血液、精液、器官、组织和细胞。

730. 艾滋病监测管理的若干规定的对象是什么?

(1)艾滋病病人;(2)艾滋病病毒感染者;(3)疑似艾滋病病人,与艾滋病病人和艾滋病病毒感染者有密切接触者;(4)被艾滋病病毒污染或可能造成艾滋病传播的血液和血液制品、毒株、生物组织、动物及其他物品。

731. 什么是艾滋病相关综合征?

艾滋病相关综合征指易感艾滋病的高危人群(如男性同性恋者、静脉药物成瘾者等),出现一组艾滋病的症状或体征。由艾滋病病毒携带者或急性感染发展而来,表现为全身性淋巴结肿大,伴有不规则的发热、疲乏、夜间出汗、慢性腹泻、厌食、体重减轻、舌尖毛状白斑病及各种神经症状。也可出现轻度机会感染,如鹅口疮、单纯疱疹、带状疱疹、软疣等,外周血白细胞及血小板均减少,贫血,T4细胞减少,T4/T8值下降,变态反应性消失;细胞免疫指标和免疫功能低下,血清球蛋白增多,血清中可检出艾滋病病毒抗体。

732. 艾滋病对社会的危害是什么?

艾滋病主要侵害年富力强的20～45岁的成年人，而这些成年人是社会的生产者、家庭的抚养者、国家的保卫者。艾滋病削弱了社会生产力,减缓了经济增长,人均出生期望寿命降低,民族素质下降,国力减弱。社会的歧视和不公正待遇将许多艾滋病病人及感染者推向社会,造成社会的不安定因素,使犯罪率升高,社会秩序和社会稳定遭到破坏。

第六章　地方病

第一节　地方病基本知识

733. 什么是地方病?

地方病是指经常并稳定发生在某些特定区域或某些区域内的特定人群的疾病。

734. 地方病分类有哪些?

地方病按发病病因分为三种类型:①生物地球化学性疾病,是环境中某些人体必需的化学元素缺乏、过剩或失调而引起的疾病。主要有碘缺乏病、地方性氟中毒等。②自然疫源性疾病,指由微生物或寄生虫等引起的疾病,如麻风病、布鲁氏菌病、黑热病等。③某一地域内特有的生产生活方式引起的疾病,如长期燃用高氟煤引起的燃煤污染型氟中毒、长期饮用高氟砖茶引发的饮茶型氟中毒(长期使用含氟高的煤和无排烟道的土炉、灶,污染空气、粮食、蔬菜等,导致人群总摄氟量升高而致病)。

735. 地方病的发病特征是什么?

(1)在地方病病区内,地方病发病率和患病率都显著高于非地方病病区,或在非地方病病区内无该病发生。

(2)地方病病区内的自然环境中存在着引起该种地方病的自然因子。地方病的发病与病区环境中人体必需元素的过剩、缺乏或失调密切相关,或在疫区存在着病原微生物、寄生虫及其昆虫媒介和动物宿主的生长繁殖条件。

(3)健康人进入地方病病区同样有患病的可能,且属于危险人群。

(4)从地方病病区迁出的健康者,除处于潜伏期者以外,不会再患该种地方病,迁出的患者,其症状可不再加重,并逐渐减轻甚至痊愈。

(5)地方病病区内的某些易感动物也可罹患某种地方病。

(6)根除某种地方病病区自然环境中的致病因子,可使其转变为健康化地区。

736. 如何预防和控制地方病?

首先要健全地方病管理体制,提高专业队伍的防治水平;其次要建立长效、可持续的地方病监测系统;最后(最重要的)是做好地方病的预防。如化学元素性地方病要补充环境和机体缺乏的元素或限制环境中过多的元素进入机体,生物源性地方病要杀灭宿主和保护易感人群等。

第二节 克山病

737. 什么是克山病？

克山病是一种病因至今尚未完全明了的以心肌多发性灶状坏死为主要病变的地方性心肌病。

738. 克山病名称的由来？

克山病既然是一种以心肌病变为主的地方病，那为什么还要取名叫克山病呢？这得从它在我国的流行历史讲起：

据考证，克山病在我国已有百余年的历史。1907—1910年，该病在黑龙江省克山、克东、得都县，吉林省延吉、汪清、抚松县，辽宁省宽甸、新宾、桓仁县，河北省围场县和内蒙古自治区喀喇沁旗均有流行，其中以黑龙江省克山县的病情最为严重。黑龙江省克山县从1907年发生克山病到1945年的38年间，曾有过三次大流行。首次在1981年冬，仅刘大贵屯一地就因病死亡百余人；第二次是从1935年秋开始，仅县城镇西的202号屯286口人中，11月和12月就死亡57人；第三次是1941年，流行范围遍及县城北部各村，王显屯等12个村庄死亡216人，病区土地荒芜，十室九空。当地流传着“进了王显屯，跳了灶火门，妻死儿女散，落下单身汉”的民谣，是该病严重危害人民群众的真实写照。对这种猖獗流行的“无名”疾病，医学界虽然曾多次考察研究，但始终不能确定其病因，因此于1937年1月以地名命名该病。

739. 克山病分几型？各有何临床表现？

克山病可分四型：急型、亚急型、慢型和潜在型。

急型多发生于冬季，可因寒凉、过劳、暴饮暴食或分娩等诱因而发病，起病急骤。患者常表现为头昏、心难受、呕吐等，同时有血压下降、心音减弱、心律不齐等症状和体征。

亚急型是小儿克山病的一种类型，春夏发病，多表现为精神不振、食欲减退、面色灰暗、全身水肿、心脏向两侧扩大、舒张期奔马律、肝脏肿大。

慢型表现为充血性心力衰竭，心脏向两侧扩大，心尖部收缩期杂音肝脏肿大，下肢水肿，极似扩张型心肌病。

潜在型是各型克山病治疗之后或是克山病的早期改变。

740. 克山病与其他心脏病的区别是什么？

克山病是一种以心肌变性、坏死和修复过程为主的地方性心肌病。在发病上具有一定的地区性、时间性和人群多发性的特点，不同于一般的病毒性心肌炎或者其他类型的心肌病变，更不同于心包、心血管或心内膜疾患，是我国特有的一种呈慢性病程经过的独立的心肌疾病。

741. 引起克山病的原因是什么?

根据各地进行的大量研究,克山病的发病可能与水土营养感染等因素有关。据调查,本病有明显的地区性,病区的土壤、水和粮食中缺乏某些人体需要的微量元素如硒、钼、镁等,或有关的营养物质,从而干扰了心肌代谢,引起心肌损伤而患病;还有人认为本病为感染所引起,特别是嗜心肌病毒感染,如柯萨奇病毒、埃可病毒等引起的心肌炎、过敏性心肌炎或霉菌毒素引起的中毒性心肌炎等。

742. 克山病发病前有哪些征兆?

克山病病人在典型症状出现之前,常常会有一些不太引人注目的先兆表现,及时发现这些情况,对急性和亚急性克山病人的抢救治疗至关重要。例如,北方病区在冬季,常有些成年人(特别是青年妇女)突然头晕、恶心,周身无力,心慌气短,心前区难受,此时应注意是否患急性克山病而不是一般的感冒。西南病区在夏秋季节,如果孩子突然食欲缺乏,面色灰暗,恶心呕吐或腹泻不止,也应警惕患亚急性克山病的可能。

743. 克山病的发病特点是什么?

克山病的发病特点是具有在一定的地区、时间和人群多发,外来人口与当地居民连续3个月以上以同样方式生活方能发病;具有心脏病的症状或心功能不全的症状与体征,且能排除其他疾病者。

744. 克山病的诊断标准是什么?

具备克山病的发病特点并具备以下任何一条或其中一项表现又能排除其他疾病者:

(1)心脏扩大,急性或慢性心功能不全;

(2)心律失常、多发性室性早搏、心房纤颤、阵发性室性或室上性心动过速;

(3)奔马律,脑或其他部位栓塞。

辅助检查:

(1)克山病的诊断中X线诊断非常重要。主要特征是X线中心脏扩大、搏动减弱及肺淤血;

(2)心电图是克山病不可缺少的辅助检查手段。主要表现为房室传导阻滞、束支传导阻滞、ST-T改变、Q-T间期延长、阵发性室性或室上性心动过速、房扑或房颤、P波改变。

745. 怀疑得了克山病要做哪些检查?

怀疑得了克山病除必要的体格检查以外,还要做的辅助检查有心电图、X射线、超声心动图、心肌图以及实验室酶学检查等。

746. 克山病有哪些并发症和合并症?

血管栓塞是克山病的主要并发症。慢性、亚急性或急性克山病常因心脏附壁血栓脱落而致,可并发脑血栓、肺栓塞、肾栓塞或肠系膜栓塞。儿童亚急性克山病常合并上呼吸道感染、支气管和肺炎,多有发热、咳嗽等症状,要及早观察,以防病情加重或复杂化。

747. 预防克山病要做到哪几点？

预防克山病要尽可能做到“三早”，即早发现、早诊断、早治疗。

748. 克山病的治疗原则是什么？

急性克山病的治疗原则是重点保护心肌，减轻心脏负荷，改善心肌及全身代谢，增强心肌收缩力，纠正循环衰竭，调整心律失常和防治各种并发症；慢性克山病的治疗原则主要是控制心力衰竭和心律失常，并防止感染、过劳、受寒等诱因，以免加重心脏负担；亚急性克山病的治疗原则同慢型，伴有心源性休克者按急型治疗；潜在型克山病的治疗原则是防止感染、过劳，并注意营养，定期随访观察。

749. 如何预防克山病？

主要是针对可疑病因采取的硒预防、膳食预防和综合性预防等措施。硒预防的主要方式有硒片、硒盐、硒粮、高硒食品等。膳食预防主要指平衡膳食结构。综合性预防指改良水质，改善居住条件和环境卫生等。

750. 慢型克山病病人为什么要坚持长期服用强心药？

慢型克山病病人由于致病因子长期、大量、反复地作用于心脏，使得心肌细胞出现许多变性、坏死灶，整个心壁瘢痕累累，心脏功能受到严重损害，加上反复发作的心力衰竭，使心脏扩大，心壁变薄，心跳无力，难以完成推动全身血液循环的任务。对于如此严重的心脏病变，只有借助强心药的功效，纠正心律不齐以使心跳恢复正常节律，并且增强心脏肌肉的收缩能力，尽量保证血液循环的正常进行。因此，慢型克山病病人需要长期服用强心药。

751. 为什么硒不能治疗克山病？

多年来的研究表明，缺硒可使一些动物发生心肌病变并致细胞免疫及机体免疫功能下降，表现为抗体生成减少、对抗原反应降低、吞噬能力下降。适量的硒对缺硒造成的心肌损害有明显保护作用及抗氧化能力，还可改善机体抗感染的能力。硒又是谷胱甘肽过氧化物酶(GSH–px)的一个组成成分，该酶的主要作用是还原脂质过氧化物清除氧自由基，从而保护了细胞膜的完整性。缺硒时细胞膜就容易被致病因子所破坏，特别是含有较多线粒体的心肌细胞在缺硒状态下病变最为显著。一旦细胞膜遭到破坏，补充再多的硒也无济于事。所以说亚硒酸钠能够有效地预防克山病，但不能治疗克山病。

第三节　大骨节病

752. 什么是大骨节病？

大骨节病是一种原因未明的地方性、慢性、多发性、变形性骨关节病。我国又叫柳拐子病、水土病、算盘指病、骨节风等,多分布于山区和半山区,平原地区少见。其基本病变是发育中儿童的关节透明软骨的变形与坏死继发的骨关节炎。

753. 大骨节病的病因有哪些?

大骨节病的病因至今尚未完全明了,目前主要有三种病因学说,分别是生物地球化学学说、真菌霉素说和有机物中毒说。

(1)生物地球化学学说。大骨节病病区分布在低硒地带,低硒是大骨节病病区的基本环境因素。实验表明,大部分病区土壤硒总量在0.15 mg/kg以下,病区人群血尿、头发硒含量多低于非病区人群。补硒后,病区人群发硒水平上升,病情下降;但也有例外,如有些地区低硒,但不发生大骨节病,有些地方并不属于低硒地区,却有大骨节病发生。

(2)真菌霉素说。该学说认为病区谷物被某种镰刀菌污染并形成耐热的病毒物质,居民因食用含此种霉菌污染的食物而得病。

(3)有机物中毒说。该学说认为本病是由于饮水被腐殖物污染所致。

754. 大骨节病有哪些临床症状?

大骨节病常在不知不觉中起病。病人初期常出现自觉疲乏、四肢关节发紧等症状,早期症状主要表现为关节疼痛,指末节弯曲;随着病情进展,主要出现关节增粗、关节活动障碍、关节摩擦音、肌肉萎缩、短指(趾)畸形、短肢畸形、身材矮小等。

755. 大骨节病的临床特点有哪些?

(1)多发性受累关节多,除了手指、腕、肘、肩、踝、膝、髋关节外,脊柱、盆骨等也可发生改变。

(2)对称性左右两侧肢体关节同时受累,持重关节略重于对侧。

(3)非炎症性关节增粗,疼痛不伴有红肿、发热,无炎症性表现。

(4)休息后痛,且不传染、不遗传。

756. 大骨节病临床如何分度?

大骨节病在临床上按病情轻重分为三度。

Ⅰ度:病人指(趾)关节增粗;

Ⅱ度:病人出现短指(趾)、短肢畸形;

Ⅲ度:病人表现为身材矮小。

757. 如何预防大骨节病?

大骨节病重在预防,如果关节发生变形,其病变是不可逆的。根据大骨节病的几种病因学说而提出的预防措施主要有:补硒、改良水质、换粮、退耕还林或搬迁。

第四节　地方性氟中毒

758. 什么是地方性氟中毒?

地方性氟中毒是在特定的地理环境中发生的一种生物地球化学性疾病。它是在自然条件下,人们长期生活在高氟环境中,通过饮水、空气或食物等介质,摄入过量氟而导致的全身慢性蓄积性中毒。

759. 地方性氟中毒的发病机理是什么?

地方性氟中毒的发病机理至今尚未完全阐明。目前认为氟是机体生命活动的必需元素,它参与骨骼的代谢、维持牙齿的健康发育、促进机体的生长发育等。但当人体摄入过量的氟后,体内的钙、磷代谢平衡被打破。过量的氟与钙结合形成氟化钙,沉积于骨骼和软组织中,血钙因而降低,导致骨质脱钙的出现;氟化钙的形成一方面会使骨骼硬化,骨膜、韧带及肌腱钙化,另一方面又会使牙冠钙化不全,牙釉质受损;最终导致氟骨症和氟斑牙的发生。

760. 地方性氟中毒的临床表现主要有哪些?

地方性氟中毒在临床上主要表现为氟斑牙和氟骨症。

(1)氟斑牙的临床表现:

白垩型牙齿表面失去光泽,粗糙似粉笔,触之有细沙感,可呈点状或线状,重者可波及整个牙面。

着色型表面出现微黄色,逐年加重变为黄褐色或黑褐色。

缺损型牙釉质损坏脱落,有浅窝或斑样缺损。

(2)氟骨症的临床表现:

氟骨症发病缓慢,症状无特异性。常见的症状有疼痛、麻木、抽搐、僵硬等。临床上常表现为灵活自然的关节先是疼痛,而后僵硬或肢体变形,甚至残疾、肌肉萎缩、四肢麻木、下肢无力等。重者可表现为骨关节运动功能障碍,四肢关节活动受限,脊柱生理弯曲消失,活动范围减小等,轻者常无明显的体征。

761. 地方性氟中毒的治疗原则是什么?

由于发病机理尚不明确,故地方性氟中毒的治疗只能采取对症治疗的办法。其治疗原则是切断氟源,减少机体对氟的吸收,促进体内氟的排泄,改善生活条件等。

762. 如何预防地方性氟中毒?

预防的根本措施是降低水氟含量,使之达到生活饮用水卫生标准的要求。在有条件的地区采用引水、打深井等措施,使病区群众改用低氟水源;在无条件改换水源的地区,可利用理化除氟的方法来降低水氟含量。

第五节　碘缺乏病

763. 什么是碘缺乏病？

碘缺乏病是一种生物地球化学性疾病，是由于自然环境缺碘导致机体合成甲状腺激素不足而引起的以脑发育障碍和生长发育落后为主要损害的综合征。碘缺乏病最主要的危害是智力和体格发育的迟滞或永久障碍，其典型表现为地方性甲状腺肿和地方性克汀病。

764. 碘缺乏病的流行特点是什么？

碘缺乏病流行的原因是由于土壤中缺碘。其流行地区的特点是：地形倾斜、洪水或雨水冲刷严重、土壤中碘含量极少，一般规律是山区重于丘陵，丘陵重于平原，内陆重于沿海，乡村重于城市。

765. 碘缺乏病的发病机理？

碘是合成甲状腺激素必不可少的微量元素，甲状腺激素通过血液作用于靶器官，尤其是肝、肾、肌肉、心脏和发育中的大脑，机体必须维持一定水平的甲状腺激素才能保证正常的发育和生命活动。因而机体必须维持一定数量的碘摄入以保证甲状腺激素的合成。当机体摄入的碘不足时，血浆中碘化物浓度下降，甲状腺滤泡上皮不能浓集足够的碘来合成甲状腺激素，血浆中甲状腺激素的水平因而下降，通过反馈调节机制，垂体前叶促甲状腺激素分泌增加，刺激滤泡上皮细胞增生，这时甲状腺组织可见许多增生的小滤泡，滤泡上皮增多，细胞呈高柱状，致使甲状腺体积增大，长期的缺少甲状腺激素使得机体各器官的发育受到制约，甚至造成不可逆的损伤，这就是碘缺乏病的发病机理。

766. 甲状腺激素的主要生理作用是什么？

(1)产热作用：它能促进体内物质分解而产生热量和能量，从而维持正常体温，保持正常生命活动。当甲状腺激素不足时，病人除了出现甲状腺肿外，还可以表现为无力、劳动力低下、体温低、无欲望，严重者出现黏液水肿。

(2)对生长发育的作用：能促进骨骼、肌肉、性功能的发育，甲状腺激素缺乏时，病人表现为体格矮小、体重轻、上身长而下身短，性发育落后，生育功能低下等。

(3)促进脑发育：神经系统及脑发育依赖甲状腺激素，一旦缺乏会导致脑发育落后，出现后表现为不同程度的智力障碍。严重者则为克汀病，轻者为弱智。脑发育关键时期若缺乏必须依赖的甲状腺激素，则可导致不可逆的残障。

767. 如何诊断地方性甲状腺肿？

从缺碘到临床上确定为甲状腺肿需6～12个月。大多数的地方性甲状腺肿患者起病缓慢，初期体征表现为颈部变粗，呈弥漫性肿大，触诊质地软。若不及时治疗，则可逐渐发展到结节，此时触之质地较硬。其诊断可用触诊法(长期生活在缺碘地区的居民,甲状腺肿大超过本人拇指末节且可以观察到,并排除甲状腺功能亢进症、甲状腺炎、甲状腺瘤等疾病后,即诊断为地方性甲状腺肿)和B超法(长期生活在缺碘地区的居民,若甲状腺容积超过相应年龄段正常值,即诊断为地方性甲状腺肿)。

768. 地方性甲状腺肿如何分度?

分度标准:患者头颈部保持正常位置,此时可将甲状腺肿分为三度。

0度:甲状腺看不见,不容易摸得着。

Ⅰ度:甲状腺看不见,容易摸得着。

Ⅱ度:甲状腺看得见,摸得着。

769. 地方性甲状腺肿如何分型?

临床上将地方性甲状腺肿分为弥漫型、结节型、混合型。

弥漫型:甲状腺均匀增大,B超检查不到结节。

结节型:在甲状腺上可查到一个或多个结节。

混合型:在弥漫肿大的甲状腺上可查到一个或多个结节。

770. 地方性克汀病的症状是什么?

克汀病患者的症状有精神发育迟滞、听力和语言功能障碍、神经运动功能障碍、甲状腺肿大、生长发育落后、甲状腺功能减退等,体征表现为体格矮小、性发育落后、肌肉松弛、皮肤粗糙、代谢低下、精神萎靡等。

771. 地方性克汀病临床如何分度?

根据中国精神疾病分类与诊断标准,将地方性克汀病分为轻、中、重三种。

重度:IQ<25,没有基本的生活能力;不能从事劳动;不理解语言;没有数的概念;聋哑。

中度:IQ在25~39之间,有基本的生活能力;能参加简单的家务劳动;仅能理解简单的语言和加减法;仅能说简单的几个字。

轻度:IQ在40~54之间,能自理日常生活;能从事一般的家务活或田间粗活;能听懂简单的话,但抽象运算困难;能说简单的句子,但语言不清楚。

772. 地方性克汀病的临床分型有哪些?

地方性克汀病的临床分型有以下三种:

神经型:以明显的智力落后和神经损伤综合征为主要临床表现,特点是智力障碍、聋哑、神经运动功能障碍、体格发育落后。

黏液水肿型:以黏液水肿为特征和甲状腺功能减退为主要表现,特点是甲状腺功能减退、黏液水肿、生长发育迟滞、性发育落后、克汀病面容。

混合型:兼具以上两种类型的主要表现。既具有明显的神经损伤,又有明显的甲状腺功能减退。

773. 如何预防和治疗碘缺乏病?

碘缺乏病病因明确,可防可治,最根本的防控措施就是坚持长期食用合格碘盐。

治疗一般采取补碘干预措施。

774. 一般人每日需要摄入多少碘?

人体摄入的碘,一般都是从粮食、蔬菜、饮水、动物性食品中获得,碘的地区性差异明显,从而影响人的摄入水平。为保护人体正常生理功能,每日需要摄入的碘量:2～6岁90微克;7～12岁120微克;12岁以上150微克;孕妇及哺乳期妇女200微克。

775. 居民购买、存放和食用碘盐应注意什么?

碘盐必须有包装和碘盐标志。居民在购买碘盐时,要辨认清楚。购买的碘盐要妥善保存:

(1)盛放碘盐的器皿应为棕色遮光的瓶或陶瓷罐,并要有盖。

(2)碘盐应放在阴凉、干燥处,避免受日光直射和吸潮,离开灶台存放,避免高湿影响。

(3)碘盐存放时间不宜过长,应随用随买,适当储备。

为防止碘丢失,食用碘盐时应注意:

(1)不能用水淘洗。

(2)炒菜、烧菜和煮汤菜时,不宜过早放盐,宜在食物快熟时放入。

(3)不要把碘盐放在锅里炒,更不要放在锅里煎炸。

776. "全国碘缺乏病宣传日"是哪一天?

为了提高国民对"碘缺乏病"危害的认识,促进国民身体健康,我国提出:5月15日为"全国碘缺乏病宣传日"。

第六节 地方性砷中毒

777. 什么是地方性砷中毒?

地方性砷中毒属于生物地球化学性疾病,是指在特定地理环境下的居民长期通过饮水、空气、食物摄入过量的无机砷而引起的,以皮肤色素脱失、着色、角化及癌变为主的全身性的慢性中毒性疾病。

778. 地方性砷中毒的病因?

地方性砷中毒主要是由于长期摄入过量的无机砷而引起。无机砷是国际癌症研究中心确认的人类致癌物。在地方性砷中毒病中,最常见的是三价态和五价态无机砷,其毒性以三价态砷最大。

779. 地方性砷中毒有哪几种类型?

根据人们生活性接触砷的不同方式,可分为饮水型地方性砷中毒和燃煤污染型地方性砷中毒。

780. 地方性砷中毒的临床特征有哪些？

地方性砷中毒的主要病变特征在皮肤，主要表现为非暴露部位皮肤的色素沉着、色素脱失和掌跖角化，严重者可以导致皮肤癌的发生。常人接触砷数周后，即可发生慢性中毒。慢性砷中毒会使手脚掌的皮肤角化、变硬，身体的皮肤色素沉着或脱失。同时，它会造成脑神经和周围神经损伤，包括视神经萎缩、听力下降、嗅觉降低。其他症状还包括由末梢血液减慢引起的手脚发凉以及肢端坏死等。长期的慢性砷中毒可能导致恶性肿瘤发病的增加，以呼吸、消化系统肿瘤高发最为明显。

781. 如何预防地方性砷中毒？

预防地方性砷中毒的根本措施是切断砷源。在饮水型砷中毒病区，可通过改换合格饮用水或理化除砷的方法来预防地方性砷中毒；在燃煤污染型砷中毒病区，可通过改炉改灶、燃用低砷煤、改变生活环境和生活方式等措施来减少机体对砷的摄入，从而达到预防地方性砷中毒的目的。

第七节　布鲁氏菌病

782. 什么是布鲁氏菌病？

布鲁氏菌病又称“地中海弛张热”、“马尔他热”、“波浪热”或“波状热”，是由布鲁氏菌属的细菌侵入人体引起的人畜共患的传染—变态反应性疾病，其临床特点为长期发热、多汗、关节痛及肝脾肿大等。

783. 布鲁氏菌病有哪些危害？

布鲁氏菌病的损失是双重的。首先影响人体的健康，其次是阻碍畜牧业的发展，以及由此造成的经济损失。

784. 布鲁氏菌病的传染源是什么？

目前已知有60多种家畜、家禽、野生动物是布鲁氏菌的宿主。与人类有关的传染源主要是羊、牛和猪，其次是犬。染菌动物首先在同种动物间传播，造成带菌或发病，随后波及人类。病畜的分泌物、排泄物及乳类含有大量病菌，如实验性羊布氏菌病流产后每毫升乳含菌量高达3万个以上，带菌时间1.5～2年，所以是人类较危险的传染源。各型布鲁氏菌在各种动物间有转移现象。羊、牛、猪是重要的经济动物，家畜与畜产品与人类接触密切，从而增加了人类感染的机会。患者也可以从粪、尿、乳向外排菌，但人传人的实例很少见到。

785. 布鲁氏菌病的传播途径是什么？

(1)经皮肤黏膜接触传染，直接接触病畜或其排泄物、阴道分泌物、娩出物或在饲养、挤奶、剪毛、屠宰以及加工皮、毛、肉等过程中没有注意防护，可经皮肤微伤或眼结膜受染；也可间接接触病畜污染的环境及物品而受染。

(2)经消化道传染，食用被病菌污染的食品、水或食生乳以及未熟的肉、内脏而受染。

(3)吸入布鲁氏菌污染的尘埃或气溶胶，可发生呼吸道感染。

(4)其他如苍蝇携带、蜱叮咬也可传播本病，但重要性不大。

786. 布鲁氏菌病的发病机理是什么？

病菌自皮肤或黏膜侵入人体，随淋巴液到达淋巴结，被吞噬细胞吞噬。如吞噬细胞未能将菌杀灭，则细菌在细胞内生长繁殖，形成局部原发病灶。此阶段称为淋巴源性迁徙阶段，相当于潜伏期；细菌在吞噬细胞内大量繁殖导致吞噬细胞破裂，随之大量细菌进入淋巴液和血液循环形成菌血症；在血液里细菌又被血流中的吞噬细胞吞噬，并随血流带至全身，在肝、脾、淋巴结、骨髓等处的单核吞噬细胞系统内繁殖，形成多发性病灶。

787. 布鲁氏菌病的临床分期有哪些？

(1)急性期：发病3个月以内，凡有高热者和有明显其他症状、体征(包括慢性期急性发作)，并出现较高的血清学反应者。

(2)亚急性期：发病在3～6个月，凡有低热和有其他症状、体征(有慢性炎症)，并出现血清学实验阳性、皮肤变态反应实验阳性者。

(3)慢性期：发病6个月以上，体温正常，有布鲁氏菌病症状、体征，并出现血清学实验阳性或皮肤变态反应实验阳性者。

(4)残余期：体温正常，症状、体征固定或功能障碍往往因气候变化，劳累过度而加重者。

788. 布鲁氏菌病的临床分型有哪些？

(1)内脏型：心脏血管型、肺型、肝脾型。

(2)骨关节型：关节损害、骨损害、软骨损害、综合损害。

(3)神经型：周围神经系统损害、中枢神经系统损害。

(4)精神型：出现精神病症状者。

(5)泌尿生殖型：睾丸、附睾损害，子宫、卵巢、输卵管损害，肾脏损害。

(6)外科型：有固定的隐性病灶，需要外科手术者。

789. 布鲁氏菌病的治疗原则是什么？

制止疾病过程的进展，防止由急性转为慢性，减少复发，消灭后遗症。

第八节　包虫病

790. 什么是包虫病？

包虫病是棘球绦虫的幼虫寄生在人体所致的一种人兽共患寄生虫病，呈世界性分布，畜牧业发达的国家和地区多见。我国包虫病高发流行区主要集中在高山草甸地区及气候寒冷、干旱少雨的牧区及半农半牧区，以新疆、青海、甘肃、宁夏、西藏、内蒙古、陕西、河北、山西和四川北部等地较为严重。

791. 包虫病是如何分类的？

按包虫囊肿寄生部位的不同，包虫病可分为肝包虫病、肺包虫病、脑包虫病等。按包虫囊肿数量的多少，可分为单发性包虫病和多发性包虫病两种。按包虫囊肿寄生宿主的不同，可分为人体包虫病、动物包虫病、家畜包虫病或牛羊包虫病等。按包虫囊肿发生途径的不同，可分为原发性包虫病和继发性包虫病两种。按包虫囊肿性质的不同，又可分为囊型包虫病和泡型包虫病两种。囊型包虫病是由细粒棘球绦虫的幼虫所引起，泡型包虫病是由多房棘球绦虫的幼虫所引起。

792. 包虫病有哪些主要危害？

包虫病对人体所造成的直接危害主要是机械性压迫和毒素作用，其危害程度与包虫囊肿的寄生部位、大小、数量、性质及并发症关系密切。

早期包虫病患者没有明显症状和体征，随着时间推移，包虫囊肿逐渐增大，开始挤压周围组织器官而出现症状：肝包虫常引起肝区隐痛，坠胀不适，上腹饱满，食欲不佳等；巨大肝包虫可使膈肌抬高压迫肺脏，致使呼吸困难。肺包虫常伴有胸部隐痛或刺痛；巨大肺包虫可由于挤压支气管而引起干咳，也可由于压迫肺组织而产生胸闷气短。其他脏器如脑、肾、心等包虫病，其后果更为严重。

793. 人和牛羊等食草动物是如何感染上包虫病的？

人和牛羊等食草动物都对包虫易感，只要生活在包虫病流行区尤其是高发流行区，时刻都有误食棘球绦虫卵而被感染上包虫病的可能。棘球绦虫卵是由棘球绦虫的成虫排出来的。棘球绦虫的成虫寄生在狗和狼、狐狸等食肉动物的小肠里，到了一定时期，就会不断地随着动物粪便排出大量虫卵，散布到周围环境当中。牛羊等食草动物很容易在吃草时食入被虫卵污染的草或在喝水时饮入被虫卵污染的水而被感染患病。人则由于饮用了被虫卵污染的水源和食物，或者通过玩狗、捕杀野生动物等方式污染了虫卵的手而被感染患病。虫卵被误食以后，首先在胃肠消化液的作用下，幼虫(六钩蚴)由卵内钻出，再进入肠道的血管里，这样就被血液循环带到身体的许多脏器或组织里，并在合适的地方停留下来，或者慢慢生长发育成一个充满液体而且液体里含有大量原头节和许多子囊或孙囊的囊型包虫，或者呈浸润型，生长发育成像癌症一样可怕、临床上有“虫癌”之称的泡型包虫。

794. 狗等食肉动物是怎样成为包虫病传染源的？

由于狗等食肉动物吃了牛羊等食草动物体内含有包虫囊肿的内脏组织后，包虫囊内的原头节在胃蛋白酶和胆汁等的作用下于十二指肠上段内发生外翻，然后用头钩和吸盘牢固地附着在肠壁上，经过45天左右就会长出成千上万的棘球绦虫，进而排出棘球绦虫卵，发挥其传染源的作用。如此循环愈演愈烈，导致包虫病的流行越来越严重，结果给人和牛羊等食草动物造成的危害也越来越大。

795. 人体包虫病如何诊断与治疗？

(1)有在流行区居住、工作、旅游或狩猎史，或与犬、牛、羊等家养动物或狐、狼等野生动物接触史；在非流行区有从事来自流行区的家畜运输、宰杀、畜产品和皮毛产品加工等的接触史。

(2)B超扫描、X线检查、CT或磁共振成像检查发现包虫病的特征性影像；发现占位性病变并查出包虫病相关的特异性抗体或循环抗原或免疫复合物；病原学检查发现棘球蚴囊壁、子囊、原头节或头钩等。

(3)排除其他原因所致肝、肺等器官的占位性疾病。

796. 如何预防和控制包虫病？

包虫病是可以预防控制的。只要积极实施预防控制措施，就可以保护包虫病流行区的健康人及外来者不被感染，减轻包虫病的危害。对于包虫病的预防控制，关键在于消灭传染源，切断传播途径，提高人和家畜的抗病能力。具体措施如下：

(1)加强狗的管理，积极开展狗的驱虫治疗。在农牧区提倡尽可能少养狗，控制狗的数量。坚决捕杀野狗、病狗及无用狗。对于有用狗，要登记挂牌，纳入统一管理；要拴养家犬，不可乱喂家畜内脏，减少狗的感染机会；要定期(6周左右)投药(吡喹酮5毫克/公斤体重) 或在狗的皮下埋植吡喹酮长效缓释药棒予以驱虫，降低狗的感染率，并保证环境不被污染。

(2)加强屠宰管理。凡开展集中家畜屠宰的机构和部门应主动接受有关部门的卫生监督，严格处理感染包虫囊肿的内脏，决不能乱扔和喂狗。零散的家庭屠宰，应将有病的牲畜内脏做深埋、焚烧处理或煮熟后喂狗。冬春季病死牲畜也应做深埋或焚烧处理，否则野犬或野生食肉动物如狼、狐等也可能在感染发病后进一步传播给人和家畜。

(3)养成良好的卫生习惯。避免接触狗及野生食肉动物以及易被这些动物粪便污染的物品，养成饭前便后洗手的良好卫生习惯，防止病从口入。

(4)改善饮水卫生。提倡打井取水或饮用自来水，同时人们应自觉行动起来，共同保护水源，防止水源污染。

(5)加强健康教育。知识贫乏和不良的健康行为是导致包虫病传播流行的根本原因，除政府部门应在流行区内大力宣传包虫病的预防知识外，广大干部群众应当互相帮教，提高群众防控能力。尤其应在高发流行区中、小学校开设预防包虫病科普课程，并通过中小学生广泛向家庭和社会宣传。

(6)保护易感人群和家畜群。对于初次进入流行区或接触了传染源的人群以及流行区内的家畜，均可实施预防性投药(丙硫咪唑，20毫克/公斤体重)，以提高抗病能力。

第九节　黑热病

797. 什么是黑热病？

黑热病又称内脏利什曼病，是由杜氏利什曼原虫引起、经白蛉传播的慢性地方性传染病。

798. 什么是利什曼病？

利什曼病（又称利什曼原虫病）是由利什曼原虫寄生在人、犬中的一种严重的人畜共患病。以皮肤或内脏器官的严重损害、坏死为特征。按照临床表现分为内脏利什曼病、黏膜皮肤利什曼病和皮肤利什曼病。

799. 黑热病的发病机理是什么？

当传播媒介白蛉吸取了患者或感染了利什曼原虫动物宿主的血液后，组织内的利什曼原虫无鞭毛体被吸入白蛉胃内，在白蛉胃内变成前鞭毛体并分裂繁殖，白蛉吸血一周左右，前鞭毛体可抵达白蛉的咽部或喙部。此时的白蛉吸血时，前鞭毛体就会侵入人或动物体内，前鞭毛体在人或动物体内被吞噬细胞吞噬，变成无鞭毛体。无鞭毛体在吞噬细胞内大量增殖，最后导致吞噬细胞破裂，释放出的无鞭毛体又被吞噬细胞吞噬，如此循环反复，引起病变。

800. 黑热病有什么临床症状？

临床上以长期不规则发热、进行性脾肿、消瘦、贫血、白细胞减少及血浆球蛋白增高为特征。

801. 黑热病的诊断标准是什么？

凡黑热病流行区内的居民，或在白蛉季节内（5—9月）有流行区居住史的人员，有长期不规划发热、脾脏呈进行性肿大等临床表现者，必须进行病原学检查。骨髓、脾或淋巴结穿刺物涂片查见利什曼原虫，或将穿刺物接种于三N培养基内培养出利什曼原虫的前鞭毛体均可确诊。

免疫诊断实验阳性结果有辅助诊断价值，如用间接荧光抗体试验（IFAT）、酶联免疫吸附试验（ELISA）、PVC薄膜快速ELISA、间接血凝（IHA）等方法检测抗体，或用单克隆抗体斑点-ELISA（McAb斑点-ELISA直接法）、单克隆抗体—抗原斑点试验（McAb-AST法）以及单克隆抗体—酶联免疫电泳转移印斑试验（EITB）检测循环抗原。

802. 如何治疗黑热病？

（1）病原治疗

①葡萄糖酸锑钠（斯锑黑克）

6日疗法：成人锑总量120～150毫克/千克，儿童锑总量200～240毫克/千克，平均分为6次，每日肌肉或静脉注射1次，6天为1个疗程。用于初治病例、皮肤型、淋巴结型病人。必要时可治疗2～3个疗程。

3周疗法：成人锑总量133毫克/千克，儿童锑总量200毫克/千克，平均分为6次，每周肌肉或静脉注射2次，3周为1疗程。此法适用于体质差或病情较重的患者以及淋巴结型病人。

8日疗法：总剂量在6日疗法的基础上增加1/3，平均分为8次，每天1次。适用于经一疗程未愈或复发的病人、皮肤型黑热病人。

②戊烷脒4毫克/千克每日或隔日肌肉注射1次，总量为60毫克/千克。

③羟脒芪每次2～3毫克/千克肌肉或静脉注射，总量为85毫克/千克。

(2)支持与对症治疗

803. 黑热病如何预防？

(1)健康教育：在流行区进行黑热病防治知识的宣传，提高居民自我保护意识与能力。

(2)消灭病犬：在黑热病流行区，对感染内脏利什曼原虫的犬要及时杀灭。在病犬较多的地区，应动员群众少养或不养家犬，杀灭野犬。

(3)灭蛉：在黑热病流行的平原地区，如媒介白蛉的密度较高，应于白蛉季节初使用杀虫剂喷洒住屋和宿舍。在山丘、荒漠地带于白蛉季节内查见病人后，可用杀虫剂喷洒病家及其四周半径15米之内的住屋和畜舍，以歼灭自外入侵室内的白蛉。

(4)防蛉：使用蚊帐、蚊香，燃点干燥的野艾烟熏；不露宿，提倡装置细孔纱门窗。在山丘地带的黑热病疫区内，可在白蛉季节用杀虫剂喷淋家犬，以杀死或驱除叮咬吸血的白蛉。

第十节 疟 疾

804. 什么是疟疾？

疟疾俗称“打摆子”、“发疟子”，是疟原虫寄生于人体所引起的传染病。

805. 疟疾的病原体是什么？

疟疾是由感染疟原虫(间日疟原虫、三日疟原虫、卵型疟原虫、恶性疟原虫四种)引起的，临床上以间歇性发冷、发热、肝脾肿大为特征。

806. 疟疾的传播途径是什么？

疟疾的自然传播媒介是按蚊。按蚊的种类很多，可传播人疟疾的有60余种。据其吸血习性、数量、寿命及对疟原虫的感受性，我国公认中华按蚊、巴拉巴蚊、麦赛按蚊、雷氏按蚊、微小按蚊、日月潭按蚊及萨氏按蚊等为主要传疟媒介按蚊。人被有传染性的雌性按蚊叮咬后即可受染。

807. 疟疾的发病机理是什么？

疟疾是由疟原虫引起的疾病。疟原虫在红细胞内摄噬血红蛋白产生代谢产物及疟色素，当裂殖体成熟后胀破红细胞，随同裂殖子一起进入血流，作用于体温调节中枢引起发热及其他有关症状。不同种的原虫裂体增殖时间不一致，因而临床发作周期也不一致，一般间日疟和卵形疟为隔日一次，三日疟隔两天一次，恶性疟由于原虫发育不整齐，遂使发作不规律，且恶性疟原虫的红细胞内期裂体增多在内脏微血管内进行，易致内脏损害。

808. 疟疾的分类有哪些？

根据疟原虫的不同种类，疟疾在临床上可分为间日疟、三日疟、卵形疟和恶性疟等类型。

809. 疟疾有哪些症状？

(1)典型的临床表现：有周期性发冷、发热、出汗等症状，每天或隔天或隔两天发作一次，重症病例可出现昏迷等症状。

(2)不典型的临床表现有：发热、发冷、出汗等症状，但热型和发作周期不规律，有类似感冒症状或伴有腹泻等胃肠道症状，也可有头痛、妄语和昏迷等中枢神经系统症状。

810. 如何治疗疟疾？

间日疟患者一般采用磷酸氯喹加磷酸伯氨喹治疗，在第二年春季还要采用伯氨喹再进行一次抗复发治疗；非重症恶性疟患者可口服青蒿素类复方制剂，如双氢青蒿素哌喹片、青蒿琥酯/阿莫地喹片、复方磷酸萘酚喹片和复方青蒿素片等进行治疗；重症恶性疟患者应采用青蒿琥酯或蒿甲醚针剂进行抗疟治疗。

811. 抗疟药的使用原则是什么？

抗疟药的使用应遵循安全、有效、合理和规范的原则。根据流行地区的疟原虫虫种及其对抗疟药物的敏感性和患者的临床表现，合理选择药物，严格掌握剂量、疗程和给药途径，以保证治疗效果和延缓抗药性的产生。

(1)间日疟治疗药物。首选磷酸氯喹片、磷酸伯氨喹片。治疗无效时，可选用以青蒿素类药物为基础的复方或联合用药的口服剂型进行治疗。

(2)恶性疟治疗药物。以青蒿素类药物为基础的复方或联合用药(ACT)，包括青蒿琥酯片加阿莫地喹片、双氢青蒿素哌喹片、复方磷酸萘酚喹片、复方青蒿素片等。

(3)重症疟疾治疗药物。青蒿素类药物注射剂，包括蒿甲醚和青蒿琥酯；磷酸咯萘啶注射剂。

812. 疟疾预防措施有哪些？

疟疾的预防主要应控制传染源，治疗患者及带虫者，灭蚊是切断疟疾传播的重要措施，提倡使用蚊帐、蚊香等防蚊措施，非流行区的居民进入流行区时，可服用乙胺嘧啶、哌喹等药物或复方制剂进行预防。

第十一节　麻风病

813. 什么是麻风病？

麻风病是由麻风分枝杆菌感染所引起的一种慢性接触性传染病。主要侵犯人体皮肤和神经，严重者可累及深部组织和内脏器官，如不早发现、早治疗，可造成眼、手、足的畸残。

814. 麻风病的流行历史？

麻风病是古老的疾病之一，在全球广发流行已有3000多年，为世界三大慢性传染病之一。

815. 麻风病的传染源是什么？

一般认为麻风病的传染源是未经治疗过的麻风病患者，其中多菌型患者是最重要的传染源，多菌型患者的传播效率是少菌型患者的4～11倍。多菌型患者的家庭接触者发生麻风病的危险性是一般人群的5～10倍。

816. 麻风病是怎样传染的？

一般来说有直接和间接接触两种传染方式。直接接触传染是指与麻风病人长期密切接触，如同吃、同住而被感染的，这种传染的可能性较大；间接接触传染是指健康人使用麻风病人用过的毛巾、手帕、食具、生产工具等而被感染，但这种传染的可能性很小。

817. 感染麻风病要具备哪些条件？

健康人感染麻风病必须同时具备三个条件：一是与传染性麻风病人或传染性麻风病人排出的麻风杆菌所污染的东西长期密切接触；二是本人皮肤有破损，且感染了麻风杆菌；三是机体对麻风杆菌抵抗力低下。三者缺一都很少感染上麻风病，最主要的还是决定于机体对麻风杆菌的抵抗力。

818. 麻风病的潜伏期有多长？

从麻风杆菌侵入人体到出现症状，这段时间叫做潜伏期。麻风病的潜伏期一般2～5年，最长可达10余年。

819. 麻风病有哪些主要症状？

麻风病有如下主要症状：(1)肌肉溃疡；(2)脚底穿洞；(3)不能合眼(兔眼)；(4)鹰爪指；(5)鞍鼻；(6)手断脚断；(7)眉毛脱失；(8)神经粗大；(9)皮肤颗颗；(10)狮子脸。

820. 麻风病有哪些病变类型？

由于患者对麻风杆菌感染的细胞免疫力不同，病变组织有不同的组织反应。据此而将麻风病变分为下述两型和两类：结核样型麻风、瘤型麻风和界限类麻风、未定类麻风。

821. 麻风病会遗传吗?

麻风病是不会遗传的。因为麻风病是细菌性所致的一种传染性疾病。麻风病人所生的婴儿,只要在出生后及时和母亲隔离抚养,就不会得上麻风病。至于某些病人的个别子女也得上麻风病,那是由于患麻风病的父亲或母亲对子女没有做好预防隔离工作而长期密切接触被传染上麻风病,这和遗传并无关系。

822. 怎样预防麻风病?

麻风病的预防主要在于早期发现、早期治疗。各级医院要普遍开展皮肤科门诊,实行对现症病人的家属及其密切接触者进行健康检查,做到早发现、早治疗;在社区(村委会)开展宣传,为广大人民群众普及麻风病防治知识,搞好爱国卫生运动,增强体质,减少发病。

823. 麻风病的畸形是怎样造成的?

麻风病的畸形有面瘫、勾手、吊脚等。其原因是病情发展时,面部或四肢的神经受到了麻风菌的侵犯而引起畸形的。也有在治疗过程中,出现麻风反应引起神经痛时,处理不当促使畸形发生。

824. 什么是麻风反应?

在麻风病的慢性过程中,麻风病人可突发症状活跃,出现新皮损、半恶寒、发热等急性或亚急性症状,这种变态反应性现象称为麻风反应。通常可分为Ⅰ型、Ⅱ型和混合型麻风反应,处理不及时会导致病人畸残。

825. 麻风病的治疗期限有多长?

一般情况下,少菌型麻风治疗6个月即可治愈,多菌型麻风24个月即可治愈。

826. 麻风病皮损和癣病的区别是什么?

麻风皮损和癣病是有显著的区别。通常癣病是发痒的,而麻风病是麻木的,不知痛痒。常见有些旧的红斑中心部可自行消退,变成环形。另外有些病人的筋(浅神经)可以肿大,有的呈棱形,常变硬。

827. 麻风病人需要隔离治疗吗?

麻风病人不应与家人和社会隔离,治疗就在家进行,病人只要服1周药后,基本上就失去传染性。病人在家治疗不但可和家人一起生活,而且可以从事工作。

828. 世界防治麻风病日是哪一天?

世界卫生组织为了广泛宣传麻风知识,消除人们对麻风的误解,改善麻风病人的生活待遇,促进消灭麻风病伟大事业的发展,决定将每年1月的最后一个星期日定为“国际防治麻风病日”,即国际麻风节。

第七章　慢性非传染性疾病

第一节　慢性病总论

829. 我国慢性病防控的背景怎么样?

随着近年来基本公共卫生服务均等化等国内新医改举措的实施,全民健身条例的贯彻落实等为全国慢性病防治工作带来了前所未有的机遇,但是我国慢性病防控形式依然十分严峻。主要表现在:慢性病占我国居民总死亡的构成从20世纪70年代的53%上升至2005年的82%;目前高血压患者超过2亿,糖尿病患者9700多万,肥胖患者1.2亿,他们中的绝大多数人是劳动力人口;我国现有3亿人在吸烟,80%的家庭人均食盐摄入量超标, 慢性病经济负担占我国疾病总经济负担的比例由1993年的54%上升至2009年的69%;但是,目前仅有47%的市级疾病预防控制机构和22%的县级疾病预防控制机构设立了专门慢性病防治机构,慢性病防治经费仅占疾病预防控制机构总经费的2%左右。因此,全力推进慢性病防治工作已经刻不容缓。

830. 什么是慢性非传染性疾病?

慢性非传染性疾病简称"慢性病",主要指由职业、环境因素、生活与行为方式等暴露引起的,以发病率、致残率、死亡率、医疗费用高等为特征的,并有明确预防措施的,长期的、不能自愈的、几乎不能被治愈的、一般没有传染性的一组疾病。

在世界卫生组织定义的三组疾病中,传染病、营养不良性疾病与孕产期疾病属于第一组,各种伤害属于第二组,而慢性非传染性疾病则属于第三组。该类疾病一般无传染性,但某些慢性非传染性疾病的发生可能与传染因子有关或由慢性传染疾病演变而成。

831. 慢性非传染性疾病的疾病特点是什么?

(1)病因复杂,发病与多个行为因素有关,如吸烟、酗酒、不合理膳食、缺乏体力活动。

(2)潜伏期较长,没有明确的发病时间。

(3)病程长,随着疾病的发展,表现为功能进行性受损或失能,对健康损伤严重。

(4)很难彻底治愈,表现为不可逆性。

832. 慢性非传染性疾病的危险因素是什么?

(1)遗传因素:与遗传基因有关。

(2)环境因素:吸烟率升高,食物结构改变,体力活动减少,长期过量饮食,肥胖,城市化趋向,人口老龄化,病毒感染、自身免疫、化学毒物接触等因素。

(3)精神因素:精神紧张、情绪激动及各种应激状态。

833. 慢性非传染性疾病主要包括什么疾病?

当前主要指心脑血管疾病、恶性肿瘤、一些内分泌和代谢性疾病、慢性阻塞性肺部疾病、精神心理性疾病等。

834. 什么是慢性病的三级预防?

(1)一级预防又称病因预防,是在疾病尚未发生时针对病因(或危险因素)所采取的措施,也就是"防病于未然"。一级预防是预防、控制和消灭疾病的根本措施,它包括健康促进和健康保护两方面内容。

(2)二级预防又称临床前期预防,即在疾病的临床前期做好早期发现、早期诊断、早期治疗的"三早预防",以控制疾病的发展和恶化,防止疾病复发或转为慢性。二级预防的核心是早期诊断,早期诊断的前提在于早期发现,早期诊断可以早期治疗,从而改善预后。

(3)三级预防又称临床预防,是对已患病者采取及时有效的治疗措施,防止病情恶化,预防并发症和伤残;对已丧失劳动力或残疾者主要促使功能恢复,进行家庭护理指导,使病人尽量恢复生活和劳动能力,并能参加社会活动及延长寿命。

835. 健康生活方式的"十六字方针"是什么?

合理膳食、戒烟限酒、适量运动、心理平衡。

836. 什么是膳食指南?

膳食指南(或称膳食指导方针、膳食目标),是针对各国各地区存在的营养问题而提出的一个通俗易懂、简明的合理膳食基本要求,每隔几年,根据人群营养的新问题、新趋势修订一次。在一个国家,膳食指南可有几个,我国有《中国居民膳食指南》和《特定人群膳食指南》,它们的目的是指导人们采用平衡膳食,获取合理营养和促进身体健康。

837.《中国居民膳食指南》的内容有哪些?

(1)食物多样,谷类为主;

(2)多吃蔬菜、水果和薯类;

(3)常吃奶类、豆类或其制品;

(4)经常吃适量鱼、禽、蛋、瘦肉,少吃肥肉和荤油;

(5)食量、体力活动要平衡,保持适量体重;

(6)吃清淡少盐的膳食;

(7)饮酒应限量;

(8)吃清洁卫生、不变质的食物。

838. 什么是碳水化合物?

碳水化合物也称糖类,是由碳、氢、氧三种元素组成的一类化合物,营养学上一般将其分为四类:单糖、双糖、寡糖和多糖。

(1)单糖:食物中的单糖主要为葡萄糖、果糖、半乳糖。

(2)双糖:常见的天然存在于食物中的双糖有蔗糖、乳糖和麦芽糖等。

(3)寡糖:比较重要的寡糖是存在于豆类食品中的棉子糖和水苏糖。

(4)多糖:营养学上具有重要作用的多糖有三种,即糖原、淀粉、纤维。

839. 什么是膳食纤维?

纤维是存在于植物中不能被人体消化吸收的多糖。但由于其特有的生理作用,营养学上将它作为重要的营养素。存在于食物中的各类纤维统称为膳食纤维,根据其水溶性不同,一般分为可溶性纤维和不溶性纤维。

可溶性膳食纤维能吸水膨胀,吸附并延缓碳水化合物在消化道的吸收,减弱餐后血糖的急剧升高,有助于患者的血糖控制,同时还具有降血脂的作用。不溶性膳食纤维能促进肠蠕动,加快食物通过肠道,减少吸收,具有间接缓解餐后血糖升高和减肥的作用。

第二节 心、脑血管性疾病的预防和控制

840. 什么是心、脑血管性疾病?

心、脑血管性疾病就是心脏血管疾病和脑血管疾病的统称,泛指由于高脂血症、血液黏稠、动脉粥样硬化、高血压等所导致的心脏、大脑及全身组织发生缺血性或出血性疾病。心、脑血管性疾病是目前危害人类健康和生命的重要疾病之一,在世界各国,心、脑血管性疾病均占总死因的很大比例,尤以冠心病、脑卒中所占比例最高。

(1)心血管疾病,是由于动脉血管内壁有脂肪、胆固醇等沉积,并伴随着纤维组织的形成与钙化等病变,即动脉硬化。这种病变发展至心脏冠状动脉时则形成冠心病,包括心绞痛、心肌梗死以及急性死亡。

从正常动脉到无症状的动脉粥样硬化、动脉搏管狭窄,需要十余年到几十年的时间;但从无症状的动脉硬化到有症状的动脉硬化,如冠心病或脑中风,只需要几分钟。很多病人因为毫无思想准备,也没有预防措施,所以死亡率很高。心脏病、高血压、高脂血症等都属于心血管病。

(2)脑血管疾病,是指由于各种原因导致的脑血管的堵塞或破裂,致使脑血管功能障碍,引起相关症状。它是一种危害人民健康,威胁生命,影响劳动力的常见病和多发病。常见的脑血管病大致可以分为缺血性脑中风和出血性脑中风。出血性脑中风包括脑出血和蛛网膜下腔出血两种疾病;缺血性脑中风包括脑血栓、脑栓塞、腔隙性脑梗死和短暂性脑缺血发作四种疾病。

841. 心、脑血管性疾病的病因是什么?

(1)高血压,长期高血压可使脑动脉血管壁增厚或变硬,管壁变细;

(2)血液黏稠;

(3)吸烟;

(4)血管壁平滑肌细胞非正常代谢。

842. 心、脑血管性疾病的分布是什么?

(1)地区分布:不同地区的心、脑血管性疾病有很大的差异,在同一个国家的不同地区,心、脑血管性疾病的发病率、死亡率也不同。例如我国脑卒中高发而冠心病发病较低,而冠心病在我国的发病分布也不相同,北方冠心病的发病率和死亡率高于南方,城市高于农村。

(2)时间分布:冠心病的发生和死亡均有一定的季节性,冠心病的死亡率和病情恶化以及诱发心肌梗死或心绞痛的好发时间都在冬季和春季。

(3)人群分布:①心脑血管疾病为中老年的主要疾病,在40岁以前很少发病,以后随年龄增大而增加,在冠心病发病年龄上,女性较男性晚10年左右,在绝经期后,女性患病率明显增加,逐渐接近男性;②男性的心、脑血管性疾病发病率和死亡率均高于女性,我国1985年全国普查结果表明,男女脑卒中发病率之比为1.27:1;③不同种族和民族心、脑血管性疾病分布不同;④脑力劳动者心、脑血管性疾病发病率高于体力劳动者,长期精神紧张和注意力高度集中以及承受较大工作压力的职业人群发病率更高。

843. 心、脑血管性疾病的危险因素是什么?

心、脑血管性疾病的危险因素有:(1)高血压;(2)心血管病史;(3)肥胖;(4)糖尿病及肾脏疾病;(5) 生活方式:吸烟与大量饮酒使冠心病的相对危险性上升;(6)其他:精神紧张、忧虑、时间紧迫感等可使血脂增高,使冠心病发病率增加。

844. 心、脑血管性疾病的预防与控制?

(1)合理膳食

①增加纤维膳食膳食。中的纤维有降低血清胆固醇浓度的作用。膳食纤维含量丰富的食物主要是粗杂粮、米糠、麦麸、干豆类、海带、蔬菜、水果等,每日摄入纤维量35～45克为宜。具有降脂功能的常见食品还有洋葱、大蒜、香菇、木耳、芹菜等。

②多吃鱼和鱼油。鱼油具有明显的调节血脂功能,能够预防动脉硬化,大量摄取富含ω-3的鱼油对心血管疾病有积极的预防作用。国际营养组织建议:每天摄取2500千卡的能量,相应地应该摄取0.6～1克以EPA和DHA形式存在的ω-3脂肪酸。

③多吃豆制品。大豆富含多种人体所必需的磷脂。常吃豆腐、豆芽、豆腐干、豆油等豆制品有益于人体健康,能够预防心、脑血管性疾病。

④此外,应该适当减少脂肪和胆固醇的摄取量。脂肪摄入应严格限制在每日不超过30克或占总热量的15%以下。胆固醇摄入量每日应该控制在200毫克以下。尽量避免食用高胆固醇食品,如动物的脑子、脊髓、内脏、蛋黄、贝壳类(如蚌)、软体类(如鱿鱼、墨鱼、鱼子)等。

(2)科学生活

①加强体育运动。每天坚持运动1小时,以身体微汗,不感到疲劳,运动后自感身体轻松为准,每周坚持活动不少于5天,并持之以恒。

②戒烟限酒。长期吸烟酗酒可干扰血脂代谢,使血脂升高。

③避免精神紧张。情绪激动、失眠、过度劳累、生活无规律、焦虑、抑郁,这些因素可使脂代谢紊乱。中老年人不要长期打麻将、下棋,保持心平气和,尽量少生气。

(3)尽量少服用干扰脂代谢的药物,如β受体阻滞剂、心得安、利尿剂、双氢克尿塞、速尿、类固醇激素等。

(4)积极治疗影响血脂代谢的有关疾病,如糖尿病、甲状腺功能减退、肾病综合征、酒精中毒、胰腺炎、红斑狼疮等。

(5)定期体检

定期做身体检查,监测血压、血脂、血糖浓度。老年人应每年体检一次,并对血压、血脂、血糖进行监测,尤其在有各种刺激因素时(如情绪的变化、运动量的变化),机体往往处于应激状态更应做详细检查。老年人常有不同程度的动脉硬化、脂类糖类代谢紊乱、血液黏滞度增加、红细胞变形能力低,易使血栓形成,故应定期监测,根据情况及时调整。45岁以上中年人、肥胖者、有高脂血症家族史者、高度精神紧张工作者,都属高危对象,应定期(至少每年一次)检查血脂、血压等指标。

第三节　高血压的预防与控制

845. 什么是血压与正常血压?

血压是指推动血液在血管内流动并作用于血管壁的压力。一般所谓的血压指动脉血压。心室收缩时,动脉内最高的压力称为收缩压;心室舒张时,动脉内最低的压力称为舒张压。收缩压与舒张压之差称为脉压。

846. 正常成年人的正常血压是多少?

正常成年人收缩压为90～140 mmHg,正常成年人舒张压为60～90 mmHg,脉压为30～40 mmHg。

847. 什么是高血压?

高血压是以体循环动脉压增高为主要临床表现的综合征,是最常见的心血管疾病之一。根据1999年10月公布的《中国高血压防治指南》,在静息状态下,当动脉收缩压和舒张压同时或分别≥140/90 mmHg时,称高血压。绝大多数(95%以上)高血压病因不明,称为原发性高血压,亦称为高血压病;约5%的病人,高血压是某种疾病的表现之一,称为继发性高血压。

848. 高血压的病因和发病机制是什么?

(1)遗传因素;

(2)精神、神经与体液因素；

(3)膳食因素；

(4)肥胖和胰岛素抵抗；

(5)肾素—血管紧张素系统；

(6)血管内皮功能异常；

(7)自身免疫学说。

849 高血压的流行特征是什么？

(1)年龄和性别差异：与年龄呈正比；女性更年期前患病率低于男性，更年期后高于男性。

(2)地区和季节差异：寒冷地区高于温暖地区，高海拔地区高于低海拔地区，冬季患病率高于夏季。

(3)生活方式的差异：与不良饮食习惯(如高盐、饱和脂肪、经常大量饮酒)呈正相关；与肥胖呈正相关；与体力活动水平呈负相关。

(4)经济水平差异：经济越发达、工作和精神压力大，人均血压水平越高。

(5)遗传和个体差异：与直系亲属血压有明显的相关。

850. 高血压的临床症状有哪些？

高血压具有六大危险症状，包括下列内容：

(1)头疼：部位在后脑，并伴有恶心、呕吐感。若经常感到头痛，而且很剧烈，同时又恶心、呕吐，就可能是向恶性高血压转化的信号。

(2)眩晕。

(3)耳鸣：双耳耳鸣，持续时间较长。

(4)心悸气短：高血压会导致心肌肥厚、心脏扩大、心肌梗死、心功能不全，这些都是导致心悸气短的原因。

(5)失眠：多为入睡困难、早醒、睡眠不踏实、易做噩梦、易惊醒。这与大脑皮质功能紊乱及自主神经功能失调有关。

(6)肢体麻木：常见手指、脚趾麻木或皮肤如蚁行感，手足不灵活。

851. 高血压患者有哪些危险并发症？

高血压的并发症最可怕。

(1)长期的高血压除可引起有害的血管重塑以外，还可引起脑、心、肾等重要器官的结构和功能障碍，最终导致功能衰竭。

(2)高血压最严重的并发症为脑卒中，其出现概率是正常血压人的7.76倍。

(3)由于部分高血压患者并无明显的临床症状，高血压又被称为人类健康的“无形杀手”。

因此提高对高血压病的认识，对早期预防、及时治疗有极其重要的意义。

852. 高血压的分期标准是什么?

我国高血压分期标准将高血压分为三期:

(1)第一期的特点是:血压升高,超过高血压的诊断标准,但是心脏、脑、肾脏等脏器无损害(也就是心脏尚无扩大,肾脏功能正常,也无蛋白尿、血尿及管型尿,无脑血管意外的表现。眼底、心电图、X线均无异常)。

(2)第二期的特点是:血压升高,超过高血压诊断标准,并伴有下列一项者。

①左心室肥厚(体检心界向左下扩大,X线、心电图或超声心动图可证实);

②尿蛋白或血肌酐轻度升高;

③眼底动脉普遍或局部痉挛、狭窄。

(3)第三期的特点是:血压持续升高,并有下列一项者。

①高血压脑病或脑出血、脑梗死;

②心力衰竭(心功能不全);

③肾衰竭(尿毒症);

④眼底出血或渗出、视乳头水肿。

近年来,有学者主张按舒张压水平,将高血压分为:

(1)轻型高血压:指舒张压90～104 mmHg(12.0～13.5 kPa);

(2)中型高血压:指舒张压105～114 mmHg(13.65～14.8 kPa);

(3)重型高血压:指舒张压≥115 mmHg(≥14.95 kPa)。

853. 高血压的治疗原则是什么?

积极应用非药物疗法和(或)药物疗法治疗高血压并将之控制在正常范围内,可以有效地预防相关并发症的发生。

854. 高血压的危险因素?

(1)肥胖超重;

(2)不健康的生活方式:主要是膳食不平衡(如高盐饮食)、吸烟、长期过量饮酒、缺乏体力活动和心理压力增加;

(3)心血管病的危险因素。

855. 怎样合理控制高血压?

高血压的治疗应全面考虑患者的血压升高水平、并存的危险因素、临床情况以及靶器官损害,确定治疗方案。依据新《中国高血压防治指南》精神,对不同危险等级的高血压患者应采取不同的治疗原则。具体如下:

(1)低危患者:以改善生活方式为主,如6个月后无效,再进行药物治疗。

(2)中危患者:首先积极改善生活方式,同时观察患者的血压及其他危险因素数周,进一步了解情况,然后决定是否开展药物治疗。

(3)高危患者:必须立即给予药物治疗。

(4)极高危患者:必须立即开始对高血压及并存的危险因素和临床情况进行强

化治疗。

856. 高血压如何预防与控制？

(1)一级预防

一级预防主要指对病因的预防。是指面对公众,包括针对高血压危险因素开展健康教育、创造支持性环境、改善不良行为和生活习惯,防止高血压。主要从以下几个方面进行:

①均衡膳食:"食物多样,谷类为主,有粗有细,有甜有咸,每餐八分饱",以及低钠和高钙、钾、镁食物是均衡膳食的基本原则。

②适量运动:以不同年龄、体质、习惯选择不同运动项目。坚持三个原则:有恒、有序、有度。

③戒烟限酒。

④心理平衡。

⑤控制体重。

(2)二级预防

二级预防主要是针对高危人群,实施高血压危险因素控制,以及做到高血压的"三早",即早期发现、早期诊断、早期治疗,主要在做好一级预防的同时,还要学会自我监测血压,掌握自身血压水平和变化规律,如发现异常,应找出原因采取措施。

(3)三级预防

三级预防是指临床治疗,以延缓、减少并发症。积极治疗高血压,努力使血压达标,减缓靶器官损害,预防心、脑、肾并发症的发生,降低致残率及死亡率。其实施原则是:

①综合治疗。

②进行系统正规的抗高血压治疗。

③兼顾其他危险因素的治疗。

857. 高血压病人的饮食应注意些什么？

(1)高血压患者的饮食宜忌

①碳水化合物食品

适宜的食品:米饭、粥、面、面类、葛粉、汤、芋头、软豆类;

应忌的食品:番薯(产生腹气的食物)、干豆类、味浓的饼干类。

②蛋白质食物

适宜的食品:牛肉、猪瘦肉、白肉、鱼、蛋、牛奶、奶制品、大豆制品;

应忌的食品:脂肪多的食品、加工肉。

③脂肪类食品

适宜的食品:植物油、少量奶油、沙拉酱;

应忌的食品:动物油、生猪油、熏肉。

④纤维素、矿物质食品

适宜的食品：蔬菜类（菠菜、白菜、胡萝卜、番茄、百合根、南瓜、茄子、黄瓜）、水果类（苹果、橘子、梨、葡萄、西瓜）、海藻类，菌类宜煮熟才吃；

应忌的食品：纤维硬的蔬菜（牛蒡、竹笋、豆类）、刺激性强的蔬菜（香辛蔬菜、芥菜、葱）。

⑤其他食物

适宜的食品：淡香茶、酵母乳饮料；

应忌的食品：香辛料、酒类饮料、酱菜类、咖啡。

(2)高血压病人应注意的饮食习惯

①控制能量的摄入：提倡吃复合糖类，如淀粉、玉米，少吃葡萄糖、果糖及蔗糖等单糖，因其易引起血脂升高。

②限制脂肪的摄入：烹调时，选用植物油。可多吃海鱼，海鱼含有不饱和脂肪酸，能使胆固醇氧化，从而降低血浆胆固醇，还可延长血小板的凝聚，抑制血栓形成，防止中风；还含有较多的亚油酸，对增加微血管的弹性、防止血管破裂、防止高血压并发症有一定的作用。

③适量摄入蛋白质：高血压病人每日蛋白质的摄入量为每公斤体重1克为宜。每周吃2～3次鱼类蛋白质，可改善血管弹性和通透性，增加尿钠排出，从而降低血压。如高血压合并肾功能不全时，应限制蛋白质的摄入。

④多吃含钾、钙丰富而含钠低的食品：如土豆、茄子、海带、莴笋。含钙高的食品：如牛奶、酸牛奶、虾皮。少吃肉汤类，因为肉汤中含氮浸出物增加，能够促进体内尿酸增加，加重心、肝、肾脏的负担。

⑤限制盐的摄入量：每日盐摄入量应逐渐减至6克以下，即普通啤酒盖去掉胶垫后，一平盖食盐约为6克，包括烹调用盐及其他食物中所含钠折合成食盐的总量。适当地减少钠盐的摄入有助于降低血压，减少体内的钠水潴留。

⑥多吃新鲜蔬菜、水果。每天吃新鲜蔬菜不少于400克，水果100～200克。

⑦适当增加海产品摄入：如海带、紫菜、海产鱼等。

第四节　恶性肿瘤

858. 什么是恶性肿瘤？

人体所有器官都是由细胞组成的，细胞增长和分化可满足身体需要，这种有序的细胞增长和分化过程可保持人体健康。然而，如果细胞继续分裂，这些额外的大量细胞，将形成肿瘤。

肿瘤分为良性肿瘤和恶性肿瘤，一般所说的癌即指恶性肿瘤。恶性肿瘤从组织学上分为上皮性的癌和非上皮性的肉瘤及血液癌。

世界卫生组织根据资料估计，近年来全世界每年死于恶性肿瘤的为690万人，新发病例870万人，现患病例高达3700多万人。全世界约有1/10的人死于癌症。恶性肿瘤对人类健康的威胁日趋严重，已成为全人类危害最大的疾病之一。

859. 恶性肿瘤的分布特点是什么？

(1)地区分布：不同国家和地区恶性肿瘤的发病率和死亡率相差很大。发达国家以肺癌、结肠癌和乳腺癌为主，发展中国家以消化系统癌为常见。

(2)时间分布：恶性肿瘤的发病率和死亡率在绝大多数国家呈现上升的现象。我国肺癌变化最为明显，从20世纪60年代开始明显上升，到90年代肺癌死亡率与世界其他国家相比，城市男性已达较高水平，女性也属高水平之列。近20年来，我国宫颈癌发病率和死亡率有较大幅度的下降。

(3)人群分布

①年龄分布：恶性肿瘤可发生在任何年龄，但不同年龄段高发的恶性肿瘤不同。恶性肿瘤的发病率随年龄的增高而增加。一般认为5岁以下儿童好发白血病、各种母细胞瘤和神经系统肿瘤；青壮年时期肝癌高发，其次为白血病；中老年则以肺癌、胃癌、食管癌、宫颈癌、肝癌为高发，乳腺癌则在青春期和更年期出现两个高峰。

②性别分布：大多数恶性肿瘤都是男性高于女性，女性明显高于男性的有胆囊癌、甲状腺癌、乳腺癌和宫颈癌。10岁以下和60岁以上年龄组男性发病率较高，但在35～55岁年龄组由于乳腺癌和宫颈癌而使女性发病率增高。另外，早婚、多育妇女宫颈癌多发，而未婚者和犹太妇女中乳腺癌和宫颈癌发病率较高。

③职业分布：职业因素导致恶性肿瘤早已被人们注意。如职业性膀胱癌主要发生在染料化工厂及橡胶、电缆制造、纤维印染和印刷等部门的人群中；接触石棉、砷、铬、镍的工人以及接触放射性铀矿的工人肺癌发病率明显升高。

④种族分布：恶性肿瘤在不同民族中的发病有明显差异，如白人皮肤癌高发，黑人宫颈癌多发。

⑤移民中分布：移民是一类遗传性相对稳定，已经脱离原籍的旧环境，甚至连生活习惯、饮食类型也有改变的特殊人群。通过移民中的分布可以比较同类人群住在不同地区或不同人群住在同一地区的肿瘤发病率或死亡率，有利于进一步阐明恶性肿瘤的环境因素或遗传因素的作用。例如胃癌在日本的死亡率比美国高5倍，而肠癌美国的死亡率比日本高5倍。说明这两种肿瘤的发生与环境因素关系密切，与遗传因素的关系较小。

860. 什么是恶性肿瘤的危险因素？

(1)环境因素：目前已证明多数人类肿瘤是由环境因素与细胞遗传物质的相互作用引起的，而不是简单的由遗传的易感性所致。

(2)行为因素：大量研究证明肺癌发病率与吸烟有关，吸烟年龄越早，发生肺癌的可能性越大。戒烟后发生肺癌的危险度可逐渐下降。吸卷烟还与石棉、砷、放射性致癌物有协同作用。

(3)膳食:例如食物中的亚硝铵可引起多种恶性肿瘤,肝癌最常见,其次为食管癌、咽部肿瘤。

(4)药物:例如环孢素、咪唑硫嘌呤、绝经后的雌激素治疗、复方口服避孕药等可诱发恶性肿瘤。

(5)职业因素:职业肿瘤在全部恶性肿瘤中仅占2%~8%,男性较高。不同部位的肿瘤受职业因素的影响不一,其中肺癌和膀胱癌受职业因素的影响较大。

861. 恶性肿瘤的预防与控制措施有哪些?

(1)加强环境保护和劳动保护工作,减少和消除环境中的致癌物,加强环境污染治理。

(2)合理使用药物,注意饮食卫生,合理调配膳食,改变不良的生活行为方式,如戒烟、节制饮酒。

(3)早期发现、早期诊断和早期治疗恶性肿瘤。

(4)加强防癌健康教育。

第五节　精神心理性疾病

862. 什么是精神疾病?

精神疾病主要是一组以表现在行为、心理活动上的紊乱为主的神经系统疾病。主要是由于家庭、社会环境等外在原因,和患者自身的生理遗传因素、神经生化因素等内在原因相互作用所导致的心理活动、行为及其神经系统功能紊乱为主要特征的病症。

863. 精神疾病的病因是什么?

精神障碍是生物学因素、个性素质因素及心理社会因素综合作用的结果。

(1)生物学因素

①遗传:如染色体数目和结构异常以及基因突变等。

②感染:感染因素能影响中枢神经系统,产生精神障碍。

③化学物质:各种对中枢神经系统有害的物质都可引起精神障碍。常见的有成瘾物质、酒精、医用药物、工业毒物、农药、食物、一氧化碳等。

④躯体疾病:脑血管疾病、颅内肿瘤、颅脑损伤、脑变性疾病是引起器质性精神障碍的主要原因。

⑤年龄:童年和少年期的脑功能尚未发育完全,特别容易受到损害,出现发育障碍。40~55岁人类进入更年期,是精神障碍的第二个发育高峰期。60岁以后进入老年

期,老年性痴呆的发病率迅速增加。

⑥性别:性别对一些精神障碍的发病有重要影响。如抑郁症、神经性障碍发病率女性高于男性;而物质依赖、慢性酒精中毒发病率则男性高于女性。

(2)心理因素

心理因素简称心因,包括心理素质和心理应激两方面。心理素质是条件因素,心理应激则为致病诱因。

(3)社会因素

①社会文化:精神分裂症的患病率城市明显高于农村,而精神发育迟滞和癫痫则农村高于城市。

②社会变迁:城市化、工业化、移民迁徙等社会变迁都会对精神障碍的疾病谱产生重大影响。

③社会压力。

④社会支持:社会支持是指人际关系对应激的不良影响所起的保护作用。社会支持能够减轻应激对健康的不利影响。

864. 神经障碍的症状有哪些?

精神症状是认知、情感、意志活动和行动的异常,可分为感知觉障碍、记忆障碍、思维障碍、情感障碍和意志障碍等。

(1)认知障碍

①感觉障碍又称为体感异常,包括感觉过敏、感觉减退、感觉缺失和内感性不适(内感性不适指体内产生各种不适感和难以忍受的感觉,且难以表达,患者不能明确指出不适的部位)。

②知觉障碍包括错觉、幻觉、感知综合障碍。

③思维障碍。

④注意障碍。

⑤记忆障碍。

⑥智能障碍。

⑦自知力障碍,指患者对本身精神病态的认识能力。

⑧定向力障碍。

(2)情感障碍

①情感性质的改变,包括情感高涨、情感低落、焦虑、恐惧。

②情感稳定性的改变,包括情绪不稳、情感淡漠。

③情感协调性的改变,包括情感倒错、情感幼稚。

(3)意志行为障碍

意志障碍包括意志增强、意志减退、意志缺乏、意志倒错、矛盾意象、行为障碍。

865. 精神障碍怎样诊断？

(1)详尽的体查和实验室检查，主要包括精神检查、躯体及神经系统检查、实验室检查、脑影像学检查。

(2)神经心理以及精神状态的评估。

(3)详细的病史，主要包括个人史、现病史、相关社会心理因素。

结合以上，进行综合分析归纳，得出“目前诊断”。

866. 如何预防和控制精神疾病？

精神疾病三级预防是通过预防疾病的合并症和开展积极的康复活动，以减轻慢性精神疾患造成的精神缺损。

(1)一级预防：病因的预防，消除或减少病因或致病因素，防止或减少精神疾病的发生。主要内容包括：

①对某些病因已清楚的精神障碍，采取果断措施，杜绝疾病的发生。

②机体的反应不仅随诱发因素的强度、持续时间和机体的机能状态为转移，同时也与病人的病前个性特征紧密相关。提倡婚前体检，优生优育优教，重视家庭教育，注意培养儿童的健全人格。

③普及宣传精神卫生知识，使社会各界人士重视精神卫生。

④积极开展各年龄阶段的心理卫生咨询及行为指导工作。

(2)二级预防：主要是临床前期预防，即“三早”原则(早期发现、早期诊断、早期治疗)。争取完全缓解，防止复发。

①有计划地向广大群众宣传精神疾病防治知识，取得社会各方面的支持，改善社会及家庭对精神疾病患者的不正确看法，走群众路线，及早发现，早期诊治。

②首次治疗时应力争达到完全缓解，并恢复中枢神经和自主神经的正常功能活动，减少复发的残留症状。

③对病情已好转的病人，应进行多种形式的心理治疗。

④做好出院病人的定期随访工作，建立长期的随访制度。

⑤推广在综合性医院设立精神科，对各级医院的卫生人员大力普及精神疾病的基本知识。

⑥心理、社会、环境因素在复发中起的作用不可忽视。

(3)三级预防：是对已患病者采取及时有效的治疗措施，防止病情恶化，预防并发症。

目标是做好精神残疾者的康复安排，最大限度地促进病人社会功能的恢复，尽可能地减少精神残疾的发生，把精神残疾的预防和康复作为重要内容纳入到初级卫生保健系统中。

第六节 精神分裂症

867. 什么是精神分裂症？

精神分裂症是以基本个性、思维、情感、行为的分裂，精神活动与环境的不协调为主要特征的一类精神疾病。多起病于青壮年，常有知觉、思维、情感和行为等方面的障碍，一般无智能及意识障碍。病程多迁延，约一半左右患者出现精神残疾，为社会以及患者和家庭带来严重的负担。

868. 精神分裂症有哪些临床类型？

(1)单纯型：起病缓慢，持续发展。突出表现为退缩、懒散，逐渐出现日益加重的孤僻、退缩、情感淡漠、思维贫乏、生活毫无目的。

(2)青春型：多在青春期急性起病。以联想障碍为主，突出表现为精神活动的全面紊乱、思维松弛，可伴有片段的幻觉、妄想；情感肤浅、不协调，或喜怒无常，动作行为怪癖，不可预测，缺乏目的。

(3)紧张型：以明显的精神运动紊乱为主，外观呆板，可交替出现紧张木僵和紧张型兴奋，或被动顺从与违拗，即紧张综合征。

(4)偏执型：最常见，以相对稳定的妄想为主，多伴有幻觉。

869. 精神分裂症的(单纯型精神分裂症除外)诊断标准是什么？

(1)症状标准：至少有下列两项。

①反复出现的言语性幻听；

②明显的思维松弛、思维破裂、思维不连贯或思维缺乏；

③思维被插入、被撤走、被散播，思维中断，或强制性思维；

④被动、被控制或被洞悉体验；

⑤原发性妄想(包括妄想知觉、妄想心境)或其他荒诞的妄想；

⑥思维逻辑倒错、病理性象征性思维或语词新作；

⑦情感倒错或明显的情感淡漠；

⑧紧张综合征，怪异行为或愚蠢行为；

⑨明显的意志减退或缺乏。

(2)严重标准：自知力障碍，并有社会功能严重受损或无法进行有效交谈。

(3)排除标准：排除器质性精神障碍及精神活性物质和非成瘾物质所致的精神障碍。尚未缓解的分裂症患者，若又罹患本项中前述两类疾病，应并列诊断。

870. 什么是双相障碍？

双相障碍也称为双相情感障碍，一般是指既有躁狂或轻躁狂发作，又有抑郁发作的一类心境障碍。狂躁发作时，表现为情感高涨、言语增多；抑郁发作时则出现情绪低落、思维缓慢、活动减少等症状。一般呈发作性病程,躁狂和抑郁常反复循环或交替出现,但也可以混合方式存在。

871. 双相障碍的临床表现是什么?

(1)抑郁发作

①核心症状:俗称"三低",包括情绪低落、兴趣缺乏以及乐趣丧失;

②心理症状群:抑郁发作包括许多心理学症状,可分为心理学伴随症状(焦虑、自责自罪、精神症状、认知症状以及自杀观念和行为、自知力等)和精神运动性症状;

③躯体症候群:睡眠紊乱,食欲紊乱,性功能减退,精力丧失,非特异性躯体症状如疼痛、周身不适、自主神经功能紊乱等。

(2)躁狂发作

①"三高"症状:情感高涨、思维奔逸和意志行为增强;

②伴随症状:睡眠少,与人过分亲热等。

872. 双相障碍的诊断依据是什么?

根据《中国精神病分类和诊断标准》,临床诊断主要依据4个方面:临床相、严重程度、病程和排除其他疾病。

873. 什么是偏执性精神病?

偏执性精神病是一组疾病的概称。其具有的共同特点就是持久的偏执性妄想,其程度轻重不一。从仅仅是持续的牵连观念被害感,以至影响妄想、夸大妄想和嫉妒妄想等,但无幻觉。行为和情感反应则与妄想观念相一致,并且智能保持良好。

874. 偏执性精神病的临床表现是什么?

偏执状态以突出偏执妄想而无幻觉为特点。它既无偏执狂那样的系统性妄想,又与偏执精神分裂症的妄想分散和荒诞离奇,伴有幻觉,且发生人格衰退等不同。至于偏执性精神病包括哪些内容,则无统一的意见,国外倾向于包括偏执状态、偏执狂、更年期精神病偏执型、症状性偏执状态、无精神病表现的偏执性人格等。

875. 偏执性精神病的诊断标准是什么?

(1)症状标准

①以系统妄想为主要症状内容较固定;

②妄想内容与现实生活有联系,有一定的现实性,不经了解,多难辨是非,主要表现为被害感、嫉妒、夸大、疑病、钟情等内容;

③病程至少持续6个月。

(2)严重程度标准:社会功能明显受损。

(3)排除标准:不符合脑器质性精神障碍、躯体疾病所致精神障碍、精神活性物质和非依赖性物质所致精神障碍、精神分裂症与情感性精神障碍的诊断标准。

876. 偏执性精神病的治疗原则是什么?

(1)早发现,早治疗。

(2)以抗精神药物治疗为主。

(3)恢复期给予心理解释及支持治疗,改变病变认知。

(4)提高重返社会的适应能力。

第七节　内分泌和代谢性疾病

877. 内分泌系统的功能是什么?

内分泌系统是由内分泌腺和某些脏器中内分泌组织组成。内分泌系统的主要功能系在神经支配、物质代谢和免疫系统的相互配合及调控的基础上释放激素,从而调节人体的物质代谢、脏器功能、生长发育、生殖和衰老等许多生理活动和生命过程,维持人体内环境的相对稳定。

878. 什么是糖尿病?

糖尿病是指血中胰岛素相对或绝对不足,或伴靶组织细胞对胰岛素敏感性降低,导致血糖过高,出现糖尿,进而引起脂肪和蛋白质代谢紊乱为特征的代谢病。

879. 糖尿病如何分型?

(1)Ⅰ型糖尿病。即胰岛素依赖型糖尿病,是由于胰腺B细胞破坏导致胰岛素分泌绝对缺乏造成的,必须依赖外源性胰岛素治疗,典型的Ⅰ型糖尿病发病年龄较轻。

(2)Ⅱ型糖尿病。即非胰岛素依赖型糖尿病,是常见的糖尿病类型,占全世界糖尿病患者总数的90%,在我国占95%,不发生胰腺B细胞的自身免疫损害,有胰岛素抵抗伴分泌不足。多成年起病,病情隐匿,症状较轻,一般不需依赖胰岛素治疗。

(3)其他特殊类型糖尿病。如妊娠期糖尿病、感染性糖尿病等。

880. Ⅱ型糖尿病的病因与发病机制是什么?

(1)遗传因素:Ⅱ型糖尿病在不同种族中患病率差别很大,有明显的家族史,同一家族中有两个以上发生糖尿病者并不少见。

(2)环境因素:肥胖、摄食过多、体力劳动强度减低、生活方式改变等均可使易感人群的糖尿病患病率显著增加。

881. 糖尿病的临床症状有哪些?

典型的临床表现为多尿、多饮、多食、体重下降,称为“三多一少”症状。此“三多一少”症状在Ⅰ型糖尿病初发时较为明显,而相当一部分Ⅱ型糖尿病病人并无明显的“三多一少”症状,常出现各种并发症或合并症时才确定为糖尿病。

882. 糖尿病的并发症有哪些?

(1)急性并发症:常见的有酮症酸中毒,其次为高渗性糖尿病昏迷,乳酸性中毒少见。

(2)慢性并发症。

①糖尿病性心脏病；

②糖尿病性血管病变；

③糖尿病性肾脏病变；

④年部病变；

⑤神经病变；

⑥皮肤、肌肉、关节病变。

(3)感染等合并症。

883. 糖尿病的诊断标准是什么？

(1)临床症状：存在"三多一少"等症状，临床上可出现多尿、烦渴、多饮、多食、消瘦、乏力等表现。

(2)血浆葡萄糖水平升高。任意时间血浆葡萄糖水平≥11.1 mmol/L或空腹血糖(FPG)水平≥7.0 mmol/L或口服葡萄糖耐量试验(OGTT)中2小时血糖(PG)≥11.1 mmol/L。

如果同时存在以上两种情况，即可确诊为糖尿病。

884. 什么是糖调节受损期？

糖调节受损期(IGR)是指血糖水平已高于正常，但尚未达到目前划定的糖尿病诊断水平的一个时期。糖调节受损期的判断以空腹血糖及(或)负荷后2小时血糖为准。

(1)空腹血糖受损(IFG)：5.6 mmol/L≤空腹静脉血糖＜7.0 mmol/L。

(2)糖耐量减低：以口服葡萄糖耐量试验负荷后2小时血糖为标准时，7.8 mmol/L≤负荷后2小时血糖＜11.1 mmol/L。

885. 糖尿病患者哪种情况最可怕？

糖尿病的并发症最可怕。长期血糖控制不佳的糖尿病患者，可伴发各种器官尤其是眼、心、血管、肾、神经损害或器官功能不全，导致残疾或早亡。因此提高对糖尿病的认识，对早期预防、及时治疗有极其重要的意义。

886. 糖尿病的治疗目标是什么？

(1)纠正体内高血糖及其代谢紊乱。

(2)保持正常体力，维持正常体重，肥胖病人减轻体重，儿童保证生长发育。

(3)控制症状，预防和减少并发症发生、发展，以降低死亡率。

887. 营养因素对糖尿病有什么影响？

糖尿病是一种由内分泌和体内营养物质代谢紊乱引起的疾病，两种紊乱互为因果、相互作用，使机体许多重要的生化反应失去调控。目前对于糖尿病的营养因素研究主要集中在营养物质代谢过程中对胰岛素分泌的影响，尤其是碳水化合物和脂肪的代谢。

(1)能量：能量过剩引起的肥胖是糖尿病的主要诱发因素之一。

(2)碳水化合物：食物中的碳水化合物的组成不同，血糖升高的幅度也不同。主要表现在：一次进食的碳水化合物的量与血糖升高呈正比；碳水化合物的相对分子质量、种类也可影响糖尿病的发病，通常认为，单糖类和双糖类较多糖类更易通过肠道上皮细胞进入血液，餐后血糖值的升高也较为迅速，对胰岛素的刺激较大。

(3)脂肪：膳食中多余的脂肪均以甘油三酯的形式存在于脂肪细胞中，可以引起肥胖进而出现糖尿病。

888. 糖尿病高危人群的界定条件是什么？

符合下列任一项条件即为高危人群。

(1)曾有轻度的血糖升高者。

(2)有糖尿病家族史(双亲或同胞患糖尿病)。

(3)肥胖和超重者[(体重指数(BMI)≥24 kg/m²]。

(4)妊娠糖尿病患者或曾分娩巨大儿(出生体重≥4 kg)的妇女。

(5)高血压患者(血压≥140/90 mmHg)和(或)心脑血管病变者。

(6)有高密度脂蛋白胆固醇降低(35 mg/dL，即0.91 mmol/L)和(或)高甘油三酰血症(≥250 mg/dL，即2.75 mmol/L)者。

(7)年龄45岁以上，且常年不参加体力活动者。

889. 什么是肥胖？

肥胖是指人体脂肪的过量储存，表现为脂肪细胞增多和(或)细胞体积增大，即全身脂肪组织增大，与其他组织失去正常比例的一种状态。常表现为体重超过了相应身高所确定的标准值20%以上。

肥胖常表现为体重超过标准体重，但超重不一定全部都是肥胖。

890. 什么是BMI？

BMI就是体质指数，其计算公式是：BMI=体重(kg)/[身高(m)]^2。

测量方法：直立、免冠、脱鞋并仅穿内衣情况下测量体重及身高。BMI < 15.8为慢性营养不良，BMI为18.5～24为正常，MBI>24为超重或肥胖。中华医学会糖尿病学分会建议目前暂用中国肥胖问题工作建议的BMI>24及28为超重及肥胖的诊断分割点。

891. 糖尿病如何预防与控制？

(1)一级预防：纠正可控制的糖尿病危险因素，降低糖尿病的发病率。

①健康教育，提倡健康的行为。如在人群中宣传糖尿病的防治知识、症状、常见的并发症以及危险因素，提倡“合理饮食、适量运动、戒烟限酒、心理平衡”等。

②糖尿病的筛查。

③在高危人群中进行干预。

(2)二级预防：主要是对已诊断的糖尿病患者预防糖尿病并发症，主要是慢性并发症。

①代谢控制和治疗目标。

对所有的糖尿病患者,应加强糖尿病并发症教育。

对所有的糖尿病患者,应加强非药物治疗的重要性的教育。

对所有的糖尿病患者,都应要求血糖控制目标。

对所有的糖尿病患者,都应强调糖尿病治疗要全面达标,即除了血糖控制满意外,还要求血脂、血压正常或接近正常,体重保持在正常范围,并有良好的精神状态。

②糖尿病并发症的筛查:对于新发现的糖尿病患者应尽可能早地进行并发症的筛查。

(3)三级预防:糖尿病的慢性并发症的发展在早期是可能终止或逆转的。三级预防就是通过有效的治疗,减少糖尿病的残废率和死亡率,改善糖尿病患者的生活质量。

892. 什么是糖尿病的饮食疗法?

饮食疗法是各型糖尿病的治疗基础,是糖尿病最根本的治疗方法之一。不论糖尿病属于何种类型,病情轻重或有无并发症,是否用胰岛素或口服降糖药治疗,都应该严格进行,并长期坚持饮食控制。

893. 糖尿病的饮食治疗原则是什么?

(1)饮食疗法应根据病情随时调整,灵活掌握。

(2)饮食疗法应科学合理,不可太过与不及,既不能主观随意,也不能限制过严,一点碳水化合物也不敢吃,反而会加重病情,甚至出现酮症。

(3)科学地安排好主食与副食,不可只注意主食而轻视副食。

894. 糖尿病患者食物选择是什么?

(1)不宜吃的食物

①易使血糖迅速升高的食物,主要包括白糖、红糖、冰糖、葡萄糖、麦芽糖、蜂蜜、巧克力、奶糖、水果糖、水果罐头、汽水、果汁、甜饮料、果酱、冰淇淋、甜饼干、蛋糕、甜面包和糖制糕点等。

②易使血脂升高的食物,包括牛油、羊油、猪油、黄油、奶油、肥油。对富含胆固醇的食物,更应注意,应该不用或少用,防止动脉硬化性心脏病的发生。

③糖尿病也不宜饮酒。

(2)适宜吃的食物

主要是可延缓血糖、血脂升高的食物。

①大豆及其制品:这类食品除富含蛋白质、无机盐、维生素之外,在豆油中还有较多的不饱和脂肪酸,既能降低血胆固醇,又能降低血甘油三酰,所含的谷固醇也有降脂作用。

②粗杂粮:莜麦面、荞麦面、热麦片、玉米面等含多种微量元素、维生素B和食用纤维。试验证明,它们有延缓血糖升高的作用。可用玉米面、豆面、白面按2:2:1的比例做成三合面馒头、烙饼、面条,长期食用,既有利于降糖降脂,又能减少饥饿感。

895. 糖尿病的饮食控制原则是什么？

(1)打破“多吃降糖药可以多吃饭”的错误观念。

(2)少食多餐。

(3)碳水化合物食物要按规定吃，不能少吃也不能多吃，要均匀地吃(碳水化合物是指粮食、蔬菜、奶、水果、豆制品、硬果类食品中的糖分)

(4)吃甜点心和咸点心没有区别，均会引起血糖升高。

(5)吃“糖尿病食品”的量与吃普通食品的量要相等。“糖尿病食品”是指高膳食纤维的粮食做的食品，如荞麦、燕麦等。

(6)所谓“无糖食品”实质上是未加蔗糖的食品，某些食品是用甜味剂代替蔗糖，仍然不能随便吃。

(7)以淀粉为主要成分的蔬菜应算在主食的量中。这些蔬菜有土豆、白薯、藕、山药、菱角、芋头、百合等。

(8)除黄豆以外的豆类，如红小豆、绿豆、蚕豆、芸豆、豌豆，它们的主要成分也是淀粉，所以也算作主食的量。

(9)吃副食也要适量。

(10)不能用花生、瓜子、核桃、杏仁、松子等硬果类食物充饥。

(11)多吃含膳食纤维的食物。

(12)少吃盐。

(13)少吃含胆固醇的食物。

(14)吃水果要注意时间和水果的种类。

(15)甜味剂不会转化为葡萄糖，不会影响血糖的变化，不能作为低血糖症的自救食品。

(16)糖尿病人千万不要限制喝水。

896. 糖尿病的饮食注意事项有哪些？

(1)糖尿病人应少吃或不吃水果。因水果中含有较多的碳水化合物，并且主要是葡萄糖、蔗糖、淀粉。由于水果中含有较多的果胶，果胶有延缓葡萄糖吸收的作用；因此，一般认为在两餐之间(血糖下降时)少量服用较为合适，在病情稳定时可以吃一些水果。

(2)糖尿病病人还应限制饮食中胆固醇的含量。因糖尿病病人病情控制不好时，易使血清胆固醇升高，造成糖尿病性血管并发症、糖尿病性冠心病等。

第八节　慢性阻塞性肺部疾病

897. 什么是慢性阻塞性肺部疾病(COPD)?

慢性阻塞性肺部疾病是一种具有以气流受限制为特征的肺部疾病,气流受限不完全可逆,呈进行性发展。确切的病因还不清楚,但认为与肺部对有害气体或有害颗粒的异常炎症反应有关。

898.慢性阻塞性肺部疾病的危险因素是什么?

(1)吸烟:在世界任何地方,吸烟都是COPD最常见的危险因素。

(2)遗传因素:迄今得到充分的证实,遗传危险因素是严重的遗传性抗胰蛋白酶缺乏。

(3)COPD的风险与一个人在其一生当中吸入的颗粒性物质的总负荷有关。

①吸烟,包括香烟、烟斗、雪茄和其他国家流行的烟草制品,以及环境的被动吸烟;

②职业性粉尘和化学物质(当其暴露强度足够大或时间足够长);

③室外空气污染同样构成吸入性颗粒性物质肺脏总负荷, 不过对COPD的致病效应相对较少;

④其他,如在胚胎期和儿童期,任何影响肺发育的因素,如低出生体重儿童、呼吸道感染等。

899. 慢性阻塞性肺部疾病的流行病特征是什么?

(1)病程长,病情反复,患病人数多,病死率高。

(2)男性高于女性。

(3)与生活方式、职业因素有关。在存在化学物质或非危险性粉尘污染的环境中工作,可增加慢性阻塞性肺部疾病发病的危险,而且,吸烟较职业的危险性更大。

(4)具有遗传倾向。在一些家族成员中,较易发生慢性阻塞性肺部疾病。

900. 慢性阻塞性肺部疾病主要症状有哪些?

(1)慢性咳嗽:随病程发展可终身不愈,常晨间咳嗽明显,夜间有阵咳或排痰。

(2)咳痰:一般为白色黏液或浆液性泡沫痰,偶可带血丝,清晨排痰较多。急性发作期痰量增多,可有脓性痰。

(3)活动时气促

①气短或呼吸困难:早期在劳力时出现,后逐渐加重,以致在日常生活甚至休息时也感到气短,是慢性阻塞性肺部疾病的标志性症状;

②喘息和胸闷:部分患者特别是重度患者或急性加重时出现的喘息。

(4)其他:晚期患者有体重下降,食欲减退等。

901. 慢性阻塞性肺部疾病如何诊断？

(1)高危因素：有吸烟史、职业性粉尘和化学物质等职业接触史等。

(2)临床症状：慢性咳嗽、咳痰、气短或呼吸困难、喘息和胸闷等。

(3)特征。

(4)肺功能、影像学及气体检查。

对于任何有呼吸困难，慢性咳嗽、咳痰和(或)具有本病危险因素接触史的患者特别是吸烟者，均需考虑COPD的诊断，并进行呼吸流量的测定，主要是用力肺活量(FVC)和第一秒用力呼气容积(FEV1)，并计算FEV1与FVC的比值。

902. 慢性阻塞性肺部疾病的诊断的关键性征象是什么？

对于一个40岁以上的个体，只要出现以下任何一个征象，都需要考虑COPD并作呼吸流量测试。这些征象不具有诊断性，但多个关键性征象共存使诊断COPD的可能性增加。

(1)呼吸困难(特点为)：

进行性加重：随时间而加重；

通常在活动时增加；

持续性，每天均出现。

患者描述为："呼吸费力"、"胸闷"、"气不够用"、"透不过气"等。

(2)慢性咳嗽(特点为)：

可以为间歇性的，可以为干咳无痰。

(3)慢性咳痰。

(4)危险因子接触史：吸烟、职业性粉尘和化学物质等。

903. 慢性阻塞性肺部疾病如何分级？

(1) 第一级：轻度COPD——轻度气流受阻 (FEV1/FVC<70%；FEV1≥80%预计值)，有时出现，但并非总有慢性咳嗽、咳痰。处于这一阶段的患者自己并未感觉到肺功能异常。

(2)第二级：中度COPD——气流受限加重(FEV1/FVC<70%；50%≤FEV1<80%预计值)，出现以劳力性为特征的气短。

(3)第三级：重度COPD——气流受限进一步加重(FEV1/FVC<70%；30%≤FEV1<50%预计值)，气短加重，活动能力降低，反复急性加重并影响患者的生活质量。

(4)第四级：极重度COPD——重度气流受限(FEV1/FVC<70%；FEV1<30%预计值，或FEV1<50%预计值，加慢性呼吸衰竭)，或只要发生并发症，也可纳入极重度COPD，这一级患者生活质量显著降低，急性加重，可能危及生命。

904. 慢性阻塞性肺部疾病如何预防与控制？

(1)第一级预防：为病因预防，即针对易感人群的致病因素采取必要的预防措施。

①健康宣传：使群众了解慢性阻塞性肺部疾病的发病原因、主要危险因素等。

②健康生活,切实做好禁烟和戒烟,降低其发病率。尽管到目前为止慢性阻塞性肺部疾病的发病机理尚未完全搞清,但是吸烟与慢性阻塞性肺部疾病的关系已为大家所公认,如能切实做好禁烟和戒烟,则70%～80%的人可免于罹患慢性阻塞性肺部疾病。

③环境综合治理:证据表明,空气污染是引起慢性阻塞性肺部疾病的重要环境因素。

④控制、减少职业性危害:多种职业性的接触也是慢性阻塞性肺部疾病的危险因素,针对易感人群应采取相应的劳动卫生措施,每年开展预防性体检。

(2)第二级预防:为临床前期预防,包括在疾病临床前期做好早期发现、早期诊断和早期治疗的"三早"防治工作。主要在无症状的慢性阻塞性肺部疾病高危人群中定期进行普查和筛检,以期尽早检出有早期病变者并给予早期治疗。对筛检出的高危人群进行干预。慢性阻塞性肺部疾病患者在出现症状之前的相当长一段时间内(20～30年)处于无症状期,这个阶段病情进展十分缓慢,如能早期检出和处理,病情尚可逆转。

(3)第三级预防:为临床预防,对已患病的患者及时给予治疗,防止病情恶化,减少并发症。

①继续做好健康宣教工作。

②规范化管理和治疗。

③戒烟。

④康复锻炼。

⑤家庭氧疗。

⑥避免呼吸道感染。

905. 我国法定的尘肺病有哪些?

肺病是对生产性粉尘引起的肺纤维化疾病的统称。我国法定职业病目录中包括矽肺、煤工尘肺、电墨尘肺、碳墨尘肺、滑石尘肺、水泥尘肺、云母尘肺、陶工尘佛、铝尘肺、电焊工尘肺、铸工尘肺以及根据《尘肺病诊断标准》和《尘肺病理诊断标准》可以诊断的其他尘肺13种。

906. 什么是尘肺病?

尘肺病是由于在生产活动中长期吸入生产性粉尘引起的以肺组织弥漫性纤维化为主的全身性疾病。引起尘肺病的生产性粉尘主要有两类:一类是无机矿物性粉尘,包括石英粉尘、煤尘、石棉、水泥、电焊烟尘、滑石、云母、铸造粉尘等;还有一类是有机粉尘。这些粉尘都能引起尘肺病。肺纤维化就是肺间质的纤维组织过度增长,进而破坏正常肺组织,使肺的弹性降低,影响肺的正常呼吸功能。

907. 尘肺病是如何分类的?

根据引起尘肺的矿物粉尘的性质,尘肺病可分为:

(1)含游离二氧化硅为主的粉尘引起的矽肺;

(2)含硅酸盐为主的粉尘引起的硅酸盐尘肺,包括石棉肺、水泥尘肺、滑石尘肺、云母尘肺和陶工尘肺等;

(3)煤尘及含碳为主的粉尘引起的尘肺,如煤工尘肺、石墨尘肺和碳黑尘肺;

(4)金属粉尘引起的金属尘肺,如铝尘肺。

(5)有些有机粉尘例如棉尘,虽然也能引起肺部及呼吸道的改变(棉尘病),且属于职业病的范围,但其病变性质与一般尘肺不同,故不属于尘肺病。

908. 尘肺病有哪些临床表现?

尘肺病无特异的临床表现,其临床表现多与合并症有关。尘肺病早期矽肺没有明显自觉症状,或者只有很轻微的自觉症状,往往是通过职业健康检查时才会发现。

(1)咳嗽:尘肺病人易合并慢性支气管炎,晚期病人多合并肺部感染,均可使咳嗽明显加重。咳嗽与季节、气候等有关。

(2)咳痰:一般咳痰量不多,多为灰色稀薄痰。如合并肺内感染及慢性支气管炎,痰量则明显增多,痰呈黄色黏稠状或块状,常不易咳出。

(3)胸痛:尘肺病人常常感觉胸痛,胸痛和尘肺临床表现多无相关或平行关系。部位不一,且常有变化,多为局限性。一般为隐痛,也可胀痛、针刺样痛等。

(4)呼吸困难:随肺组织纤维化程度的加重,有效呼吸面积减少,通气/血流比例失调,呼吸困难也逐渐加重。合并症的发生可明显加重呼吸困难的程度和发展速度。

(5)咯血:较为少见,可由于呼吸道长期慢性炎症引起黏膜血管损伤,痰中带少量血丝;也可能由于大块纤维化病灶的溶解破裂损及血管而使血量增多。

(6)其他:除上述呼吸系统症状外,可有程度不同的全身症状,常见有消化功能减低。

909. 尘肺病有哪些并发症?

尘肺病比较常见的并发症有肺结核、支气管炎、肺炎、肺气肿、肺源性心脏、自发性气胸等。

910. 哪些行业及工种易患尘肺病?

(1)矿山开采:各种金属矿山的开采,煤矿的掘进和采煤,是产生尘肺的主要作业环境,主要作业工种是凿岩、爆破、支柱、运输。

(2)金属冶炼:含金属矿石的粉碎、筛分和运输。

(3)机械制造业:铸造配砂、造型,铸件的清砂、喷砂以及电焊作业。

(4)建材行业:耐火材料、玻璃、水泥、石料生产中的开采、破碎、碾磨、筛选、拌料等,石棉的开采、运输和纺织。

(5)公路、铁路、水利建设中的开凿隧道、爆破等。

911. 如何预防尘肺病?

尘肺病预防的关键在于最大限度防止有害粉尘的吸入,只要措施得当,尘肺病是完全可以预防的。那么,有哪些预防措施呢?我国针对防尘降尘制定了"革、水、密、风、护、管、教、查"八字方针,大致内容可分为两个方面:

(1)技术措施

用工程技术措施消除或降低粉尘危害,是预防尘肺病最根本的措施。

①改革工艺过程、革新生产设备是消除粉尘危害的主要途径,如遥控操纵、计算机控制、隔室监控等避免接触粉尘。

②湿式作业,如采用湿式碾磨石英或耐火材料、矿山湿式凿岩、井下运输喷雾洒水、煤层高压注水等,可在很大程度上防止粉尘飞扬,降低环境粉尘浓度。

③密闭、抽风、除尘。对不能采取湿式作业的场所,应采用密闭抽风除尘办法。如采用密闭尘源与局部抽风相结合,防止粉尘外逸。

(2)卫生保健措施

①接尘工人健康监护:包括上岗前体检、岗中的定期健康检查和离岗时体检,对于接尘工龄较长的工人还要按规定做离岗后的随访检查。

②个人防护和个人卫生:佩戴防尘护具,如防尘安全帽、防尘口罩、送风头盔、送风口罩等,讲究个人卫生,勤换工作服,勤洗澡。

912. 开展死因登记工作的意义是什么?

死因监测工作是通过定期、系统地收集人群死亡资料,并进行综合分析,研究人群死亡水平、死亡原因及变化趋势和规律的一项基础性工作。通过死因统计分析的指标可反映当地社会经济水平和文化发展状况,为制定社会经济发展政策、卫生事业发展规划和卫生政策,评价当地居民健康水平,确定不同时期疾病防治的重点及效果的评价提供科学依据,同时又是医学、人口学、社会学、环境与疾病等科学研究的基础信息。因此,中国疾病预防控制中心于2008年1月全面启动了死因登记报告信息系统,要求县及县以上各级医疗机构、乡镇卫生院等,都要及时上报其门(急)诊及住院死亡病例的全死因报告。

913. 死因信息报告方式是什么?

《死亡医学证明书》及副卡通过"中国疾病预防控制信息系统"平台上的"全国死因登记报告信息系统"进行网络直报。

914. 死因登记报告的程序及时限是什么?

(1)县及县以上医疗机构

医疗机构指定专人每天收集院内《死亡医学证明书》及副卡,并由病案室或防保科在7日内完成对卡片的审核和网络报告。网络填报时,需将《死亡医学证明书》死因链、调查记录等原始信息如实录入,并进行根本死因确定及编码。

不具备网络报告条件的医疗机构,将填写的《死亡医学证明书》及副卡在7天内以最快的通信方式向所在县(区)疾病预防控制中心报送。县(区)疾病预防控制中心应在5天内代为完成网络报告。

发现不明原因死亡病例，按照《卫生部办公厅关于印发〈全国不明原因肺炎病例监测实施方案（试行）〉〈县及县以上医疗机构死亡病例监测实施方案（试行）〉的通知》中所规定的报告程序和要求进行报告。

（2）县级以下医疗机构

乡镇卫生院（社区卫生服务中心）防保医生将收集到的《死亡医学证明书》在30日内完成审核，并通过网络进行报告。网络填报时，需要将《死亡医学证明书》死因链、调查记录等原始信息如实录入。

没有条件实行网络报告的乡镇卫生院（社区卫生服务中心）应在填写和审核《死亡医学证明书》后向属地的县（区）级疾病预防控制机构报出。县（区）级疾病预防控制机构收到《死亡医学证明书》后，应在5个工作日内代为完成网络报告。

（3）其他医疗卫生机构

其他系统（军队、司法、农垦等）的医疗卫生机构应按照本规定进行死因登记报告。

915.《死亡医学证明书》如何填写？

《死亡医学证明书》应项目齐全、内容正确、字迹清楚，不得勾画涂改，须有填写医生签名并逐联加盖统一的专用印章。

一般项目包括姓名、性别、民族、职业等，应详细填写，符合逻辑，不能有缺项。出生和死亡日期按公历填写，实足年龄按周岁计算，不满1周岁的按月计算，不满1天的按小时计算。如果出生或死亡日期月和日不详的按7月1日填写，如果日不详的按15日填写。

与死亡有关的疾病诊断项目应结合死者生前有关疾病或情况进行综合分析，如果导致死亡的原因是多个，则按顺序填写在第Ⅰ部分的a、b、c各行中，一行只能填写一种疾病或情况，不是直接导致死亡的原因，但因其存在促进了死亡的其他重要的医学情况或疾病填写在第Ⅱ部分。

对于市（州）、县、区级及以上医疗机构发生的不明原因死亡病例，应按《全国不明原因肺炎病例监测实施方案（试行）》的要求填报，在《死亡医学证明书》调查记录栏内填写病人的症状、体征，如果是呼吸系统不明原因死亡病例，须填写体温是否超过38 ℃，是否咳嗽、呼吸困难、抗生素治疗无效及肺炎或SARS的影像学特征，以及白细胞是否正常等。

5岁以下儿童死亡个案除填写《死亡医学证明书》外，还应填写《5岁以下儿童死因登记副卡》，其内容包括：《死亡医学证明书》的编号、出生信息登记卡号、出生医学证明编号、儿童免疫接种卡号、儿童姓名、父亲姓名、母亲姓名、儿童性别、出生日期、出生体重、孕周、出生地点、死亡日期、死亡年龄、死亡诊断、死亡地点、诊断级别、死亡诊断依据等，不能有缺项。

孕产妇死亡个案除填写《死亡医学证明书》外，还应填写《孕产妇死因登记副卡》，其内容包括:《死亡医学证明书》的编号、姓名、年龄、死亡时间、孕产次、人工流产(引产)次、末次月经、分娩时间、分娩地点、死亡地点、分娩方式、新法接生、致死的主要疾病诊断和死亡诊断依据等,不能有缺项。

916. 疾病谱排序工作的意义是什么?

为了进一步强化医疗卫生机构公共卫生服务职能,及时进行疾病预测预警,甘肃省卫生厅于2011年在全省范围内开展了各级医疗机构的疾病谱排序工作,并将各市州疾病谱排序纳入全省重点卫生工作。

917. 疾病谱排序工作中各部门的职责是什么?

(1) 卫生行政部门负责疾病谱排序工作的组织领导。

(2) 疾病预防控制中心全面承担疾病谱排序的信息收集、汇总分析和上报。

(3) 各医疗机构是疾病谱排序工作的具体报送单位,应按照相关规定,及时报送本机构每月的门诊、住院病人信息。

918. 疾病谱排序的上报程序及时限是什么?

各医疗机构在"甘肃省卫生系统疾病预防控制机构进医院信息平台"(http://61.178.83.47/)录入本机构的门诊和住院信息资料,报县疾病预防控制中心,县疾病预防控制中心完成汇总,经县卫生局审核后上报市疾病预防控制中心。县级汇总的电子版同时上报省疾病预防控制中心。

疾病谱排序分析中当月的信息资料报送时间为次月5日之前,5日为县级汇总上报时间。

第八章　学校卫生

第一节　学校卫生概述

919. 什么是学校卫生？

根据儿童和青少年生长发育特点，通过制定相应的法律规定，提出相应的学校卫生要求和卫生标准，消除各种不利于儿童和青少年学习和生活因素，创造良好的学校教育环境，保护和促进学生正常发育、身心健康，以实现德、智、体全面发展的社会主义教育目标的卫生活动。

920. 与学校卫生安全有关的法规规章有哪些？

有《中华人民共和国传染病法》、《中华人民共和国食品安全法》、《突发公共卫生事件应急条例》、《学校和托幼机构传染病疫情报告工作规范（试行）》、《学校卫生工作条例》、《学生集体用餐卫生监督办法》、《学校食堂与学生集体用餐卫生管理规定》、《学校食物中毒事故行政责任追究暂行规定》、《中共中央国务院关于加强青少年体育增强青少年体质的意见》、《预防性健康检查管理办法》等。

921.《学校卫生工作条例》分几章多少条？主要内容是什么？

共分六章四十一条。它是我国学校卫生工作第一部正式的行政法规，标志着学校卫生工作法制化管理的开始。它的制定与施行,体现了国家对学校卫生工作的重视和关心。它是开展和评估学校卫生工作的根本依据,对推动我国学校事业的发展具有深远的战略意义。

922. 学校卫生工作的任务是什么？

《学校卫生工作条例》规定，学校卫生工作的任务主要是：监测学生的健康水平，对学生进行健康教育，培养学生良好的卫生习惯；改善学校卫生环境和教学卫生条件；加强对传染病、学生常见病的预防和治疗。

923. 疾病预防控制机构对学校卫生工作承担的任务有哪些？

实施学校卫生监测，掌握本地区学生生长发育和健康状况，掌握学生常见病、传染病、地方病动态。制订学生常见病、传染病、地方病的防治计划。对本地区学校卫生工作进行技术指导，开展学校卫生服务。

924. 教育行政部门在各类中小学校和托幼机构的传染病疫情等突发公共卫生事件预防控制工作中的职责是什么？

根据《传染病防治法》和《学校卫生工作条例》的规定，其职责有以下几个方面：

(1)负责对学校和托幼机构传染病疫情等突发公共卫生事件报告工作的督促与检查。

(2)负责与卫生行政部门共同组织开展学校和托幼机构有关人员传染病防控及传染病疫情等突发公共卫生事件报告工作相关知识的培训。

(3)协助同级卫生行政部门制定本地区学校和托幼机构传染病疫情等突发公共卫生事件监测与报告工作相关要求或规范。

(4)加强与卫生行政部门的沟通,及时了解本地区学校和托幼机构传染病疫情等突发公共卫生事件相关信息。

925. 卫生行政部门在各类中小学校和托幼机构的传染病疫情等突发公共卫生事件预防控制工作中的职责是什么?

(1)负责制定本地区学校和托幼机构传染病疫情等突发公共卫生事件监测与报告工作相关要求或规范。

(2)配合同级教育行政部门开展对学校和托幼机构传染病疫情等突发公共卫生事件监测与报告工作的督促与检查。

(3)与同级教育行政部门共同组织开展学校和托幼机构传染病防控及传染病疫情等突发公共卫生事件监测与报告工作相关知识的培训。

(4)负责及时向同级教育行政部门通报本地区学校和托幼机构传染病疫情等突发公共卫生事件相关信息。

926. 疾病预防控制机构在各类中小学校和托幼机构的传染病疫情等突发公共卫生事件预防控制工作中的职责是什么?

(1)负责为学校和托幼机构开展传染病疫情等突发公共卫生事件防控、疫情监测与报告工作提供技术支持,并定期到学校进行经常性的技术指导。

(2)负责对学校或托幼机构发生的传染病疫情等突发公共卫生事件开展流行病学调查工作,并提出防控措施与建议。

(3)协助学校和托幼机构对其全体师生进行传染病防控、疫情监测与报告相关知识的宣传与培训。

(4)负责及时将涉及本地区学校和托幼机构传染病疫情等突发公共卫生事件信息告知学校和托幼机构,并指导学校和托幼机构具体落实传染病防控措施。

927. 学校和托幼机构在各类中小学校和托幼机构的传染病疫情等突发公共卫生事件预防控制工作中的职责是什么?

(1)负责建立健全本单位传染病疫情等突发公共卫生事件的发现、收集、汇总与报告管理工作制度。

(2)负责指定专人或兼职教师负责本单位传染病疫情等突发公共卫生事件、因病缺勤等健康信息的收集、汇总与报告工作。

(3)协助疾病预防控制机构对本单位发生的传染病疫情等突发公共卫生事件进

行调查和处理,接受教育行政部门与卫生行政部门对学校传染病疫情等突发公共卫生事件的督促、检查。

(4)负责组织开展对本单位全体人员传染病防治知识的宣传教育。

(5)学校校长或者托幼机构主要领导是传染病疫情等突发公共卫生事件报告的第一责任人。

928. 学校疫情报告人的主要职责有哪些?

(1)在校长的领导下,具体负责本单位传染病疫情和疑似传染病疫情等突发公共卫生事件报告工作。

(2)协助本单位建立健全传染病疫情等突发公共卫生事件监测、发现及报告相关工作制度及工作流程。

(3)定期对全校(托幼机构)学生的出勤、健康情况进行巡查。

(4)负责指导全校(托幼机构)学生的晨检工作。

929. 学校和托幼机构传染病疫情监测与报告的主要工作任务是什么?

各类中小学校和托幼机构应当建立学生—教师—学校疫情报告人—学校(托幼机构)领导的传染病疫情发现、信息登记与报告制度。

学校和托幼机构应当建立学生晨检、因病缺勤病因追查与登记制度。学校和托幼机构的老师发现学生有传染病早期症状、疑似传染病病人以及因病缺勤等情况时,应及时报告学校疫情报告人。学校疫情报告人应及时进行排查,并将排查情况记录在学生因病缺勤、传染病早期症状、疑似传染病病人患病及病因排查结果登记日志上。

(1)晨检应在学校疫情报告人的指导下进行,由班主任或班级卫生员对早晨到校的每个学生进行观察、询问,了解学生出勤、健康状况。发现学生有传染病早期症状(如发热、皮疹、腹泻、呕吐、黄疸等)以及疑似传染病病人时,应当及时告知学校疫情报告人,学校疫情报告人要进行进一步排查,以确保做到对传染病病人的早发现、早报告。

(2)班主任应当密切关注本班学生的出勤情况,对于因病缺勤的学生,应当了解学生的患病情况和可能的病因,如有怀疑,要及时报告学校疫情报告人。学校疫情报告人接到报告后应及时追查学生的患病情况和可能的病因,以做到对传染病病人的早发现。

930. 学校传染病疫情报告的内容及时限是什么?

(1)在同一宿舍或者同一班级,1天内有3例或者连续3天内有多个学生(5例以上)患病,并有相似症状(如发热、皮疹、腹泻、呕吐、黄疸等)或者有共同用餐、饮水史,学校疫情报告人应当在24小时内报告相关信息。

(2)当学校和托幼机构发现传染病或疑似传染病病人时,学校疫情报告人应当立即报告相关信息。

(3)个别学生出现不明原因的高热、呼吸急促或剧烈呕吐、腹泻等症状时，学校疫情报告人应当在24小时内报告相关信息。

(4)学校发生群体性不明原因疾病或者其他突发公共卫生事件时，学校疫情报告人应当在24小时内报告相关信息。

931. 学校传染病疫情报告方式是什么？

当出现符合本工作规范规定的报告情况时，学校疫情报告人应当以最方便的通信方式(电话、传真等)向属地疾病预防控制机构(农村学校向乡镇卫生院防保组)报告，同时，向属地教育行政部门报告。

932. 学校教室通风换气的要求是什么？

(1)换气次数：小学教室每节课换气2次，初中教室3次，高中教室4次。除去课间休息开窗换气1次外，则每节课在上课过程中小学教室应换气1次，初中教室2次，高中教室3次。

(2)换气时间：每次换气的持续时间视室外温度而定：室外温度为5～10 ℃时，每次5分钟；室外温度0～5 ℃时，每次4分钟；室外温度零下5～0 ℃时，每次3分钟；室外温度低于零下5 ℃，每次2分钟。

(3)换气方式：楼内设有走廊的，应以开走廊侧内窗通风为主，开窗面积应达到2平方米以上(约一扇窗)。

(4)注意事项：要同时保证教室内温度始终不低于16 ℃。

933. 学校设置传染病隔离室应满足什么要求？

隔离观察室应远离学生上课区，通风较好，最好有单独使用的卫生间和洗手设施；要设立醒目的“隔离室”标志，最好门前有“闲人免进”等标牌，避免其他人员误入隔离室。

隔离室原则上应具备以下基本设备：观察床、凳、处置台；听诊器、血压计、体温计、一次性压舌板；一次性注射器、一次性输液器、纱布罐、药品柜、一次性口罩；紫外线灯、灭菌消毒器材、福尔马林熏蒸消毒柜、污物桶；通信设施；流水洗手设施(有手消毒液)。

934. 学校晨检的主要内容是什么？

(1)因病缺课情况：记录学生每天因病缺课相关信息，汇总上报人次数。

(2)监测疾病症候群：发热、咳嗽、头痛、咽痛、呕吐、腮肿、腹痛、腹泻、皮疹、红眼、受伤及其他。

(3)监测疾病种类：感冒、气管炎、肺炎、水痘、风疹、麻疹、腮腺炎、猩红热、手足口病、胃肠道疾病、心脏病、眼病、牙病、耳鼻喉疾病、泌尿系疾病、神经衰弱、意外伤害、结核、肝炎、甲型流感等其他传染病和疾病。

935. 什么是学校突发公共卫生事件？

学校突发公共卫生事件是指在学校内突然发生，造成或可能造成师生员工身体健康严重伤害的重大传染病疫情、群体性不明原因疾病、群体性异常反应、重大食物和职业中毒以及其他严重影响师生员工身体健康的公共卫生事件。

936. 学校突发公共卫生事件分几级？

根据学校突发公共卫生事件性质、危害程度、涉及范围可分为四级。特别重大突发公共卫生事件(Ⅰ级)红色、重大突发公共卫生事件(Ⅱ级)橙色、较大突发公共卫生事件(Ⅲ级)黄色、一般突发公共卫生事件(Ⅳ级)蓝色。

937. 什么是学校群体性心因性事件？

群体性心因性反应也称群体性癔症，属于神经官能症的范畴，是癔症的一种类型，是由于心理因素而造成的，表现为情感丰富，个人表现欲强烈，脾气暴躁，高度自我为中心。在这些性格基础上，遇到明显的精神刺激和不良暗示，出现大脑机能失调，诱发心理或精神障碍而发病。常出现在学校、教堂或公共场所。

938. 中小学生体育锻炼运动负荷的卫生标准是什么？

(1)健康中小学生体育课和课外体育活动的基本部分的靶心率不应低于120次/分，也不得超过200次/分。

(2)健康中小学生体育课和课外体育活动时间，每天不得少于1小时。

(3)健康中小学生体育课和课外体育活动每周不得少于5次。每次锻炼基本部分的运动时间应为20～30分钟。

(4)对月经正常的女生，月经期间要减少运动量，应避免增加腹部压力和全身剧烈震动的运动，停止游泳等水下运动。对月经异常的女生，月经期间应停止体育活动。

939. 中小学校教室的采光卫生标准是什么？

(1)学校教室不应采用东西朝向，宜采用南北向的双向采光。教室采用单侧采光时，光线应自学生座位的左侧射入。南外廊北教室时，应以北向窗为主要采光面。

(2)教室课桌面上的采光系数最低值不应低于1. 5%、教室玻地面积比不应低于1:6、多雾地区的教室课桌面上的采光系数最低值不应低于2%。

(3)为防止窗的直接眩光，教室应设窗帘以避免阳光直接射入教室内。为防止黑板的反射眩光，其表面应以耐磨无光泽的材料制成。采光测量方法按GB 5699—85《采光测量方法》执行。

940. 中小学校教室照明的卫生标准是什么？

(1)凡教室均应装设人工照明。

(2)教室课桌面上的平均照度值不应低于150 Lx，其照度均匀度不应低0.7。

(3)教室黑板应设局部照明灯，其平均垂直照度不应低于200 Lx，照度均匀度不应低于0.7。

(4)教室照明光源宜采用荧光灯。

(5)为了减少照明光源引起的直接眩光，教室不宜采用裸灯照明。灯具距课桌面的最低悬挂高度不应低于1.7米。灯管排列宜采用其长轴垂直于黑板面布置。对于阶梯教室，前排灯不应对后排学生产生直接眩光。

(6)照明设计计算照度时，照度补偿系数取1.3。

(7)室内照明测量方法按GB 5700—85《室内照明测量方法》执行。

941. 学生营养餐生产企业的卫生规范是什么？

是以保证学生生长发育和健康为目的，生产单位根据平衡膳食的要求，在严格卫生消毒条件下向学生提供安全卫生，符合营养标准的色、香、味俱佳的配餐，学生课间餐是为适量补充学生热量和各种营养素而制作的食品。企业的卫生规范是：《非发酵性豆制品及面筋卫生代替标准》(GB 2711—1998)、《发酵性豆制品卫生代替标准》(GB 2712—1998)、《蛋卫生代替标准》(GB 2748—1996)、《生活饮用水卫生代替标准》(GB 5749—1985)。

942. 中小学生为什么要进行健康体检？

为了贯彻落实《中共中央国务院关于加强青少年体育增强青少年体质的意见》精神，根据《学校卫生工作条例》、《国家学校体育卫生条件试行基本标准》、《预防性健康检查管理办法》、《健康体检管理办法》规定的基本要求，新生入学应建立健康档案。学校应组织所有入学新生进行健康体检，建立健康档案。小学新生可在家长或监护人的陪伴下前往指定的健康体检机构或由健康体检机构人员前往学校进行健康体检。在校学生每年进行1次常规健康体检。

943. 中小学生健康体检项目有哪些？

内科常规检查：心、肺、肝、脾；

眼科检查：视力、沙眼、结膜炎、色觉；

口腔科检查：牙齿、牙周；

外科检查：头部、颈部、胸部、脊柱、四肢、皮肤、淋巴结；

形体指标检查：身高、体重；

生理功能指标检查：血压、脉搏、肺活量；

实验室检查：结核菌素试验；谷丙转氨酶、胆红素等。

第二节 生长发育

944. 中小学生的生长发育分为几期？

一般分为6～12岁的小学生期，13～18岁的初、高中学生期。这两个时期是孩子体格和智力发育的关键时期，身高和体重快速增长，第二性征出现，生殖器官及内脏功能日益发育成熟，大脑机能和心理发育也进入高峰，行为和习惯也在这个时期逐渐发展和形成。

945. 青春期分几期？

青春期是每个人都要度过的一生中最关键的时期，是人体生长发育成熟前一个迅速发育的阶段，大致可分为三个时期：

(1)青春发育前期

女生从11～12岁开始，男生从13～14岁开始，一般持续2～3年。

(2)青春发育中期

女生从12～15岁开始，男生从14～16岁开始，主要以性器官及第二性征发育为主，女生出现月经，男生出现遗精，一般持续2～4年。

(3)青春发育后期

女生从16～17岁开始，男生从17～18岁开始，身体各系统继续缓慢发育并逐渐成熟。这一时期为生长发育最重要的阶段，是决定人一生体格、素质、行为、性格和智力水平的关键时期。这一时期，生理、心理变化很大，其中最突出的就是性器官的发育和性心理的发展。

946. 青春期第二性征发育的外部表现有哪些？

第二性征是性发育的外部表现，除男女有别的生殖器官外，在身材、体态、相貌、声音等方面男生和女生都表现不同，有明显的差异。第二性征发育出现的年龄阶段在13～17岁。

女生第二性征发育主要表现为乳房发育、出现体毛、骨盆变宽、臀部变大、变声、月经初潮等，一些女孩还出现青春痘等表现。男生第二性征的发育主要表现为出现胡须、喉结突出、嗓音低沉、体毛明显、阴囊及阴茎增大等。

947. 什么是性早熟？

性早熟是指在性发育年龄以前出现了第二性征，即乳房发育，阴毛、腋毛出现，身高、体重迅速增长，外生殖器发育。在男女儿童中，性早熟的发生率大约为0.6%，其中女性多于男性。

948. 什么是月经初潮？

女性一生中第一次月经来临称为月经初潮，月经初潮标志着女性青春期的到来。月经是女性周期性子宫内膜剥脱、经血从阴道排出的过程，是一种正常的生理现象。大多数女孩的初潮年龄为12～14岁。

949. 中小学生生长发育有几个年龄期？

(1)婴儿期：从出生至1周岁。

(2)幼儿前期：1～3岁，托儿所年龄期。

(3)幼年期：3～6岁，幼儿园年龄期。

(4)童年期：6～12岁，小学年龄期。

(5)青春期：12～18岁，青春发育期为10～20岁，女生较男生早1～2岁进入青春期。

950. 什么叫生长、发育？

生长指身体各部分及全身大小、长短及重量上的增加和身体化学组成成分的变化。发育指身体各系统、器官、组织的功能分化和不断完善，以及心理、智力和体力的发展。

951. 中小学生基本的生长发育有哪些规律？

人体生长发育是一个连续的过程，既有量变也有质变，并形成不同的发育阶段。各阶段之间相互联系，前一阶段的发育为后一阶段奠定必要的基础。任何阶段的发育受到障碍，都将对后一阶段产生不良的影响 。生长速度呈波浪式和不平衡性，是快慢交替进行的，全身大多数器官系统都有两次生长规律：第一次在婴儿期，第二次是在青春发育期。

952. 影响中小学生生长发育的因素有哪些？

遗传因素、营养因素、激素的作用、体育锻炼和劳动、环境与疾病、睡眠因素、精神情绪等因素等。

953. 青春期人体会有哪些变化？

(1)女孩

9～10岁：骨盆逐渐增宽，臀部增厚长圆，皮脂腺分泌增加，乳头慢慢隆起。

10～11岁：乳房开始突出，内有稍硬的块状物。

11～12岁：短而细的阴毛开始长出，乳头突起，乳晕出现。

12～13岁：乳房迅速膨胀，乳头色素沉着。

13～14岁：月经初潮(有的少女早一两年，有的晚一两年)，双侧腋下长出腋毛，骨骼发育，身材长高。

14～15岁：骨盆明显增宽，内生殖器卵巢每月有一颗卵子排出，初步形成了月经周期。

16～20岁：骨骺即将闭合，增高的速度减慢，脸上长出“青春痘”。

但是每个女孩的发育时间和程度都不完全一样。上述时间表仅是一般情况，有的发育如果提前或推后一两年，不必担心，仍属正常范围。

(2)男孩

10～11岁：睾丸及阴茎开始增大。

11～12岁：喉结开始突起。

12～13岁：出现阴毛，睾丸、阴茎进一步增大，骨骼发育，身高迅速增长。

13~14岁：声音变得粗沉，有个别人乳房发胀。

14～15岁：阴囊色素增加，腋毛生长，脸上开始长胡须，睾丸增长完成，出现遗精。

15～18岁：脸上出现“青春痘”，面部及身体局部出现体毛。

18～22岁：骨骼闭合，停止长高。

954. 青春期性意识发展的四个时期是什么？

性抵触期、敬慕长者期、向往异性期、恋爱期。

955. 青春期内分泌系统的发育特点是什么？

人体的内分泌系统主要由下丘脑、脑下垂体、甲状腺、肾上腺、胸腺、松果体、胰岛和性腺等组成。内分泌系统是青春期变化的总枢纽，中枢神经系统又对内分泌系统起着调节作用。有的调节糖和蛋白质代谢，有的调节水和电解质平衡，有的调节生长发育和生长激素，协同促进青春期生长突增和第二性征的发育。有些青少年女性的汗毛特别浓重，可能是肾上腺雄激素分泌过多的缘故。

956. 可以促进青少年长高的运动有哪些？

(1)悬垂：双手握住单杠，两脚并拢，全身放松，自然下垂，身体前后微微摆动，每次20秒，做10次。

(2)跳高：双腿跳高，跳起时双手摸高，做200次。

(3)慢跑：穿上运动鞋，每天慢跑1000米。

(4) 踢腿：用力向前踢腿，可以刺激和拉长膝部的软骨组织，做100次。

(5)游泳：每周1次，不要追求速度和距离，要强调在水中做充分的拉伸运动(伸手、踢腿)。

(6)拉伸：站直，双脚并拢，双手举过头顶并伸直，分别向前后左右各拉伸10次，早晚各做一遍。在不断地运动中，可配合使用高菲特，效果更加显著。

957. 青少年如何建立自我认同感？

所谓自我认同，即个体依据个人的经历所反思性地理解到，它并非与生俱来，需要在成长过程中慢慢形成。成长期自我认同感的形成与外界反馈存在密切联系，因为此时孩子的理性思维能力和对事物客观评判的能力尚未充分发展，他们对自己行为判断的重要标准就是他人的评价，尤其是最亲近的人的评价，比如父母。经常得到父母肯定的孩子会感觉自己是有价值的，被喜爱的；反之，如果孩子从父母那里得到的只有批评，那么他就会认为自己是不好的，没有能力的，不被喜欢的，进而导致自卑、怯懦、退缩等心理行为问题。因此，适当的表扬对于孩子自尊、自信和自我认同感的建立具有积极而重要的作用。

自我认同程度的高低，在很大程度上会影响学生今后的成长和发展；所以，帮助孩子做到自我认同，应成为教育过程中格外注意的方面。生活即教育，一个人的成长与其生活环境是密切相关的。除家庭外，社会、学校、班集体，都是学生每天接触的环境，都对学生的成长有着或多或少的影响。

958. 什么是运动负荷和靶心率？

靶心率是指最适宜运动的心率，为心率储备×75%+安静时心率。其中心率储备=最大心率-安静时心率，最大心率=220-年龄。

运动负荷测定：检测和评定锻炼者对运动负荷的承受能力。以心肺功能为主，进行安静和运动状态下的生理功能检测，主要有心率、血压和肺活量等指标。

第三节 学校常见病

959. 学校常见病防治有几种？

肱骨外上髁炎、近视眼、龋齿、运动性腹痛、神经衰弱、急性肠炎、弱视、沙眼、食物中毒、营养不良、肥胖、肠道寄生虫病、碘缺乏病、一氧化碳中毒、普通感冒、湿疹、疥疮、中暑、冻疮、痛经、体位性低血压、损伤踝关节扭伤等。

960. 什么是近视眼？

近视眼也称短视眼。指眼球在调节放松状态下，平行光线（一般认为来自5米以外）经眼球屈光系统后聚焦在视网膜之前，呈分散而又模糊的光圈，这种屈光状态称为近视眼。

961. 引起近视眼的原因是什么？

内因：遗传因素、发育因素。

外因：造成儿童近视的外部因素很多，常见的有用眼过度，不让眼睛休息；戴其他人的眼镜（比自己的度数深的）；用眼距离过近；照明光线过强或过弱；在行车上或走路时看书；躺着看书；睡眠不足；课桌不符合要求；写字姿势不正确；偏食、挑食导致营养不足；每天长时间看电视、电脑等。

962. 近视眼的临床表现及治疗是什么？

有视力降低、视力疲劳、眼位斜视、眼球突出、眼底退行性改变、黄斑形成、巩膜后葡萄肿等表现。

真性近视治疗分手术疗法和非手术疗法。

非手术治疗近视眼的最佳方案是佩戴合适的眼镜（凹透镜）。

近视的手术治疗（准分子激光）适应证为：年龄满18岁以上，近视屈光度2.50D或以上，戴镜矫正视力正常，有摘掉眼镜的需求，角膜无活动性病变或圆锥角膜，无糖尿病史或结缔组织病。

963. 什么是视力？正常人的视力是多少？

视力指在一定距离内眼睛辨别物体形象的能力。正常人的眼睛视力约为1.0左右。

964. 什么是真性近视、假性近视？

真性近视又称轴性近视，主要是眼球前后轴增长所致，必须配戴合适的近视眼镜。其原因是先天遗传因素、后天环境因素和体质健康因素。

假性近视又称屈光性近视。主要是眼睛经常处于高度紧张状态，引起睫状体发生痉挛所致，但眼轴长度不变。如改善用眼卫生习惯，使过度紧张的睫状体放松，视力可恢复正常，无需配镜矫正。如果继续不注意用眼卫生，就会使眼球充血，眼轴变长，成为轴性近视，即真性近视。

965. 引起视力降低的原因有哪些?

(1)突然视力下降,外观正常:病因为视网膜中央动脉阻塞、急性球后视神经炎(包括脱髓鞘病)、视神经脊髓炎、多发性硬化、视网膜中央静脉阻塞,视网膜静脉周围炎和糖尿病、白血病,眼底有大量出血时、闪辉性暗点(短时间可自行恢复)、视网膜脱离、缺血性视乳头病变、视乳头网膜炎,急性甲醇、奎宁类中毒,伪盲等。

(2)视力很快下降,伴有眼部充血或感染:病因为急性闭用性青光眼、急性虹膜睫状体炎、重症机械性眼外伤、热烧伤、化学烧伤、角膜炎、角膜溃疡、眼内炎、全眼球炎等。

(3)逐渐视力下降,无充血:病因为白内障、角膜变性、单纯性青光眼、玻璃体混浊、视网膜脉络膜炎、视神经病、视神经萎缩、视网膜色素变性、早期视网膜母细胞瘤、早期脉络膜黑色素瘤、早期 Coast 氏病、近视眼、老视(老花眼)、弱视、伪盲等。

(4)慢性视力下降,眼充血:病因为角膜炎、角膜溃疡、慢闭性青光眼、眼外伤、慢性虹膜炎、真菌性角膜炎、眼内炎、结膜和角膜碱烧伤后期等。

966. 儿童青少年怎样培养良好的用眼习惯,预防近视的发生和发展?

从小养成良好的用眼习惯,预防近视的发生和发展。读书写字姿势要端正,眼与书本距离不小于30厘米,连续读写或者看电视、使用电脑1小时要休息片刻,休息时尽可能向远处眺望;不在光线太强或太暗的环境中看书,不躺在床上看书,不边走路边看书,不在行进的车厢里看书。每天做眼保健操,合理膳食,多到户外体育活动,每天睡眠时间不少于7小时,对预防近视眼的发生有积极作用。

967. 牙齿的生长过程是怎样的?

牙齿的生长过程一般有四个阶段:形成牙胚、逐渐钙化、形成牙冠、形成牙根。

968. 什么是龋齿病?

龋齿是牙齿硬组织损害的一种慢性疾病,指机体在内外环境因素影响下,在细菌作用的参与下,牙体硬组织无机盐脱钙、电解质分解造成牙体组织破坏和缺损的一种疾病。

969. 引起龋齿病的原因是什么?

细菌、宿主、食物和时间共同作用与牙体,是造成龋齿病发生的基础和根本原因。

970. 龋齿病的临床表现是什么?

龋齿是指牙釉质出现褐色或黑褐色斑点或斑块,表面粗糙,形成龋洞,牙齿疼痛,牙龈出血、肿痛,遇冷热酸甜时过敏。可分为浅龋 (牙釉质龋)、中龋(牙本质浅龋)、深龋(牙本质深龋)、残冠、残根。

971. 龋齿病如何防治?

治疗方法:药物治疗是在磨除龋坏的基础上,应用药物抑制龋齿病发展的方法,适用于恒牙尚未成洞的浅龋,乳前牙的浅、中龋洞。常用药物包括氨硝酸银和氟化钠等,也可采用银汞合金充填术等。

要教育儿童、青少年认清口腔保健的重要性,了解龋齿对健康的严重危害,培养良好的卫生习惯。学校、老师要做好宣传,父母要督促孩子从小注意口腔清洁,养成早晚刷牙,饭后或吃糖果后漱口,睡前不吃零食的习惯。特别要强调晚间睡前刷牙。同时要定期进行口腔检查,合理营养和体育锻炼。使用氟化物防龋,可采用内服和外用两种方法。在低氟区,氟化水源是大面积防龋的有效措施。局部使用氟化物防龋方法甚多,如用含氟漱口液和含氟牙膏,牙面涂氟。

972. 什么是沙眼?

沙眼是一种常见的感染性眼病,因其在睑结膜表面形成粗糙不平的外观,形似沙粒,故名沙眼。

973. 引起沙眼的原因是什么?

沙眼是由衣原体感染引起的,以双眼痒痛,羞明流泪,或眵多胶黏,睑内红赤颗粒等为主要表现的一种慢性传染性结膜炎。

974. 沙眼并发症有哪些?

沙眼并发症可见于沙眼性眼干燥症 、上睑下垂、沙眼性角膜溃疡 、睑内翻及倒睫。

975. 怎样预防沙眼?

预防沙眼是一个重要的公共卫生问题,由于沙眼衣原体常附着在患者眼睛的分泌物中,任何与此分泌物接触的情况均可造成沙眼传播感染的机会。因此,要加强卫生宣传教育,普及卫生知识,培养良好卫生习惯,保持面部清洁,不用手揉眼,手巾、手帕要勤洗晒干。托儿所、学校等集体单位睡眠区应进行分隔和通风,应分盆分毛巾或流水洗脸,加强理发室、浴室、旅馆等服务行业的卫生管理,严格毛巾、脸盆等消毒制度;合理处理垃圾,改善厕所环境,减少或消灭苍蝇,并要注意水源清洁,以阻断沙眼传播的途径,减少感染的传播,防止沙眼感染流行。

976. 你知道沙眼可致盲吗?

沙眼很容易致盲。由于环境、个人卫生习惯可导致沙眼反复感染,使得沙眼愈演愈烈,眼部健康破坏严重而致盲。其中反复感染是沙眼致盲的必要条件,如已染上沙眼,治疗和预防是十分重要的,在每个阶段都可以防治,阻断其发展,使人们远离沙眼致盲的危害。

977. 世界卫生组织提出的有效控制沙眼的四个要素是什么?

世界卫生组织提出了有效的控制沙眼的四个要素即SAFE战略。SAFE由四个英文字头组成,具体内容是:S——手术矫正沙眼性倒睫、A——抗生素治疗活动性沙眼感染人群、F——洗面和清洁眼部、E——环境的改善(水和卫生)以消灭沙眼。

978. 什么是肠道寄生虫病 ?

肠道寄生虫病是寄生虫在人体肠道内寄生而引起的疾病。肠道寄生虫的种类多,在人体内寄生过程复杂,发育期不一定都在肠道,因此引起的病变也就并不限于肠道。肠道寄生虫的危害性很大,易导致患者消瘦和腹痛、呕吐、消化不良等胃肠道症状。不同的肠道寄生虫形成不同的肠道病变,可分为蛔虫病、蛲虫病、钩虫病等7种。

979. 如何防治肠道寄生虫病?

应采取综合性措施,包括查治病人和带虫者、处理粪便、管好水源和预防感染几个方面。加强宣传教育,普及卫生知识,在蛔虫病的预防中起着关键作用。注意饮食卫生和个人卫生,通过饭前、便后洗手,不生食未洗净的蔬菜及瓜果,不饮生水,防止食入蛔虫卵,减少感染机会。使用无害化人粪做肥料,防止粪便污染环境,是切断蛔虫传播途径的重要措施。同时对病人和带虫者进行驱虫治疗,是控制传染源的重要措施。驱虫治疗既可降低感染率,减少传染源,又可改善儿童的健康状况。驱虫治疗时间宜在感染高峰之后的秋冬季节,学龄儿童可集体服药。由于存在再感染的可能,所以,最好每隔3~4个月驱虫一次。对有并发症的患者,应及时送医院诊治,不要自行用药,以免贻误病情。

980. 蛔虫病的临床表现是什么?

感染蛔虫后,肠蛔虫寄生于小肠内,消耗营养,并妨碍消化吸收功能,造成小儿营养不良、贫血、腹痛等。蛔虫喜钻孔和扭结成团,并能产生一种致肠痉挛的物质,并引起肠内感染。自患者粪便中检查出虫卵,即可确诊。

981. 蛔虫病的主要并发症有哪些?

主要并发症有胆绞痛型、急性胆囊炎、急性胆管炎、急性胰腺炎与肝脓肿等胆道并发症。机械性肠梗阻,多为不完全性。肠穿孔、肠扭转,蛔虫钻入阑尾,可引起阑尾炎;蛔虫性腹膜炎,蛔虫可穿过小肠壁进入腹腔,引起腹膜炎症状等肠道并发症。

982. 什么是运动性腹痛?

运动性腹痛是指与运动训练因素有关,而无其他原因引起的腹痛。属一时性的功能紊乱,随着运动停止,症状可以逐渐缓解。

983. 引起运动性腹痛的原因是什么?

准备活动不充分,运动前饮食过饱,喝了大量的水或碳酸性饮料,吃了有刺激性、难消化的食物或者空腹运动,腹直肌痉挛,呼吸节律紊乱,女同学在月经期间、体育活动中发生碰撞的部位在腹部时等,均引起腹痛。

984. 运动性腹痛的临床表现是什么?

(1)胃肠痉挛,此种原因引起的疼痛多在上腹部,疼痛的性质多为钝痛、胀痛,严重者可产生绞痛。

(2)肝脾区疼痛。

(3)腹直肌痉挛。

(4)腹部慢性疾病。

(5)原因不明的右上腹痛。

985. 运动性腹痛如何防治?

运动性腹痛的治疗原则是针对病因进行对症处理。

运动性腹痛的预防:

(1)体育活动前不可以饮食过饱,不能喝太多的水、碳酸类饮料和吃刺激性、难消化的食物,体育活动过程中不能吃零食、喝冷饮。

(2)运动前要做充分的热身运动,运动过程中注意循序渐进,动作不要太猛,不要突然加速或变速,使身体能够较好地进入运动状态,并且注意呼吸节奏,强调呼吸和动作的协调性。

(3)对于腹部有原发性疾病者,在治疗期间由教师指导减轻活动量。

(4)女同学在月经期间的运动量应该减少,并注意保暖,不吃有刺激性的食物。

(5)运动过程中注意保护自己,不过分拼抢,以免引起身体上的碰撞。

986. 什么是急性肠炎?

急性肠炎是因饮食不当、进食发酵分解或腐败污染的食物所致的肠道急性炎症,其致病菌多为沙门氏菌属。

987. 引起急性肠炎的原因是什么?

与暴饮暴食,进食过多的高脂质、高蛋白食物,饮酒、饮冰凉饮料过多及受凉有关;由进食腐败、污染的食物(如隔夜食物未加热消毒,不新鲜的螃蟹、海味,久存冰箱内的肉类食品,发酵变质的牛奶及奶制品等)引起。急性肠炎夏秋季多发,与天气炎热食物易腐败有关。

988. 急性肠炎的临床表现是什么?

患者多在夏秋季突然发病,常有进食不洁食物病史。多在食后短期内突然发病,表现为上腹部不适、疼痛、食欲减退、恶心、腹泻。严重者起病急,恶心、呕吐频繁,剧烈腹痛,频繁腹泻,多为水样便,可含有未消化食物、少量黏液甚至血液等。伴有发热、头痛、全身不适以及程度不同的中毒症状,严重者可有脱水、酸中毒,甚至休克。

989. 急性肠炎如何防治?

进清淡饮食,注意休息,用具消毒,防止交叉感染。药物治疗原则以控制肠道内外感染和保护胃肠黏膜为主。对于肠道内外感染引起的肠炎,尤其是黏液脓血便时可使用抗生素控制感染,不同的细菌感染选用不同的抗生素。

990. 什么是一氧化碳中毒?

一氧化碳中毒是含碳物质燃烧不完全时的产物经呼吸道吸入引起的中毒。

991. 引起一氧化碳中毒的原因是什么?

一氧化碳与血红蛋白的亲和力比氧与血红蛋白的亲和力高200~300倍,所以一氧化碳极易与血红蛋白结合,形成碳氧血红蛋白,使血红蛋白丧失携氧的能力和作用,造成组织窒息。一氧化碳中毒后对全身的组织细胞均有毒性作用,尤其对大脑皮质的影响最为严重。

992. 一氧化碳中毒的主要临床表现是什么？

主要表现为缺氧。轻度患者有头痛、无力、眩晕、劳动时呼吸困难等表现；中度患者口唇呈樱桃红色，可有恶心、呕吐、意识模糊、虚脱或昏迷等表现；重度患者呈深度昏迷，伴有高热、四肢肌张力增强和阵发性或强直性痉挛。患者多有脑水肿、肺水肿、心肌损害、心律失常和呼吸抑制，可造成死亡。

993. 什么是普通感冒？

普通感冒俗称“伤风”，大多数原发病由病毒引起。通常以鼻咽部卡他症状（如咳嗽、流涕、打喷嚏、鼻塞）等上呼吸道症状为主，伴轻度畏寒、头痛。

994. 引起普通感冒的原因是什么？

由病毒引起的鼻及咽部黏膜充血水肿、上皮细胞破坏、少量白细胞浸润。由细菌引起的多继发于病毒感染之后，少数由细菌直接感染，其中以溶血性链球菌多见。

995. 普通感冒的主要临床表现是什么？

从感染病毒到临床出现症状的时间称为潜伏期。潜伏期一般为1～3天。多数起病急，早期症状有打喷嚏、鼻塞、流涕，1～2天后，出现咽痛、咽部异物感，重者可出现吞咽困难、咳嗽、声音嘶哑。如无继发细菌感染，则痰少，为白色黏痰。合并眼球结膜炎时，出现眼痛、流泪、怕光。除上述症状外，还常伴发轻重程度不一的全身症状，如恶寒、发热、全身疲软无力、腰痛、肌痛、腹胀、纳差，甚至出现呕吐、腹泻。

996. 普通感冒如何治疗？

应卧床休息，保障足够睡眠，多饮水，室内环境要保持一定的温度和湿度，注意通风，同时减少外出及体力活动。应用抗病毒、抗生素药物等及时对症治疗。

997. 什么是湿疹？

湿疹是一种常见的由多种内外因素引起的表皮及真皮浅层的炎症性皮肤病变，与变态反应有一定关系。

998. 引起湿疹的原因是什么？

由遗传因素、环境因素、感染因素、饮食因素、药物因素和其他因素引起。

999. 湿疹的主要临床表现是什么？

在早期或急性阶段，患处有成片的红斑及密集或疏散的小丘疹，或为肉眼难见的水疱，严重时有大片渗液及糜烂；在亚急性状态，渗液减少及结痂，患处由鲜红色变为暗红色，但无大片的糜烂；在慢性状态，渗液更少或完全干燥而结痂，往往与鳞屑混合而成鳞屑痂，患处颜色变暗或是发生色素沉着，有时色素减少，在皮纹尤其运动程度较大的部位容易发生裂口，长期摩擦搔抓能引起显著的苔藓样化。具有反复发作的特点。

1000. **湿疹如何防治?**

(1)治疗方法

静脉用药:0.25%普鲁卡因注射液10～20毫升加维生素C 500毫克静脉注射;或用普鲁卡因每千克体重4～6毫克,用生理盐水配成0.1%溶液加维生素C 500～1000毫克静滴。亦可用葡萄糖酸钙10毫克静注。局部性的湿疹皮癣,可用止痒杀菌的中药膏涂擦患处及对症治疗。

(2)预防

湿疹特别是慢性者,大都通过长期的治疗未获痊愈,患者常常失去信心。由于此病发病原因极为复杂,给治疗带来困难。患者应该与医生合作,建立治愈信心,尽可能避免各种可疑致病因素,如热水洗烫、过多使用肥皂、用力搔抓及外用药不当等。生活上注意避免精神紧张、过度劳累,勿食辣椒、鱼、虾、蟹或浓茶、咖啡、酒类,衣被不宜用丝、毛及化纤等制品,平时保持大便通畅,睡眠充足,冬季注意皮肤清洁及润泽。这些都可减少湿疹的复发。湿疹是可以治愈的。

1001. **什么是疥疮?**

疥疮是一种常见的接触性皮肤病。是由疥螨寄生于人体皮肤表层内引起的慢性传染性疾病。本病传染性强,主要通过密切接触传染,也可经衣物间接传染,可在家庭或集体人群中迅速流行。

1002. **引起疥疮皮肤损害的原因是什么?**

(1)疥疮瘙痒性红色丘疹系疥螨钻入皮肤直接引起。

(2)水疱或小脓疱的形成可能是疥螨或角层内的排泄物,作为一种致敏物使表皮和真皮毛细血管扩张渗出所致。

(3)隧道系疥虫挖掘所致。

(4)结节是机体对疥虫抗原发生超敏反应。

1003. **疥疮的主要临床表现是什么?**

疥螨常侵犯皮肤薄嫩部位,好发于指(趾)缝、腕部屈侧、肘窝、腋窝、妇女乳房、脐周、腰部、下腹部、股内侧、外生殖器等部位,多对称发生。头面、掌跖部不易受累,但婴幼儿例外。经常洗手者,手部无损害或仅有少数损害。皮疹主要表现为丘疹、水疱、隧道及结节。丘疹约小米大小,淡红色或正常肤色,有炎性红晕,常疏散分布或密集成群,少有融合,有的可演变为丘疱疹。患者自觉剧痒,夜间更甚。

1004. **疥疮如何防治?**

治疗:外用10%硫黄软膏(婴幼儿5%硫黄软膏)涂擦。治疗前先用热水和肥皂洗澡,然后擦药,自颈以下,先擦皮损,后及全身,每日1～2次,连续3～4日为一疗程。

预防:注意个人清洁卫生。发现患者应立即隔离治疗。未治愈前应避免和别人接触,包括握手。患者穿过的衣服、被褥等应彻底消毒并在阳光下曝晒。

1005. 什么是中暑?

中暑是指人在高温和热辐射的长时间作用下,机体产热大于散热,或散热受阻,体内有过量的热蓄积,从而引起器官功能和组织的损害。

1006. 引起中暑的原因是什么?

在高温(一般指室温超过35 ℃)环境中或夏季烈日曝晒下,从事一定时间的劳动,且无足够的防暑降温措施,或气温虽未达到高温,但由于湿度较高和通风不良,发生中暑。

1007. 中暑的主要临床表现是什么?

(1)先兆中暑是患者在高温环境中劳动一定时间后,出现头昏、头痛、口渴、多汗、全身疲乏、心悸、注意力不集中、动作不协调等症状,体温正常或略有升高。

(2)轻症中暑除有先兆中暑的症状外,出现面色潮红、大量出汗、脉搏快速等表现,体温升高至38.5 ℃以上。

(3)重症中暑是中暑中情况最严重的一种,如不及时救治将会危及生命。重症中暑分为4种类型:热痉挛、热衰竭、日射病和热射病。

1008. 中暑如何防治?

一般患者经对症治疗后30分钟到数小时即可恢复。重症患者应迅速转移到阴凉通风处休息或静卧,口服凉盐水、清凉含盐饮料。有周围循环衰竭者应静脉补给生理盐水、葡萄糖溶液和氯化钾。热射病患者预后较差,死亡率为5%～30%,应积极抢救治疗。

预防中暑应从根本上改善劳动和居住条件,隔离热源,降低车间温度,调整作息时间,供给含盐0.3%的清凉饮料。

1009. 什么是冻疮?

冻疮是冬天的常见病,是由于寒冷引起的局限性炎性损害。

1010. 引起冻疮的原因是什么?

寒冷是本病发病的最主要原因。冻疮好发生在肢体的末梢和暴露的部位,如手、足、鼻尖、耳郭和面颊部。

1011. 冻疮的主要临床表现是什么?

冻伤初期,仅是出现局部的红肿现象,逐渐形成暗红色的斑块,同时可伴随一定程度的肿胀、疼痛、瘙痒感,在遇热时症状尤为明显。

1012. 什么是痛经?

痛经是指女性在经期及其前后出现小腹或腰部疼痛,甚至痛及腰骶的一种临床常见病。

1013. 引起痛经的原因是什么?

(1)子宫颈管狭窄造成月经外流受阻,引起痛经。

(2)子宫发育不良,容易伴随血液供应异常,造成子宫缺血、缺氧而引起痛经。

(3)子宫位置极度后屈或前屈,影响经血通畅而致痛经。

(4)精神和神经因素、遗传因素等亦可引起。

(5)内分泌因素,经期腹痛与黄体期黄体酮升高有关。

(6)经期子宫收缩持续时间较长,且不易完全放松,故容易发生子宫过度收缩或不正常收缩所致的痛经。

(7)妇科病如子宫内膜异位症、盆腔炎、子宫腺肌症、子宫肌瘤等引起痛经。子宫内放置节育器也易引起痛经。

(8)少女初潮,心理压力大,经血运行不畅,爱吃生冷食品等,造成痛经。

(9)经期剧烈运动、受风寒湿冷侵袭等,均易引发痛经。

1014. 痛经的主要临床表现是什么?

未婚女性及月经初来少女多见。表现为经期或行经前后,周期性发生下腹部胀痛、冷痛、灼痛、刺痛、隐痛、坠痛、绞痛、痉挛性疼痛或撕裂性疼痛,疼痛一般历时0.5～2小时。疼痛一般在下腹部,也可放射至腰骶部或股内前侧。多数病人伴有全身症状,如乳房胀痛、肛门坠胀、胸闷烦躁、悲伤易怒、心惊失眠、头痛头晕、恶心、呕吐、胃痛腹泻、倦怠乏力、面色苍白、四肢冰凉、冷汗淋漓、虚脱昏厥等。

1015. 如何防治痛经?

(1)治疗

进行适当的体育锻炼,调节心情,注意生活规律,劳逸结合,适当休息。同时重视月经期的生理卫生,避免剧烈运动、过度劳累和防止受寒。前列腺素合成抑制剂及维生素B6等

(2)预防

学习掌握月经期卫生知识:月经的来临,是女性进入青春期的标志,女性应多学习一些有关的生理卫生知识,解除对月经产生的误解,消除或改善不良的心理变化。

生活起居有规律:女性生活与起居、劳作等要合理安排,不宜过食生冷之物,不宜久居寒湿之地,不宜过劳或过逸等,尤其是月经期更需要避免寒冷刺激、淋雨涉水、剧烈运动和过度精神刺激等。

积极做好五期卫生保健:五期卫生保健是指妇女月经期、妊娠期、产褥期、哺乳期、更年期的卫生保健。

加强锻炼,提高健康水平:经常锻炼身体,能增强体质、减少和防止痛经的发生。

积极进行妇科病的诊治:积极正确地检查和治疗妇科病,是预防痛经的一项重要措施。

1016. 什么是体位性低血压?

体位性低血压又叫直立性脱虚,是因体位的改变,如从平卧位突然转为直立,或长时间站立而发生的脑供血不足,从而引起的低血压。

1017. **引起体位性低血压的原因及主要临床表现是什么?**

由于突然的体位变化引起血压的迅速下降。体位性低血压分为突发性和继发性两种。突发性多因植自主经功能紊乱,引起直立性小动脉收缩功能失调所致。

主要临床表现是直立时血压偏低,还可伴有站立不稳、视力模糊、头晕目眩、软弱无力、大小便失禁等,严重时会发生晕厥。

1018. **体位性低血压如何防治?**

一旦发生体位性低血压,应反复测量不同体位的血压,以便明确诊断,对症治疗。预防体位性低血压,首先是控制血糖达标,避免低血糖的发生;其次是合理饮食,避免饮食过饱或饥饿,进餐后不宜立即起立和从事体力活动,不饮烈酒。同时应根据身体耐力制订锻炼计划,坚持运动,增强体质。

1019. **什么是神经衰弱?主要临床表现是什么?**

神经衰弱属于心理疾病的一种,是一类精神容易兴奋和脑力容易疲乏,并伴有情绪烦恼和心理生理症状的神经症性障碍疾病。患者自觉精神困倦,躯体易疲劳,对日常工作感到吃力;记忆力差,阅读书籍不能很好记忆,勉强记忆则引起头痛;一般情况下头晕,工作紧张时可昏倒,具有衰弱症状、兴奋症状、情绪症状、紧张性疼痛、睡眠障碍等主要临床表现。

1020. **什么是损伤?**

损伤是指外界致伤性刺激作用于人体,使人体组织或器官遭到解剖结构上的破坏和生理功能上的紊乱后,随之而发生机体一系列的全身与局部反应。

1021. **引起损伤的原因是什么?**

导致损伤的原因很多,常见的有机械性损伤(如挫伤、撕裂伤、切割伤、刺伤、断裂伤、扭伤及骨折等)、物理性损伤(如烧伤、放射能及冲击波损伤)、化学性损伤(如强酸、强碱及毒气等)、生物性损伤(如动物及昆虫的咬蜇或细菌及毒素的作用等)、精神性损伤(如突然的惊吓和恐惧等)。在日常生活及工作中,以机械性损伤较为多见。

损伤的性质与程度,常取决于致伤物的种类、致伤力作用的强度、受伤的部位以及受伤时的姿势、衣着的厚薄以及受伤后机体对损伤的反应等。

1022. **常见的闭合性损伤有几种?**

(1)挫伤;(2)扭伤;(3)冲击伤;(4)挤压伤;(5)创伤性窒息。

1023. **常见的开放性损伤有几种?**

(1)擦伤;(2)刺伤;(3)切伤;(4)裂伤;(5)撕脱伤;(6)火器伤。

1024. **损伤的主要临床表现是什么?**

(1)疼痛。受伤的局部组织肿胀压迫或刺激周围神经末梢,造成不同程度的疼痛。损伤愈严重,疼痛愈剧烈。

(2)肿胀或淤斑。由局部炎症充血血管扩张,使血流量增加以及组织液的渗出所致。

(3)功能活动受限。因伤口及疼痛引起的保护性反应,常使活动受限。损伤合并骨折或关节受损时,对功能活动的影响最大。

(4)组织损伤。组织损伤后,皮肤、黏膜或深层组织受到破坏,出现大小不等、形状各异的伤口。

全身表现:轻度损伤的全身反应不明显,重者可引起内分泌和代谢等方面的变化。主要表现在以下方面:

①损伤性休克。严重损伤时刻出现损伤性休克,其表现为面色苍白,四肢发冷,脉搏快而无力及血压下降等。

②肾功能变化。常发生于肌肉较丰富的部位,受到严重的挤压伤之后。临床出现尿少或无尿、酸中毒、高钾血症、尿毒症或急性肾功能不全的症状。

③其他表现。损伤后经常出现发热、脱水、胃纳不佳、腹胀、呼吸增快、乏力等全身表现。

1025. 损伤如何防治?

对损伤的治疗,必须从整体出发,把抢救病人的生命放在首位,要注意轻重缓急,并迅速送往就近的医院进行救治。

1026. 什么是运动性创伤?分几类?

体育运动中所发生的损伤,称为运动损伤。分为开放性和闭合性损伤两种。

1027. 如何预防运动性创伤?

(1)学习运动创伤的预防知识,克服麻痹思想。

(2)遵守纪律,听从指挥,做好组织工作,采取必要的完全措施。如:检查运动场地和器材,穿着合适的服装与鞋子。

(3)在激烈运动和比赛前都要做好准备活动。

(4)要根据自己的情况选择活动内容,适当控制运动量。

(5)掌握运动要领,加强保护和帮助。

(6)加强医务监督,提高自我保健意识。

(7)心理障碍的排除。

1028. 常见运动性创伤的应急处理有哪些?

开放性损伤的处理主要是止血和防止感染,一般进行伤口消毒后包扎即可,如擦伤。严重的需要送医院缝合或手术,如裂伤、切伤等。伤口较深(如刺伤)的应注射破伤风抗毒素,预防破伤风的发生。闭合性损伤(如挫伤)的处理多采用加压包扎、冷敷、抬高患肢等方法防止淤血、肿胀和疼痛,轻微肌肉拉伤或关节扭伤也可贴止痛膏。严重的闭合性损伤多伴有脑组织、内脏器官的损伤,应及时送医院观察和治疗。

1029. 什么是踝关节扭伤?

在外力作用下,踝关节骤然向一侧活动而超过其正常活动度时,引起关节周围软组织发生撕裂伤,称为踝关节扭伤。

1030. 引起踝关节扭伤的原因是什么?

导致踝关节扭伤的原因很多,常见的有机械性损伤(如挫伤、撕裂伤、切割伤、刺伤、断裂伤、扭伤及骨折等)、物理性损伤(如烧伤、放射能及冲击波损伤)、化学性损伤(如强酸、强碱及毒气等)、生物性损伤(如动物及昆虫的咬蜇或细菌及毒素的作用等)、精神性损伤(如突然的惊吓和恐惧等)。以机械性损伤较为多见损伤的性质与程度,常取决于致伤物的种类、致伤力作用的强度、受伤的部位以及受伤时的姿势、衣着的厚薄以及受伤后机体对损伤的反应等。

1031. 踝关节扭伤的主要临床表现是什么?

外侧韧带损伤:临床表现为踝外侧疼痛、肿胀、走路跛行,有时可见皮下淤血,外侧韧带部位有压痛,进行足内翻时,外侧韧带部位疼痛加剧。外侧韧带完全断裂较少见,局部症状更明显。外踝有小片骨质连同韧带撕脱,叫撕脱骨折。

内侧韧带损伤:其临床表现与外侧韧带损伤相似,但位置和方向相反。表现为内侧韧带部位疼痛、肿胀、压痛、足外翻时,引起内侧韧带部位疼痛,也可有撕脱骨折。

1032. 踝关节扭伤如何治疗?

外侧韧带损伤较轻、踝关节稳定性正常时,早期可抬高患肢,冷敷以缓解疼痛和减少出血、肿胀。2~3天后可用理疗、封闭、外用消肿止痛化淤药物,适当休息,并注意保护踝部,穿平底软靴。如损伤重,有骨片撕脱者,进行石膏固定。

1033. 什么是肱骨外上髁炎?

肱骨外上髁炎俗称网球肘,因网球运动员易患此病而得名。患者常常在用力抓握或提举物体时感到患部疼痛或疼痛加剧。

1034. 引起网球肘的原因是什么?

手腕伸直的肌腱在抓握东西(如网球拍)时收缩、紧张,过多使用这些肌肉会造成肌肉近端的肌腱变性、退化和撕裂,引起症状。

1035. 网球肘的主要临床表现是什么?

网球肘的症状初期,只是感到肘关节外侧酸困和轻微疼痛,患者自觉肘关节外上方活动疼痛,疼痛有时可向上或向下放射,感觉酸胀不适,不愿活动。手不能用力握物,握锹、提壶、拧毛巾等运动可使疼痛加重。一般在肱骨外上髁处有局限性压痛点,有时压痛可向下放散,甚至在伸肌腱上也有轻度压痛及活动痛。

1036. 网球肘如何防治?

应根据具体情况,制定个性化的治疗方案,治疗的目的为减轻或消除症状、避免复发。

预防:

(1)保持肌肉强壮,可以吸收身体突发动作的能量。

(2)运动前先热身,然后牵拉前臂肌肉。

(3)从事需要前臂活动的运动项目时,要学会正确的技术动作。

(4)增强自我保护意识。

1037. 脊柱弯曲异常的发生原因是什么?

(1)姿势不正。

(2)缺乏体育活动和体力劳动。

(3)营养不良和疾病。

1038. 预防学生脊柱弯曲应注意什么?

(1) 养成正确的坐、立、行姿势。

(2)要使用适合身高的课桌椅。

(3)使用双肩背包或注意左右肩轮流挎书包。

(4)加强体育锻炼,认真上好体育课。

(5)保持合理营养,多吃蔬菜、水果、鸡蛋和动物肝脏等,以利于促进脊柱正常发育。

第四节 学校健康教育

1039. 什么是健康教育?

健康教育是一门研究以传播健康知识与技术,影响个体与群体行为,消除健康风险因素,教育人们树立健康意识,预防疾病,促进健康的科学。

1040. 健康生活方式是什么?

合理膳食 、规律起居、充足睡眠 、劳逸结合、感情和谐、戒烟限酒、适量运动、心理平衡 。

1041. 世界卫生组织健康促进新准则是什么?

合理膳食、戒烟限酒、心理平衡、体育锻炼。

1042. 什么是学校健康教育? 学校健康教育的意义是什么?

学校健康教育是通过课堂教学和健康教育活动,使儿童青少年掌握常见病防治和卫生保健知识,增强学生自我保健意识,养成科学、文明、健康的生活方式和行为习惯,从而达到预防疾病、增进健康、提高学生个体和群体的健康水平。

意义在于可以通过多种多样的手段,有计划、有目的、有组织地使学生掌握健康知识,养成有益于个人、集体和社会的健康生活方式和行为方式,使学生树立全面的健康观,建立预防为主、自我保健的意识,促进学生身心健康、道德健康和社会适应能力的全面发展。

1043. 中小学生健康教育的目标是什么?

中小学生健康教育内容包括五个领域:健康行为与生活方式、疾病预防、心理健康、生长发育与青春期保健、安全应急与避险。 根据儿童青少年生长发育的不同阶段,依照小学低年级、小学中年级、小学高年级、初中年级、高中年级五级水平,把五个领域的内容合理分配到五级水平中,互相衔接,完成中小学校健康教育的总体目标。

1044. 为什么要在学校开展健康检查?

根据《健康体检管理办法》的基本要求,新生入学应建立健康档案,学校应当根据条件定期对学生进行健康检查,有条件的应每年对中小学学生进行一次体检,在体格检查中发现学生有器质性疾病的,应当配合学生家长做好转诊治疗。

1045. 学校健康教育的任务是什么?

提高儿童青少年卫生科学知识和生长发育水平,降低儿童青少年常见病的发病率。预防各种心理障碍,促进儿童青少年心理健康发展,掌握身心发展各个阶段的特点。通过健康教育有目的、有计划、有组织地发展儿童青少年的智力和个性品质,改善儿童青少年对待个人和公共卫生的态度,培养他们的自我保健能力;通过健康教育促使儿童青少年产生和形成各种有益于自身、社会和人类的健康行为,抑制各种不健康行为,增强自我保健能力。

1046. 学校健康教育的主要内容是什么?

学校健康教育的主要内容是:小学阶段主要了解生长发育知识、养成良好行为和生活习惯的知识、预防儿童常见病和意外伤害知识、膳食与营养知识等。中学阶段主要了解青春期生长发育知识、性知识、人际沟通和交往的知识和技能、心理健康知识、环境保护、预防意外伤害、急救与互救、拒绝吸烟、不吸烟、不酗酒、预防艾滋病知识与技能等。

1047. 学校健康教育的实施步骤是什么?

(1)逐级培训。

(2)转变观念,成立学校健康教育领导小组。

(3)制定学校健康教育政策。

(4)制定学校健康教育规划。

(5)做好课外健康教育工作。

1048. 如何在学校开展健康教育?

1990年6月国家教育部和卫生部联合颁发《学校卫生工作条例》,其中第十三条规定学校应当把健康教育纳入教学计划。这是我国首次将健康教育以法规形式纳入教学计划。健康教育是随着社会发展而进入人们生活的,学校健康教育更是学校教育的重要环节,要增强学生体质就必须系统地开展学生健康教育。

1049. 学校开展课外健康教育的主要形式有哪些?

(1)开设讲座,以讲大课或校广播为主要形式,进行卫生知识系列讨论或结合卫生预防知识举行讲座。

(2)结合个人卫生和环境卫生的检查评比进行教育。

(3)结合疾病防治工作和爱国卫生运动进行教育。

(4)结合青少年生理、心理特点和常见传染病预防、食品卫生等工作进行教育。

(5)利用大众传播媒介如宣传画廊、橱窗、板报等进行教育。还有其他如卫生知识竞赛、卫生游艺活动、卫生知识专题讨论会、座谈会、观摩等,都是可取的健康教育形式。

1050. 学校健康教育的评价如何进行?

学校健康教育评价指标分3级,共20项指标。第一级是教学基础指标,包括课时、教材与教具、采光照明与黑板、饮水与洗漱设施、厕所设施6项指标;第二级是教育过程指标,包括教学计划、教案、师资培训、授课质量、传播活动、开课率6项指标;第三级是教育效果指标,包括书面考核、实际操作、头发与指甲、面部与衣着、体育锻炼、教学用房与宿舍、校园与厕所、缺课率8项指标。

1051. 联合国世界卫生组织规定何时为"世界无烟日"?

世界卫生组织决定从1989年起将每年的5月31日定为"世界无烟日",中国也将该日作为中国的无烟日。

1052. 什么是主动吸烟和被动吸烟?

吸烟时,吸烟者自己把香烟烟雾吸进体内,叫做主动吸烟。不吸烟的人不自觉地吸了被香烟烟雾污染的空气和各种有毒物质,受到香烟的危害,叫做被动吸烟。

1053. 教育部、卫生部何时联合发布关于在学校加强控烟工作的意见?

2010年6月教育部办公厅、卫生部办公厅联合印发《关于进一步加强学校控烟工作的意见》,要求中小学校及托幼机构内及校园内、图书馆、办公室等应全面禁烟,开展创建无烟学校活动。

1054. 学校开展卫生整治中,"五不"、"五勤"分别指的是什么?

五不:不随地吐痰、不乱扔垃圾、不赤膊上街、不损害绿地、不乱涂乱贴小广告;"五勤":勤洗手、洗澡;勤换洗衣服;勤打扫居室;勤通风换气;勤锻炼身体。

1055. 学校食堂食品卫生要做到的"三防"、"四隔离"分别指的是什么?

三防:防尘、防蝇、防腐。

四隔离:生与熟隔离、成品与半成品隔离、食品与天然冰隔离、食品与药品隔离。

1056. 什么是学校健康促进?

是指学生维护和提高自身健康能力的过程,有利于提高和促进学生卫生科学知识水平,改善学生对待个人和公共卫生的态度,培养学生的自我保健意识和能力,降低常见病的患病率及各种危险因素,有利于预防各种心理卫生保健,促进心理发展,养成良好的生活习惯。

1057. 吸烟对青少年有什么危害?

(1)烟草中含有数千种有害物质,可引起心血管疾病、呼吸道疾病、消化道疾病,增加癌症的发病率而缩短生命。

(2)青少年正处于迅速发育成长过程中,各种生理器官都还没有发育成熟,比较娇嫩,对外界各种有害物质的抵抗能力较弱,易受伤害。

(3)中学生经济上不独立,许多人因吸烟花钱而步入歧途。

(4)吸烟不仅危害个人,还造成环境污染,易引起火灾,还会腐化人际关系。

1058. 主动吸烟和被动吸烟会导致哪些疾病发生?

世界卫生组织《烟草控制框架公约》指出,接触二手烟雾(被动吸烟)会造成疾病、功能丧失或死亡。被动吸烟不存在所谓的"安全暴露"水平。主动吸烟和被动吸烟都会导致癌症、心血管疾病、呼吸系统疾病等多种疾病。

1059. 吸烟者什么时间戒烟最好?

吸烟者戒烟越早越好,任何时候戒烟都不晚,只要有戒烟的动机并掌握一定的技巧,都能做到彻底戒烟。35岁以前戒烟,因吸烟引起心脏病的机会可降低90%;59岁以前戒烟,在15年内死亡的可能性仅为继续吸烟者的一半;即使年过60岁戒烟,其肺癌死亡率仍大大低于继续吸烟者。

1060. 学校学生为什么不该饮酒?

白酒基本上是纯能量食物,不含其他营养素。经常过量饮酒,会使食欲下降,食物摄入量减少,从而导致多种营养素缺乏、急慢性酒精中毒、酒精性脂肪肝等,严重时还会造成酒精性肝硬化。过量饮酒还会增加患高血压、脑卒中(中风)等疾病的风险,并可导致交通事故及暴力事件的增加,对个人健康和社会安定都是有害的。

1061. 什么是毒品?

《中华人民共和国刑法》所称的毒品,包括鸦片、海洛因、甲基苯丙胺(冰毒)、吗啡、大麻、可卡因以及国家规定管制的其他能够使人形成瘾癖的麻醉药品和精神药品。

1062. 毒品对人的危害有哪些?

毒品严重危害健康,吸毒危害自己、危害家庭、危害社会。预防毒品危害,应当严格要求自己,绝对不要尝试毒品。吸毒非常容易成瘾,有的人只吸一支含有毒品的烟就会上瘾。成瘾者应尽快戒毒。

1063. 何为网络成瘾?

网络成瘾指个体反复过度使用网络导致的一种精神行为障碍,表现为对使用网络产生强烈欲望,突然停止或减少使用时出现烦躁、注意力不集中、睡眠障碍等。按照《网络成瘾诊断标准》,网络成瘾分为计算机网络游戏成瘾、网络色情成瘾、网络交友成瘾、网络信息收集成瘾、网络交易成瘾5类。

第九章　营养与食品卫生

第一节　食物与营养

1064. 什么是营养素？食物中有哪些营养素？它们主要的生理功能是什么？

食物内所含的能供给人体营养的有效成分称为营养素。食物中的营养素有糖类、脂类、蛋白质、维生素、无机质(矿物质)和水。其生理功能是构成躯干，修补组织，供给人体热量，调节生理机能。

1065. 在我们常常接触到的食品中，食物营养之最指什么？

(1)含蛋白质最多的粮类是大豆，每百克约含40克。

(2)含蛋白质最多的肉类是柴鸡肉，每百克含23.3克。

(3)含糖最多的是白糖，每百克含99克。

(4)含磷最多的是炒南瓜子，每百克含0.67克。

(5)含钙质最多的是小虾皮，每百克含2克。

(6)含铁质最多的是黑木耳，每百克含0.185克。

(7)含锌质最多的是牡蛎，每百克含1克。

(8)含维生素A最多的是鸡肝，每百克含5.09万IU(国际单位)。

(9)含维生素B_1最多的是花生米，每百克含0.26毫克。

(10)含维生素C最多的是鲜枣，每百克含380毫克。

(11)含维生素B_2最多的是羊肝，每百克含3.57毫克。

1066. 食物结构分为哪几种类型？各有什么特点？

(1)东方型的食物结构。其特点：以植物性食物为主，但缺乏动物性食物。

(2)日本型的食物结构。其特点：以鱼类及海产品的蛋白质摄入为主，而且有丰富的新鲜蔬菜和水果。

(3)欧美三高型的食物结构(高蛋白、高脂肪、高热量)。其特点：以肉、奶为主，谷类每日100～200克。

1067. 蛋白质的食物来源及其日供量是多少？

动物性食物如肉类、鱼类、蛋类、奶类是膳食中蛋白质最好的来源。植物大豆是最佳也是最经济的蛋白质来源。

植物性食物如米、面、杂粮及豆类、蔬菜、菌藻类、干果、硬果中的蛋白质是我们膳食中蛋白质的主要来源。

一般认为,成人每日约需80克蛋白质。按体重计算,每日每千克体重需1.2克左右,占进食总热量的10%~14%。其中完全蛋白质最好占一定的比例(动物性蛋白质和大豆蛋白应占蛋白质总摄入量的1/3为宜)。

1068. 纤维素是什么?它为什么是膳食中不可缺少的物质?

纤维素是复杂的多糖,是构成植物细胞壁的主要物质。人体中不含纤维素酶和半纤维素酶,因此人体不能消化纤维素和半纤维素,但它们有促进肠胃蠕动的作用,有助于增加便量、通便、排便,有利于胆固醇的代谢。因为可以缩短粪便在肠道的停留时间,防止细菌的生长繁殖等,故可利于预防痔疮、肠癌等疾病。

1069. 糖的供给量多少为宜?

糖的供给量依工作性质、劳动强度、饮食习惯、生活水平而定。一般认为由糖所提供的热量应占总热量的60%~70%。成年人每日每千克体重需4~6克。而纯糖(指单糖、双糖)不得超过总糖供给量的5%。

1070. 大豆有哪些营养特点?

(1)大豆及其制品,因其蛋白质的必需氨基酸组成与动物性蛋白质相似,故生理价值高,且蛋白质的含量为40%左右。

(2)大豆中脂肪含有多种人体所必需的不饱和脂肪酸,亚油酸含量最丰富,不含胆固醇。

(3)大豆是无机盐钙、磷、钾以及微量元素铜、铁、锌的良好来源,维生素含量较多。

1071. 水果有何营养特点?

水果是铜、铁、钙、磷、锰等无机盐的良好来源,并能提供丰富的维生素C和胡萝卜素。此外,水果中所含的有机酸、纤维素、果胶和酶,可刺激胃肠蠕动和消化腺分泌,帮助消化和排便。

1072. 鸡蛋的营养特点有哪些?

(1)鸡蛋中所含的蛋白质是天然食品中最优秀的蛋白质,可供给多种必需氨基酸,而且组成比例非常适合人体需要,利用率很高。

(2)鸡蛋蛋黄中,不仅含有一定量的卵磷脂,还富含磷、钙、铁,另外还是维生素A、D、B_1、B_2的良好来源。

1073. 何谓酸性食物和碱性食物?

粮、豆、肉、鱼、蛋等含蛋白质多的食物由于含硫、磷等元素较多,在人体转化后,最终产物多数呈酸性,故称为酸性食物。

蔬菜、水果中的无机盐如钙、钾、钠、镁等含量丰富,它们在人体内的最终产物承碱性,故称为碱性食物。

1074. 牛奶含有人体生长和保持健康的全部营养吗?

牛奶是最接近完善的食物,它含有人体生长和保持健康的全部营养。牛奶中蛋白质的生理价值仅次于蛋类,是一种优质蛋白。牛奶中含有25种不同的氨基酸,包含人体所需的8种必需氨基酸。牛奶中各种维生素含量极为丰富,这些维生素不仅可以补充我国膳食结构以植物性为主而导致的维生素缺乏,而且可以促进钙、磷、铁等矿物质的吸收。牛奶含有人体所需的矿物质,其中最主要的有钙、钠、钾、镁等。牛奶中钙的含量极为丰富。每升牛奶可提供约1000毫克的钙,其含量不仅在许多食品之上,而且对钙的吸收也在众多食品之上, 特别是牛奶中的乳清酸能降低血清胆固醇,保证机体的健康。

1075. “三低食品”大受欢迎,“三低”指什么?

“三低”指食品低糖、低盐、低热量。三低食品有益健康,故备受人们欢迎。

1076. 哪种维生素是世界上公认的抗老良药?

人体老化,从细胞的衰老开始。正常人体细胞约分裂50次,周期2.5年,就是说人到约120年后才进入衰老。但用维生素E处理细胞,细胞尽能分裂到120次。依此推算,人类的寿命可增到170岁。这虽是实验结论,但维生素E确能阻止不饱和脂肪酸的分解,降低血脂,增加血管壁的弹性,这无疑将降低动脉硬化和冠心病的发生率,从而延缓人体老化。

维生素E是强有力的抗氧化剂,它能阻止机体内的氧化进程,减少细胞代谢的副产品脂褐质的形成,进而延长寿命。

第二节 合理膳食

1077. 什么是合理营养和平衡膳食?

合理营养指能够全面提供符合营养与卫生要求的膳食营养,即促进人体正常生长发育和保持良好健康状态、平衡膳食的营养。

平衡膳食指热能和各种营养素含量充足,配比适宜,能满足人体的正常生理需要,又能避免膳食构成的比例失调和某些营养过量而引起机体不必要的负担与代谢上近期或远期的紊乱,达到合理营养的一种膳食。

1078. 什么是膳食指南?

《中国居民膳食指南》是根据营养学原则结合国情制定的,是教育人民群众采用平衡膳食,以摄取合理营养促进健康的指导性意见。其具体内容包括8条:

(1)食物多样,谷类为主。

(2)多吃蔬菜、水果和薯类。

(3)常吃奶类、豆类或其制品。

(4)经常吃适量鱼、禽、蛋、瘦肉,少吃肥肉和荤油。

(5)食量、体力活动要平衡,保持适宜体重。

(6)吃清淡少盐的膳食。

(7)如饮酒应限量。

(8)吃清洁卫生、不变质的食物。

1079. 什么是平衡膳食宝塔?

中国居民平衡膳食宝塔是根据《中国居民膳食指南》结合中国居民的膳食结构特点设计的,它把平衡膳食的原则转化成各类食物的重量,并以宝塔图形表示,便于群众理解和在日常生活中实行。它直观地告诉居民食物分类的概念及每天各类食物的合理摄入范围,也就是说它告诉消费者每日应吃食物的种类和相应的数量,对合理调配平衡膳食进行具体指导,故称为中国居民平衡膳食宝塔。

1080. 平衡膳食宝塔的内容是什么?

平衡膳食宝塔共分五层,包含我们每天应吃的主要食物种类。宝塔各层位置和面积不同,这在一定程度上反映出各类食物在膳食中的地位和应占的比重。谷类食物位居底层,每人每天应该吃300～500克;蔬菜和水果位于第二层,每天分别应吃400～500克和100～200克;鱼、禽、肉、蛋等动物性食物位于第三层,每天应该吃125～200克(鱼虾类50克,畜、禽肉50～100克,蛋类25～50克);奶类和豆类食物合占第四层,每天应吃奶类及奶制品100克、豆类及豆制品50克;第五层塔尖是油脂类,每天不超过25克。

1081. 人体所需的七大营养素有哪些?

蛋白质(植物蛋白、动物蛋白)、脂肪(植物油、动物油)、碳水化合物(糖类、淀粉类)、矿物质(常量元素和微量元素)、维生素、膳食纤维、水。

1082. 青少年学生为什么一定要吃早餐?

营养丰富的早餐可为儿童、青少年提供体格和智力发育所需的能量和各种营养素。吃早餐可以改善中小学生某些营养素的摄入,如钙、铁、锌、维生素B_6、维生素B_{12}、维生素A等的摄入,而不吃早餐者全天能量、蛋白质、脂肪、碳水化合物和钙、铁及维生素等营养素则低于吃早餐者。因此,让中小学生每天吃量足质优的早餐是保证他们正常生长发育和取得优良成绩必不可少的重要措施之一。

1083. 小学生的饮食应注意哪些问题?

每日应保证奶及奶制品、鱼、蛋、禽、肉类等优质蛋白的摄入;谷类、薯类、豆类食品占35%～40%;新鲜蔬菜、水果占35%;糖、油占2%～3%;调味品、盐占2%。每周食谱应保证一定数量的海产品、豆制品、动物肝脏等。海产品富含碘、锌、钙等元素;豆制品与动物蛋白混合食用,可起蛋白互补的作用;动物肝脏富含铁元素。少吃零食,按时就餐,不贪生、冷,注意卫生。

1084. **中学生的饮食应注意哪些问题？**

中学生处于青春期，生理上处于迅速发展阶段，皮下脂肪和肌肉开始发育加速，需要的能量与营养素接近或超过成年人，能量不足可出现疲劳、消瘦、抵抗力下降等现象。因此，需要平衡膳食。要多吃谷类，每日400～500克，以保证身体获得充足能量。多摄入优质蛋白质，每日可吃鱼虾25克、肉100克、蛋50克。蛋白质摄入不足会影响中学生的生长发育，也会影响免疫力与智力发展。骨骼发育迅速，需要摄入充足的钙，应每日喝牛奶250毫升和豆类150克。女生还应常吃海产品以增加碘的摄入，预防青春期甲状腺肿。女生因月经失血要补充铁，增加维生素C的摄入以促进铁的吸收。还需增加无机盐、维生素的摄入量，应每日吃水果100克，新鲜蔬菜300克。宜多食牡蛎、贝类等含锌、铜高的食物，预防近视眼的发生。活动多，学习负担重，易饿，最好早、中、晚三餐外，按实际情况补充间餐，这样既可以减少饥饿感，随时适量补充能量，也可避免正餐时因饥饿而进食过多。三餐能量分布应为30%、40%、30%。优质早餐含奶、蛋、主食、蔬菜，课间加餐可加奶、饼干、面包等。中学生应多参加体育锻炼，以避免盲目节食而影响正常生长发育，或者进食过多而导致肥胖。

1085. **世界卫生组织公布的最佳食品有哪些？**

最佳水果：木瓜、草莓、橘子、柑子、猕猴桃、芒果、杏、柿子和西瓜。最佳蔬菜：红薯，既含丰富维生素，又是抗癌能手，为所有蔬菜之首；其次是芦笋、卷心菜、花椰菜、芹菜、茄子、甜菜、胡萝卜、荠菜、苤蓝菜、金针菇、雪里红、大白菜。最佳肉食：鹅鸭肉，其化学结构接近橄榄油，有益于心脏；鸡肉则被称为“蛋白质的最佳来源”。最佳护脑食物：菠菜、韭菜、南瓜、葱、椰菜、菜椒、豌豆、番茄、胡萝卜、小青菜、蒜苗、芹菜等蔬菜，核桃、花生、开心果、腰果、松子、杏仁、大豆等壳类食物以及糙米饭、猪肝等。最佳汤食：鸡汤最优，特别是母鸡汤还有防治感冒、支气管炎的作用，尤其适于冬春季饮用。最佳食油：玉米油、米糠油、芝麻油等尤佳，植物油与动物油按1:0.5的比例调配食用更好。

1086. **世界卫生组织公布的垃圾食品有哪些？**

世界卫生组织公布的十大垃圾食物是油炸类食品、腌制类食品、烧烤类食品、汽水可乐类食品、方便类食品（主要指方便面和膨化食品）、罐头类食品（包括鱼肉类和水果类）、话梅蜜饯类食品（果脯）、冷冻甜品类食品（冰淇淋）、加工类肉食品（肉干、肉松、香肠等）、饼干类食品（不含低温烘烤和全麦饼干）。

1087. **垃圾食品有哪些危害？**

（1）油炸食品：是导致心血管疾病的元凶（油炸淀粉），含致癌物质，破坏维生素，使蛋白质变性。

（2）腌制类食品（泡菜、咸菜）：导致高血压，肾负担过重，导致鼻咽癌，影响黏膜系统（对肠胃有害），易得溃疡和发炎。

（3）加工类肉食品（肉干、肉松、香肠等）：含三大致癌物质之一的亚硝胺类（防腐和显色作用),含大量防腐剂(加重肝脏负担)。

(4)饼干类食品(不含低温烘烤和全麦饼干):食用香精和色素过多(对肝脏功能造成负担),严重破坏维生素,热量过多,营养成分低。

(5)汽水可乐类食品:含磷酸、碳酸,会带走体内大量的钙,含糖量过高,喝后有饱胀感,影响正常食欲。

(6)方便类食品(方便面和膨化食品):盐分过高,含防腐剂、香精(损肝),只有热量,没有营养。

(7)罐头类食品(包括鱼肉和水果):破坏维生素,使蛋白质变性,热量过多,营养成分低。

(8)话梅蜜饯类食品(果脯):含三大致癌物质之一的亚硝胺类(防腐和显色作用),盐分过高,含防腐剂、香精(损肝)。

(9)冷冻甜品类食品(冰淇淋、冰棒和各种雪糕):含奶油极易引起肥胖、含糖量过高,影响正餐。

(10)烧烤类食品:世界卫生组织最新报告称,烧烤食品有强“毒性”。世界卫生组织经过3年的研究,称吃烧烤等同吸烟的毒性。含大量“三苯四丙吡”(三大致癌物质之首)。吃1只烤鸡腿等于吸60支烟的毒性,导致蛋白质炭化变性(加重肾脏、肝脏负担)。

1088. 学生复习和考试期间的饮食应注意哪些方面?

均衡饮食就是最优营养。营养和知识一样,要靠平时的积累,等到考前才注意要吃什么,这实际上是一种误区。建议考生家长根据膳食均衡的几条原则合理地安排考生的饮食。

(1)食物多样,谷类为主。

(2)多吃水果、蔬菜和薯类食物。

(3)经常适量吃鱼、禽、蛋、瘦肉,少吃肥肉和荤油。

(4)常吃奶、豆类及其制品。

(5)体力活动和食量均衡,即根据体力活动来安排食物的摄入量。

(6)多吃清淡少盐的食物。

(7)吃清洁卫生、不腐烂的食物。

1089. 维生素A有哪些来源?它的作用是什么?

维生素A来源于鱼肝油,胡萝卜,动物的肝、肾,乳类、蛋黄,有色蔬菜(南瓜、鸡毛菜、克莱、芥菜、紫菜等)及黄色水果(杏、柿等)。其主要作用是保护眼睛和全身上皮组织,间接抵抗各种疾病的感染。缺乏时会造成夜盲、干眼症、角膜软化甚至穿孔、失明以及免疫力低下。

1090. 维生素C的主要来源是什么?有何功能?

维生素C主要来源于新鲜水果(以柚、橙、猕猴桃、山楂含量高)和新鲜蔬菜(番茄、青椒含量高)。维生素C的主要功能是:调节生理机能,促进铁的吸收,提高对传染病及其他疾病的抵抗力。缺乏时会出现坏血病、骨骼生长及造血机能发生障碍,引起生长迟缓。

1091. 维生素D对人体有何重要性?主要来源是什么?

维生素D可以促进钙、磷的吸收和骨骼正常的生长。缺乏时会患佝偻病。维生素D来源于鱼肝油、肝和蛋,以及日光照射裸露的皮肤在体内形成。

1092. 维生素B_{12}对人体有何重要性?主要来源是什么?

维生素B_{12}是由内脏中的细菌合成的,存在于一切以动物为来源的食物中。维生素B_{12}很难被人体吸收。对维生素B_{12}的吸收来说,钙也是必要的元素。维生素B_{12}对身体制造红细胞和保持免疫系统的功能也是必要的,已经用于哮喘、疲劳、肝炎、失眠和癫痫等的治疗。维生素B_{12}储存于肝脏中,但是很容易通过尿排出体外,安全无副作用。缺乏者常是老人和酗酒者。富含维生素B_{12}的食物有动物肝脏、牛肉、猪肉、蛋、牛奶、奶酪。

1093. 维生素B_1对人体有何重要性?主要来源是什么?

维生素B_1可以预防神经炎及脚气病等,调节碳水化合物代谢,帮助消化,促进生长发育。缺乏时会引起食欲缺乏、健忘、不安、易怒、脚气病,甚至出现惊厥昏迷,心力衰竭。维生素B_1来源于米糠、麦麸、豆类、花生等。

1094. 维生素B_6对人体有何重要性?主要来源是什么?

维生素B_6是机体内许多重要酶系统的辅酶,参与氨基酸的脱羧作用、色氨酸的合成、含硫氨基酸的代谢和不饱和脂肪酸的代谢等生理过程,是动物正常发育、细菌和酵母繁殖所必需的营养成分。缺乏维生素B_6容易引起贫血症、脂溢性皮炎、舌炎。富含维生素B_6的食物有啤酒酵母、小麦麸、麦芽、动物肝脏与肾脏、大豆、美国甜瓜、甘蓝菜、废糖蜜(从原料中提炼砂糖时所剩的糖蜜)、糙米、蛋、燕麦、花生、胡桃。

1095. 维生素B_2、烟酸对人体有何重要性?主要来源是什么?

维生素B_2的功用是促进细胞组织氧化,防止皮肤干燥。缺乏时会发生口角炎、眼炎、舌炎。维生素B_2来源于肝、蛋黄、乳类、绿叶蔬菜。

烟酸:是维生素中的一种,又称尼克酸,是组织呼吸及碳水化合物代谢的重要成分,缺乏时会出现皮炎、腹泻、神经炎。

1096. 矿物质对生长发育有哪些影响?

矿物质是人体的重要组成部分,为维持生命活动所必需。矿物质又分常量元素和微量元素两类。常量元素有钠、钾、钙、磷、镁、氯等,主要作用于维持机体的水、电解质平衡,维持身体运动和肌肉收缩,提高神经细胞兴奋性和酶的活性等。微量元素(体内含量$<0.01\%$)中最重要的有铁、碘、锌、硒、铜、铬、钴等。当从饮食中摄入的某种微量元素的量下降到低限值时,可损伤某些重要生理功能,影响生长发育并引发相关疾病。如:铁缺乏可影响机体合成血红蛋白,引起贫血;缺钙不但影响正常生长发

育,还可导致儿童期的佝偻病和低钙性手足抽搐等;缺碘可影响甲状腺素合成,导致儿童克汀病、智力低下、身体发育迟缓。铬能激活胰岛素,参与糖和蛋白质代谢,加速生长发育;硒与心血管结构关系密切,在青春期突增阶段(心血管功能的快速增长期)尤其不可缺少;钴参与造血;铜能协助机体对铁的吸收和储备,促进体内生物氧化过程,对身心发育有直接影响;锌是体内200多种金属酶的成分或酶激活剂,参与RNA的转录和核酸、蛋白质的合成,锌对生长发育的作用尤为重要。人体缺锌所造成的生长紊乱,其可能机制正是食物吸收减少,导致锌金属酶的活性降低,基因表达改变,调节生长的激素发生改变。

1097. 营养对体育锻炼有影响吗?

体育锻炼与营养都是促进身体健康的重要因素。体育运动可以改善、发展与提高人体各组织器官的功能。而人们从食物中摄取的营养素,是构成和修补组织器官的原料,调节器官功能的主要物质。营养不仅与发病率及身体发育有关,而且影响运动的能力。所以体育运动与营养两者不可偏废。每当适宜的体育锻炼之后,食欲总会有所增加,这是正常的生理现象。因为体育运动的特点就是人体活动量增大,能量消耗也增大,而且不同的运动项目对身体有特殊的影响。

1098. 什么是营养性贫血?

贫血是最常见的营养缺乏病之一, 发病的主要原因是饮食中缺少造血原料,其中由于缺乏微量元素铁所引起的贫血称为缺铁性贫血,由于缺乏叶酸和维生素B_{12}引起的贫血称为巨幼红细胞贫血,这两种贫血统称为营养性贫血。

在营养性贫血中,缺铁性贫血占65%~75%,是最常见的一种贫血,也是世界上四大营养缺乏病之一。

1099. 为什么醋能解酒?

因为酒是酒精的水溶液,而酒精的化学成分是乙醇,醋是醋酸的水溶液。当酒和醋合在一起时,其中的化学成分要发生化学变化,即:酒(乙醇)+醋(乙酸)——乙酸乙酯+水,反应结果生成酯,从而起解酒的作用。

1100. 高盐饮食对身体有哪些危害?

盐高害处多。有升高血压、促进动脉粥样硬化、致胃癌、易患感冒、加快骨钙丢失、易患骨质疏松症等危害。

1101. 怎样预防碘缺乏?

(1)吃碘盐。

(2)婴幼儿、孕妇口服碘油丸。

(3)多吃海带、紫菜、海鱼等海产品。

(4)炒菜临出锅时放盐。

1102. 为什么提倡多食蔬菜、水果？水果营养价值比蔬菜高，可以考虑多吃水果代替蔬菜吗？

(1)增加营养和维生素。

(2)预防贫血和癌症。

(3)有效预防便秘。

但是不能用水果代替蔬菜。

1103. 什么是烹调的八原则？

(1)主辅食颜色搭配。

(2)少吃荤，多吃素。

(3)少扔菜叶。

(4)了解蔬菜的寿命。

(5)掌握做菜的火候。

(6)盖好锅盖。

(7)菜不要切得太碎。

(8)选择卫生食具。

1104. 蔬菜在加工烹制过程中，为减少营养素的损失应注意哪些问题？

(1)要先洗后切。

(2)洗好后不要放置时间太长。

(3)烹调时要急火快炒。

第三节 食品安全

1105. 什么叫绿色食品？

绿色食品在我国是对具有无污染的安全、优质、营养类食品的总称。是指按特定生产方式生产，并经国家有关的专门机构认定，准许使用绿色食品标志的无污染、无公害、安全、优质、营养型的食品。类似的食品在其他国家被称为有机食品、生态食品或自然食品。

1106. 世界卫生组织倡导的食品安全制备10条原则是什么？

(1)选择经过安全处理的食品。

(2)烹调食品要彻底加热。

(3)做好的熟食品要立即食用。

(4)注重熟食品的贮存。

(5)经贮存的熟食品，食用前要彻底加热。

(6)防止生食品污染熟食品。

(7)反复洗手。

(8)注意保持厨房用具表面清洁。

(9)防止昆虫、鼠类和其他动物污染食品。

(10)使用洁净水。

1107. 食品中的危害分为哪几类?

食品中的危害可分为生物性危害、化学性危害和物理性危害。

生物性危害包括细菌、病毒、寄生虫。

化学性危害包括食品中天然存在的化学物质、内部添加的化学物质(食品添加剂)、外来的或偶然添加的化学物质(残留物质)。

1108. 购买食品应注意哪些问题?

(1)到正规商店购买,不买校园周边、街头巷尾的“三无”食品。

(2)购买正规厂家生产的食品,尽量选择信誉度较好的品牌。

(3)仔细查看产品标签。食品标签中必须标注:产品名称、配料表、净含量、厂名、厂址、生产日期、保质期、产品标准号等。不买标签不规范的食品。

(4)食品是否适合自己食用。

(5)不盲目随从广告,广告的宣传并不代表科学,是商家利益的体现。

1109. 学生应注意哪些饮食卫生习惯?

(1)白开水是最好的饮料,一些饮料含有防腐剂、色素等,经常饮用不利于少年儿童的健康。

(2)养成良好的卫生习惯,预防肠道寄生虫病的传播。

(3)生吃的蔬菜和水果要洗干净后再吃,以免造成农药中毒。

(4)选择食品时,要注意食品的生产日期、保质期。

(5)尽量少吃或不吃剩饭菜,如果吃剩饭菜,一定要彻底加热,防止细菌性食物中毒。

(6)不吃无卫生保障的生食食品,如生鱼片、生荸荠。

(7)不吃无卫生保障的街头食品。

(8)少吃油炸、烟熏、烧烤的食品,这类食品如制作不当会产生有毒物质。

1110. 怎样减少蔬菜农药残留?

(1)浸泡水洗法:蔬菜上沾染的农药主要为有机磷类杀虫剂,一般先用水洗掉表面污物,然后用清水浸泡30分钟,如此反复清洗浸泡2～3次,基本上可清除绝大部分残留农药。

(2)碱水浸泡法:先将表面污物冲洗干净,浸泡到碱水中(一般500毫升水中加入碱面5～10克)5～15分钟,然后用清水冲洗,重复3～5遍。

(3)储存法:蔬菜上的残留农药随着时间的推移,能够缓慢地分解。冬瓜、南瓜等不易腐烂的蔬菜可以先放1周再食用。

(4)热水法:有些蔬菜瓜果可通过热水去除部分残留农药。常用于芹菜、菠菜、青椒、菜花、豆角等,先用清水将表面污物洗净,放入沸水中2～5分钟捞出,然后用清水洗一两遍。

1111. 隔夜菜的存放期限是多长?

饭菜如果有剩余,食用后应尽快放入冰箱,缩短在常温下的存放时间,以减慢菜中细菌的生长繁殖速度。下顿食用前必须经过加热回烧,因为一些致病细菌虽不会致食物变质,但能致人生病。如将食品加热,可杀灭食品中大部分的微生物。

隔夜菜的存放期限:(1)隔夜菜在5 ℃以下的低温环境,可存放1～2天。如存放3天以上,蔬菜中天然存在的硝酸盐会转化为亚硝酸盐,有致癌作用,加热也不能去除。(2)动物性食品在25～30 ℃时,3～4小时即变质。(3)色拉、海蜇之类的凉拌菜,由于加工时就受到了较多污染,即使冷藏,隔夜后也很有可能已经变质,应该现制现吃。(4)腌制食品盐分多,安全食用期限可延长到3～4天。

1112. 什么是食品的保质期和保存期?

购买食品要注意:食品的保质期或保存期是一段时间,它是从生产日期算起。生产日期是指食品产品完成全部生产(加工)过程(程序)并达到销售的标准日期。

在购买食品时我们会发现,在食品的包装上或标签上除了印有食品名称、配料、制造者、经营者等项目外,还有一项相当重要的内容就是食品的保质期或保存期。为了增强健康卫生自我保护意识,应当了解食品的保质期或保存期的含义。

保质期是食品的最佳食用期,而保存期是推荐的最终食用期。如果保质期或保存期与食品的贮期条件有关,必须标明贮藏方法,如冷藏贮存、避光保存、阴凉干燥处保存等。消费者在选购食品时也应注意销售商的销售环境是否符合标签上的规定。

1113. 如何加强对学校食堂的安全管理,预防投毒?

教育部、卫生部出台的2002年第14号令《学校食堂和学校集体用餐卫生管理规定》中规定:“食堂应建立严格的安全保卫措施,严禁非食堂工作人员随意进入学校食堂的食品加工操作间,防止投毒事件的发生,确保学生用餐的卫生与安全。”牢固树立经营者是食品安全的第一责任人,把自身卫生管理放在保证食品安全的核心地位,提倡企业自律,提高所有人员预防食品投毒的防范意识,建立食品安全一把手责任制,做到制度上墙,责任到人,互相监督,赏罚分明;安全工作有计划、有落实、有检查、有评比。安全问题要经常讲,经常查,营造一个良好的、重视食品安全的氛围,使投毒犯罪分子无可乘之机。建立严格的安全保卫制度,严禁非食堂工作人员随意进入学校食堂的食品加工操作间及食品原料存放间,防止投毒事件的发生。

1114.《中华人民共和国食品卫生安全法》有几章几条? 主要内容是什么?

共十章九十八条,主要内容是为了防止、控制和消除食品污染以及食品中有害因素对人体的危害,预防和减少食源性疾病的发生,保证食品安全,保障人民群众生命安全和身体健康，增强人民群众体质。

1115. 食品安全事故危害因素调查有哪些内容？

(1)访谈相关人员，查阅有关资料，获取就餐环境、可疑食品、配方、加工工艺流程、生产经营过程危害因素控制、生产经营记录、从业人员健康状况等信息。

(2)现场调查可疑食品的原料、生产加工、储存、运输、销售、食用等过程中的相关危害因素。

(3)采集可疑食品、原料、半成品、环境样品等，以及相关从业人员生物标本。

1116. 食品安全事故流行病学调查工作规范什么时间开始施行？

自2012年1月1日起施行。

第四节　食物中毒

1117. 什么是食物中毒？

食物中毒属食源性疾病的范畴，是指摄入了含有生物性、化学性有毒有害物质的食品或者把有毒有害物质当做食品摄入后出现非传染性(不属于传染性)的急性、亚急性疾病。

1118. 学校发生食物中毒事件分几型？主要责任是什么？

一般中毒：中毒人数少于29人的，追究直接管理责任人的责任。

较大中毒：中毒人数在30人及以上的，追究直接管理责任人的责任，但直接管理责任人在事故发生前已将学校未履行食品卫生职责情况书面报告学校主管领导，而学校主管领导未采取措施的，由学校主管领导承担责任。

重大中毒：造成学校伤害人数50人及50人以上的，追究直接管理责任人、学校主管领导和学校主要领导的责任。

1119. 什么是食源性疾病？

世界卫生组织将食源性疾病定义为："凡是通过摄食而进入人体的病原体，使人体患感染性或中毒性的疾病，统称为食源性疾病。"因此，食源性疾病是指由于摄入食物中含有致病因子引起的以急性病理过程为主要临床特征的中毒性或感染性的疾病，包括常见的食物中毒、经食物和水引起的肠道传染病、寄生虫病及化学性有毒有害物质所造成的疾病。

1120. 食源性疾病与食物中毒有何区别？

食源性疾病包含了食物中毒的内容，是比食物中毒更广泛的概念，与食物中毒不同之处：有些食源性疾病有人与人之间的传染过程，如甲肝、痢疾；潜伏期较长，如旋毛虫病；不一定出现明显的消化道症状，如部分寄生虫病、甲肝等。

食源性疾病有暴发和散发两种形式，群体性食物中毒属于食源性疾病暴发的形式。

1121. 食物中毒流行病学特点有哪些?

(1)中毒病人在相近的时间内均食用过某种共同的中毒食品,未食用者不发病。

(2)潜伏期短,发病急骤,短时间内可能有多人同时发病。

(3)所有中毒病人的临床表现基本类似,病程短。

(4)停止食用中毒食品后,发病很快停止。

(5)人与人之间无传染性。

(6)有一定的季节性,例如微生物性食物中毒夏秋季节高发。

1122. 食物中毒的分类有哪些?

根据导致食物中毒的致病因素,通常将食物中毒分为以下五类:

(1)细菌性食物中毒。

(2)化学性食物中毒。

(3)真菌毒素食物中毒。

(4)有毒动物性食物中毒。

(5)有毒植物性食物中毒。

1123. 细菌性食物中毒的特点是什么?

四季均可发生,尤以夏秋季节为主。发病率高、病死率较低、恢复快。各类食物均可发生。临床症状分胃肠型和神经型,以消化道症状为主。

1124. 常见的细菌性食物中毒有哪些?

常见的细菌性食物中毒:沙门菌食物中毒、葡萄球菌食物中毒、副溶血性弧菌食物中毒、志贺菌食物中毒、肉毒梭菌食物中毒、椰毒假单胞菌酵米面亚种食物中毒、O157:H7大肠杆菌(致泻性大肠埃希菌)食物中毒、蜡样芽孢杆菌食物中毒、空肠弯曲菌食物中毒。

1125. 细菌性食物中毒如何预防控制?

防止食品被污染,注意个人卫生,避免交叉污染,保持环境整洁,预防鼠、蟑螂等传播。控制细菌繁殖及毒素的产生,低温保藏,盐腌、风干等措施。彻底加热煮透食物。加强卫生宣传教育。一旦发生及时报告调查控制。

1126. 化学性食物中毒发生的特点有哪些?

发病与含有毒化学物的食物有关。发病与进食时间、食用量有关,一般进食不久发病,进食量大发病时间短、病情重。发病常有群体性,有共同进食每种食品的病史,相同的临床表现。无地域性、季节性和传染性。剩余食物、呕吐物、血尿等样品中可检出相应的化学毒物。

1127. 常见的化学性食物中毒有哪些?

有机磷中毒、亚硝酸盐中毒、鼠药中毒(毒鼠强、氟乙酰胺、敌鼠钠盐等)、砷化物中毒、甲醇、氟化钠、钡盐、铊等。

1128. 真菌毒素中毒的特点有哪些?

食品被真菌污染。一般的烹调和加热处理不能破坏食品中的真菌毒素。没有传染性和免疫性,因真菌毒素相对分子质量小,对机体不产生抗体。真菌生长繁殖及产生毒素需要一定的温度和湿度,因此中毒往往有明显的季节性和地区性。

1129. 常见的真菌毒素中毒有哪些?

霉变谷物(黄曲霉毒和脱氧雪腐镰刀菌烯醇)、霉变甘蔗(3-硝基丙酸)等。

1130. 常见的动物性食物中毒有哪些?

河豚、含高组胺鱼类、鱼胆、贝类、甲状腺等。

1131. 常见的植物性食物中毒有哪些?

毒蘑菇、发芽马铃薯、豆浆、菜豆、曼陀罗、白果、桐油、苦杏仁等。

1132. 食品安全事故人群流行病学调查内容是什么?

(1)制定病例定义,开展病例搜索。

(2)统一个案调查方法,开展个案调查。

(3)采集有关标本和样品。

(4)描述发病人群、发病时间和发病地区分布特征。

(5)初步判断事故可疑致病因素、可疑餐次和可疑食品。

(6)根据调查需要,开展病例对照研究或队列研究。

1133. 沙门菌属的潜伏期有多长?主要临床表现是什么?

潜伏期一般为12～36小时。主要临床表现:恶心、呕吐、腹痛、腹泻,黄绿色水样便,便中有时带脓血和黏液,高热,重者有寒战、惊厥、昏迷等。常见中毒食品有肉、禽、蛋、鱼等。

1134. 副溶血性弧菌中毒性食物的潜伏期有多长?主要临床表现是什么

潜伏期一般为8～12小时。主要临床表现:恶心、呕吐、腹痛,呈阵发性胀痛或绞疼,腹泻呈水样或洗肉水样便,无里急后重。伴发热,病程2～3天。重者有脱水、虚脱、血压下降。常见中毒食品有海产品、卤肉、咸菜等。

1135. 葡萄球菌中毒性食品的潜伏期有多长?主要临床表现是什么?

潜伏期一般为2～4小时,不超过6小时。主要临床表现:突然恶心、反复剧烈呕吐,上腹痉挛性疼痛,腹泻呈水样便,病程1～3天。常见中毒食品有奶、蛋及其制品、糕点、熟肉等。

1136. 肉毒梭菌中毒性食品的潜伏期有多长?主要临床表现是什么?

潜伏期一般为1～7小时。主要临床表现:头晕、无力、视力模糊、复视、眼睑下垂、咀嚼无力、张口或伸舌困难、吞咽和呼吸困难、头颈无力等。常见中毒食品有发酵豆、谷类制品、肉制品等。

1137. 致泻性大肠埃希菌中毒性食品的潜伏期有多长？主要临床表现是什么？

致泻性大肠埃希菌潜伏期一般为6～72小时。主要临床变现：水样腹泻或便中有少量黏液和血、腹痛、恶心、低热、可引起多器官损害，部分病例病死率高。常见中毒食品有熟肉制品、蛋及其制品、奶、蔬菜、水果等。

1138. 志贺菌中毒性食物的潜伏期有多长？主要临床表现是什么？

潜伏期一般为10～24小时。主要临床表现：剧烈腹痛、呕吐、频繁腹泻、水样便混有血液或黏液、伴有里急后重、寒战、高热，重者会出现痉挛。常见中毒食品有含水量高的食品、熟食品、冷盘、凉拌菜等。

1139. 霉变谷物中毒性食物的潜伏期有多长？主要临床表现是什么？

潜伏期一般为1小时内。主要临床表现：短时间恶心、呕吐、腹痛、腹泻、头痛头晕、乏力、发热、黄疸、嗜睡，一般1周左右恢复。常见中毒食品有各类谷物。

1140. 河豚中毒性食物的潜伏期有多长？主要临床表现是什么？

潜伏期一般为10分钟至3小时。主要临床表现：唇、舌、面部或指端感觉异常，重者可抑制呼吸中枢，病死率极高。常见中毒食品是河豚。

1141. 菜豆中毒性食物的潜伏期有多长？主要临床表现是什么？

潜伏期一般为0.5～5小时。主要临床表现：恶心、呕吐、腹痛，部分病人头痛、出汗、畏寒、四肢麻木、腹泻等。常见中毒食品有菜豆类。

1142. 发芽马铃薯中毒性食物的潜伏期有多长？主要临床表现是什么？

潜伏期一般为数十分钟至数小时。主要临床变现：咽喉烧灼感、有溶血性黄疸，重者有头晕、头痛、烦躁不安、瞳孔散大、视力模糊等，可因心脏和呼吸麻痹死亡。常见中毒食品有马铃薯。

1143. 黄花菜中毒性食物的潜伏期有多长？主要临床表现是什么？

潜伏期一般为1～3小时。主要临床变现：开始多感咽喉及胃部不适，继而出现恶心、呕吐、腹痛、腹泻等症状，伴头晕、乏力等神经症状，可抑制呼吸中枢而死亡。常见中毒食品有黄花菜。

1144. 毒蘑菇中毒性食物的潜伏期有多长？主要临床表现是什么？

潜伏期一般为0.5～6小时。主要临床变现：胃肠炎型，恶心、剧烈呕吐、阵发性腹痛伴腹泻、不发热；神经精神型，幻觉、狂笑、手舞足蹈、共济失调，也可有瞳孔散大、心跳加快、血压上升、颜面潮红等精神神经系统症状，严重者伴多脏器损害。常见中毒食品：胃肠中毒型有红菇属、乳菇属等；神经精神型有黄丝盖伞、裂丝盖伞等；多脏器损害型有含鹅膏毒肽、鬼笔毒肽等。

1145. 个人如何预防食物中毒？

预防食物中毒，首先要讲究个人卫生，做到勤洗澡、勤洗衣服、勤剪指甲、勤理发、勤换床单和被盖(一月一次)。保持教室、宿舍及环境的清洁卫生，养成饭前便后洗手、不暴饮暴食的良好习惯。其次做到“六不吃”,不吃生冷食物、不吃不洁瓜果、不吃腐败变质食物、不吃未经高温处理的饭菜、不喝生水、少吃零食。从食品标签上注意识别食品质量,选择安全的食品是把住“病从口入”的第一关。

1146. 集体食堂如何预防食物中毒?

(1)选择新鲜、无变质食品。

(2)食物在食用前应充分清洗和浸泡。

(3)挑海鲜,要选择活的。

(4)为防止熟食被细菌污染,切生食品和熟食品所用的刀、砧板要分开;做凉拌菜一定要洗净消毒,隔顿凉拌菜不应再上餐桌。

(5)冰箱里存放的食物应尽快食用,冷冻食品进食前要加热。不少细菌在冷藏、冷冻条件下不会死亡,决不能把冰箱当做食品保险箱。

(6)正确烹调加工食品,隔夜食品和豆类食品必须加热煮熟方可食用。特别是海鲜类、贝壳类产品,必须煮熟、煮透后食用。蔬菜、鱼、肉等原料要新鲜,烹调前要彻底洗净,烹调时要煮(炒)熟、煮(炒)透,蔬菜类洗干净后,用自来水先泡,再经开水烫,然后弃水烹调,以防农药残留引起中毒。

(7)冰箱等冷藏设备要定期清洁,并保证冰箱的冷藏效果。餐具必须清洗消毒。

(8)消灭苍蝇、蟑螂、红蚂蚁等细菌的传播媒介。

第十章　中医治未病

第一节　中医治未病思想概要

1147. 什么是中医药学?

中医药学又称祖国医学或民族医学,是我国各族人民在几千年生产生活实践过程和与疾病作斗争中逐步形成并不断丰富发展的医学科学。中医药学为中华民族的繁衍昌盛作出了重要贡献,对世界医学及文明进步产生了积极的影响。

1148. 中医药学有哪些优势?

中医强调人体是一个有机的整体,人与自然息息相关,重视人体“形、气、神”的统一和“天人相应”的关系。它不仅仅把人看做是一个生物体,更看做是一个自然之人、社会之人、心理之人,从人的自然、社会、心理等方面去动态综合地认识人体各种生命活动和疾病现象,反映了“生物—心理—自然—社会”的医学思想,合乎现代医学科学发展的总体趋势。中医药有“简、便、廉、验”的特点以及丰富的自然资源,有毒副作用少等优势。

1149. “治未病”最早出现于祖国医学哪部医著?

“治未病”一词见于《黄帝内经》。《素问·四气调神大论》提出“是故圣人不治已病治未病,不治已乱治未乱”是对治未病的最早描述。

1150. “治未病”思想是如何发展演变的?

“治未病”思想源自《黄帝内经》。历代医家对于“治未病”的思想和内容进行了继承和发扬,在他们的著作中可以见到“治未病”的理论和应用。可见古人对于“治未病”思想之重视。

医圣张仲景秉《黄帝内经》、《难经》之旨,在临床医学实践中贯彻“治未病”的思想,他在《金匮要略·脏腑经络先后病脉篇》中云:“见肝之病,知肝传脾,当先实脾。”这是运用五行乘侮规律得出的治病防变的措施,是“治未病”思想既病防变的具体体现。

唐代大医家孙思邈是位极重视治未病的医家,他较科学地将疾病分为“未病”、“欲病”和“已病”三个层次,“上医医未病之病,中医医欲病之病,下医医已病之病”。他反复告诫人们要“消未起之患,治病之疾,医之于无事之前”。

元代朱丹溪指出:“与其求疗于有疾之后,不若摄养于无疾之先。盖疾成而后药者,徒劳而已。是故已病而不治,所以为医家之法,未病而先治,所以明摄生之理。夫如是,则思患而预防之者,何患之有哉?”提出了预防与养生的重要性。

明代的杨继洲《针灸大成》中也有艾灸预防中风的详细记载,如:“但未中风时,一两月前,或三四月前,不时足胫发酸发重,良久方解,此将中风之候也,便宜急灸三里、绝骨四处,各三壮……如春交夏时,夏交秋时,俱宜灸,常令二足灸疮妙。”

清代温病学家叶天士根据温病的发展规律和温邪易伤津耗液的特点,提出对于肾水素虚的患者应防病邪乘虚深入下焦,损及肾阴,在治疗上主张在甘寒养胃同时加入咸寒滋肾之品,以“先安未受邪之地”,是既病防变法则的典范。

近年来,在时任国务院副总理吴仪同志大力倡导中医“治未病”实践下,国家中医药管理局举办了“治未病”健康基石为主题的系列活动和“治未病”工程,提出了中医特色的防保服务体系。卫生部部长陈竺在首届“治未病”高峰论坛暨“治未病”健康工程启动仪式上也提出了“治未病”引领人类健康发展方向。

当前“治未病”思想已逐渐作为广大医务工作者关注的重点之一,“治未病”存在巨大的临床意义和社会效益。对于单个患者,可以通过提高生活质量,增加一个个体为社会作出贡献的时限与数量,创造更多的社会价值;还可以为国家节省大量的治疗花费,节省大量的医疗资源。

1151. 什么是“未病”?

首先,“未病”为“无病”,即机体尚未产生病理信息的健康人,也就是没有任何疾病的健康状态。其次,“未病”为病而未发,即健康到疾病发生的中间状态,与现在流行的“亚健康”概念不谋而合。“未病”可以理解为已病而未传。根据疾病转变规律及器官相关法则,身体某一器官已有病,会影响到其他器官发生相应的生理变化。

中医治未病理念源远流长,是中医学理论体系中独具影响的理论之一。“未雨绸缪”,“未晚先投宿,鸡鸣早看天”,凡事预防在先,是中国人谨遵的古训。中医治未病理念的形成,正是根植于中国文化的“肥沃土壤”。

1152. 中医“治未病”理论?

“治未病”思想是中医药独具特色的理论体系。作为奠定医学理论的基础医学和崇高目标,中医“治未病”倡导珍惜生命,重视养生,防患于未然。中医药学将“治未病”分为“未病先防”、“防微杜渐”、“既病防变”等层次,贯穿于无病状态、疾病隐而未显、发而未传的全过程。

1153. 如何解读中医治未病?

医学是研究生命规律的科学。当今医学的目标是以科学技术的成就体现人文关怀。综观全球自然学科只有一个通行的学术体系,而医学则不然,至今仍存在中医与西医两个独立的体系。面对现实人们关心的是健康长寿,需求高质量有意义地过好每一天,由此可见取中西医学之长互补互动,阐发各自的优势服务于人类的保健医疗事业,应是中医与西医的共同愿望。我国政府大力倡导与扶持“治未病”理念的宣教及相关保健医疗措施的探索和推广。为此，继承先祖养生、预防的方法，融通中外健康管理的经验，构建现代人的精神调养与生活方式，将是时代赋予医务界同仁的重要工作，具有历史意义和实际价值。

1154. 中医“治未病”，凸显中医的优势在哪里？

邓铁涛教授、贾谦等专家承担的国家中医药管理局的委托课题“遵循自身发展规律，发挥中医药优势特色的政策研究”，详细论述了中医“治未病”的优势：

(1)预测未来疾病的发生、性质、趋势

中医五运六气学说就是运用五运六气的基本原理，解释气候变化的年度时间规律及其对人体发病的影响。此乃中医之精华，借之可以预测未来年份疾病的发生、性质。

(2)中医讲究养生保健，为众多国家所接受

20世纪初曾在北京协和医院工作的美国教授兰安生有一句名言：“一盎司的预防，胜过一磅的治疗。”意思是说这二者的投资效益相差16倍之多。中医“治未病”不仅是防病于未然，更是养生保健，使人健康长寿，不得病，无疾而终，是为“不战而屈人之兵，善之善者也”。

(3)中医非药物疗法为养生、保健和治疗的独特优势

中医非药物疗法种类繁多，内容丰富，简便易学，这是世界其他医学所不具备的。而中医在这方面的养生保健优势凸显，如砭、针、灸、导引、按、跷、拔罐、刮痧、按摩、点穴等。各种非药物疗法不仅可以养生，而且可以治疗各种疾病。非药物疗法与用药一样，也是调动人体的自我康复能力。人人可以学会一招半式，而且可以随时应对某些疾病，受益终生。

(4)中医擅长治疗慢性病、老年病和疑难杂症

我国已经进入老年社会，真正发挥中医防治慢性病、老年病和疑难杂症的优势，可以解决老年社会的医疗保健问题，使为社会作出过重大贡献的老年人健康长寿，安享晚年。

(5)中医是治疗急性传染病的有效途径

中医预防诊疗的方法不是把重点放在杀灭病毒上，而是主张调动人体的自康复能力，使病毒失去生存环境。因此，中医治疗从来不怕病毒，只需扶正祛邪而已。中医这一优势是世界其他医学所不具备的。钟南山院士在2003年12月的研讨会上说，患了SARS之后不进行任何治疗，93%的人可以自愈。就是说SARS死亡率是7%。因为有中医介入，广东省的死亡率是3.8%。中医治疗病毒性传染病有绝对的优势，这是世界上任何其他医学都无法比拟的。

(6)中医药简、便、廉、验，优势独特

与西医相比，中医的一大优势是简、便、廉、验。“简”是指中医能化繁为简，只需望、闻、问、切，即可确定病情，辨证论治，所谓“大道至简”；“便”是可以就地取材以及

所施手法方便,一根针、一把草,也能治病救人;“廉”是中医治疗费用少,往往是西医治疗费用的1/10甚至1%;“验”则是中医疗效好,几千年来中华民族人丁兴旺就是明证,几十年来中医治疗乙脑、流行性出血热、SARS、艾滋病也是明证。

1155.“治未病”思想的社会意义是什么?

随着国家对中医药的不断重视,中医“治未病”受到前所未有的关注。“治未病”提高了广大民众对健康水平的需求,对个体来说提高了生活质量,增加了个体为社会做贡献的时限与数量,为社会创造出更多的社会价值;对社会而言,为国家节约了大量的医药费,节省了大量的医疗资源。

1156.“治未病”思想的发展方向是什么?

中医“治未病”的思想理论体系,对现代医学的发展有着积极的意义。主要体现在:从“疾病医学”向“健康医学”的发展;从针对病源的对抗治疗向整体治疗的发展;从重视对病灶的改善向重视人体生态环境的改善发展;从群体治疗向个体治疗的发展;从生物治疗向心身综合治疗的发展;从强调医生作用向重视病人的自我保健作用的发展;从以疾病为中心向以病人为中心的发展。

1157.中医“治未病”的思想体系是什么?

中医“治未病”的思想体系包括:道法自然,平衡阴阳;精神内守,病安从来;饮食调理,以资气血;强健身体,动静相宜;增强正气,规避邪气。

1158. 中医“治未病”的目的是什么?

(1)保证健康,延长生命期限。

(2)提高生活质量。

1159.中医“治未病”的原则是什么?

(1)道法自然,平衡阴阳

也就是说人的生活起居在四时季节中必须顺应春生、夏长、秋收、冬藏的自然规律,人体的生理活动才能保持正常。

(2)精神内守,病安从来

由精神因素引起的身心疾病是当代社会的多发病,中医学的养生观脱胎于道儒等诸子百家养性的思想,因此中医学历来重视心理保健在养生“治未病”中的作用。

(3)饮食调理,以资气血

这是“治未病”的上策,即是防病祛病、延年益寿的上策,是最高水平的“治未病”之术。每个人的饮食应按其不同体质而有所取舍,不要片面追求一饱口福。

(4)强身健体,动静相宜

平时经常进行体育锻炼,可以促使血脉流通,气机调畅,从而增强体质、预防疾病的发生。同时要做到劳逸结合,使活动有益于身心。

(5)增强正气,规避邪气

因为疾病的发生涉及正气和邪气两方面的因素,正气不足是疾病发生的内在基础,邪气侵犯是疾病发生的重要条件,所以预防疾病发生也必须从这两方面着手:一是培养正气,提高肌体的抗邪能力;二是采取多种措施防止病邪侵袭。首先是增强正气:一方面重视精神调养;另一方面还可以用药物及人工免疫等方法,增强体质,提高抗邪能力,预防疾病发生。其次要规避邪气:要注意饮食清洁,防止病从口入;药物预防,驱除邪气,提高免疫机能;爱护生态环境,保持生态平衡;维持环境卫生,防止污染等。

(6)早期诊治,防病传变

疾病发生后,各有一定的转变规律,应该根据其规律采取阻截措施。在临床上对一切疾病的治疗,都是越早越好。《黄帝内经》亦有"上工救其萌芽","下工救其已成,救其已败"的说法。

1160. 中医"治未病"的作用有哪些?

(1)未病养生,防病于先:指未患病之前先预防,避免疾病的发生,这是医学的最高目标,是健康未病态的治疗原则,也是一名高明医生应该追求的最高境界。

(2)欲病施治,防微杜渐:指在疾病无明显症状之前要采取措施,治病于初始,避免机体的失衡状态继续发展。这是潜病未病态的治疗原则。

(3)已病早治,防止传变:指疾病已经存在,要及早诊断,及早治疗,防其由浅入深,或发生脏腑之间的传变。这是欲病未病态、传变未病态的治疗原则。

(4)瘥后调摄、防其复发:指疾病初愈正气尚虚,邪气留恋,机体处于不稳定状态,机体功能还没有完全恢复之时,此时机体或处于健康未病态、潜病未病态或欲病未病态,故要注意调摄,防止疾病复发。

1161. 中医"治未病"的三级预防与疾病控制三级预防如何联系?

无论是疾病预防的发展战略还是现代的三级预防思想都与中医的"治未病"思想有着许多契合之处,从而有了"体质三级预防学说",就是针对不同人群制定相应的预防保健措施。一级预防是针对个体体质的特殊性,积极改善特殊体质,增强自身的抵抗力,从而实现对特殊人群的病因预防,阻止相关疾病的发生。二级预防也就是临床前期预防,即在疾病的临床前期做好早期发现、早期诊断、早期治疗的"三早"预防措施。三级预防即临床预防,对已患某些疾病者,结合体质的特异性及时治疗,防止恶化。

1162. "治未病"思想与现代医学的关系是什么?

"治未病"思想对现代医学的预防医学有着重要的理论指导意义,是对现代医学"预防为主,防治结合"的最好诠释。现代医学的"体质三级预防学说"即是在中医"治未病"的理论基础上发展而来的,是针对不同的人群制定相应的预防保健措施。

1163. "治未病"的现实意义是什么?

(1)为国民的健康护航。

(2)降低医疗费用。

(3)中医的特色与优势所在。

(4)中西医学对话和交流的平台。

第二节 中医治未病与亚健康

1164. 健康的定义是什么?

世界卫生组织对健康的定义:健康不仅是没有疾病和虚弱,而且是身体、精神和社会适应的完好状态。

1165. 健康的八大要素指的是什么?

营养、锻炼、喝水、阳光、节欲、空气、休息、信念。

1166. 什么是亚健康状态?

亚健康指处于健康和疾病两者之间的一种状态,即机体内出现某些机能紊乱,在身体、心理上没有疾病,但主观上却有许多不适的症状表现和心理体验。

1167. 造成亚健康状态的原因是什么?

(1)人们的健康意识不到位。

(2)饮食不合理。

(3)社会压力大,心理平衡差。

(4)起居生活不规律。

1168. 亚健康状态的疾病机理是什么?

亚健康状态是在外因、内因的作用下,机体气血阴阳失调,脏腑形神失养所致。

1169. 亚健康状态的临床症状是什么?

亚健康状态的群体年龄为20～45岁,由于社会、心理压力不断增加,机体长期处于紧张、竞争等疲劳状态,大脑、脏器出现功能失调或减退,使机体组织结构老化加快,出现浑身乏力、容易疲劳、精神不集中、健忘、眼睛疲劳、视力下降、睡眠不良、颈肩僵硬、手足发凉、麻木、心悸气短、情绪不稳等系列症状。

1170. 中医"治未病"与现代"亚健康"的联系是什么?

早在两千年前《内经》已提出了"治未病"的思想,这一思想正是针对"亚健康"人群而存在的。世界卫生组织把健康定义为不仅仅是没有疾病和虚弱,而且是身体、精神和社会适应的完好状态。"亚健康"是指机体虽无明确的疾病,却呈现出活力降低、适应能力呈不同程度减退的一种非健康非患病的中间状态,又称"第三状态"、"病前状态"等。世界性普查结果表明,"亚健康"人群占总数的75%,说明21世纪威胁人类的头号杀手是生活方式病、行为态度病和社会适应病,这都属于现代医学"亚健康"范畴,而中医认为这是"未病"、"欲病"的状态。"亚健康"概念作为一种新思维的出现,标志着人们对疾病的策略从治病转向预防的一个根本性转变。

1171. **中医药学如何描述亚健康状态?**

中医未病理论早在春秋战国时期就有好多记载,后世医家先后提出了"消患于未兆"、"济羸劣以获安"。"未兆"与"羸劣"即现代医学的亚健康状态。"上工治未病"是调控亚健康状态至健康状态的最佳措施。"阴平阳秘,精神乃治"是健康的标准。

1172. **中医对亚健康调控的方法是什么?**

《内经·素问·上古天真论》提出:"法于阴阳,和与术数,食欲有节,起居有常,不妄劳作,故能形与神俱,而尽终其天年,度百岁乃去。"

1173. **中医"治未病"思想如何防治亚健康状态?**

中医药对亚健康的预防和治疗有着独特的优势和特点,即针对不同个体采用不同的诊疗方案,通过个性化调养和用药,达到平衡状态。主要体现在精神调节,合理饮食,身体锻炼等方面。即《素问·上古天真论》所谓"精神内守,病安从来"。

1174. **中医"治未病"思想指导亚健康防治的具体办法和内容有哪些?**

(1)调摄精神,中医强调"形神合一",重视精神情志因素在疾病发生、发展、预后等方面所起的作用。

精神情志活动与人体的生理、病理变化有密切的关系。突然、强烈的精神刺激,或反复、持续的精神刺激,可使人体气机逆乱,容易导致气血阴阳的失调而发病。中医有"百病皆生于气"、"怒则气上,喜则气缓,悲则气消,恐则气下,惊则气乱,思则气结"的说法,情志刺激可致正气内虚,招致外邪致病;在疾病过程中,情志波动又能使疾病恶化。

现代医学证实心身失调常源于负性情绪的刺激,如长期的高度紧张、心理压力、抑郁、低沉、悲哀等的持续作用。心理刺激导致的心理改变主要是情绪异常,首先产生焦虑、愤怒、抑郁等,之后出现交感神经、自主神经、内分泌、免疫等一系列变化。而心情舒畅,精神愉快,则人体气机调畅,气血和平,对预防疾病的发生和发展有着积极的意义。《素问·上古天真论》说:"恬淡虚无,真气从之,精神内守,病安从来。"《素问·生气通天论》也指出:"清静则内腠闭拒,虽有大风苛毒,弗之能害。"即指思想上安定清净,使真气和顺,精神内守,无从得病。所以,调摄精神,可以增强正气抗邪能力,预防疾病。

因此,我们应该强化修养,树立正确的疾病观,这样不但可防止内在致病的七情刺激,同时避免七情损伤人体正气,使正气存内邪不可干。

(2)加强锻炼,强调需要通过体育锻炼来增强体质。

恰当的锻炼可使机体的气血周流,关节滑利,耳聪目明,情志畅达,对于抵御病邪的入侵具有重要意义。汉代医家华佗根据"流水不腐,户枢不蠹"的理论,创造了"五禽戏"健身运动,即模仿虎、鹿、熊、猿、鸟五种动物的动作来锻炼身体,促使血脉流通,关节流利,气机调畅,以增强体质,防治疾病。后世发展的太极拳、八段锦、易筋经等多种健身方法,不仅能增强体质,提高健康水平,预防疾病的发生,而且还对多种慢性病的防治有一定的作用。

《吕氏春秋》指出"形不动则精不流,精不流则气郁"。现代研究表明,运动可以活动一身肌肉、筋骨、关节,能疏经活络、振奋阳气、畅行气血、增强体质,适量的运动是预防和消除疲劳的重要手段,同时运动还可以使人心情舒畅,长期运动可促进新陈代谢,增强体质,是预防亚健康的有效方法。

(3)生活起居应有规律。

《素问·上古天真论》中有述:"其知道者,法于阴阳,和于术数,饮食有节,起居有常,不妄作劳,故能形与神俱,而尽终其天年,度百岁乃去。"意思是说,要保持身体健康,精力充沛,益寿延年,就应该懂得自然变化规律,适应自然环境的变化,对饮食起居、劳逸等有适当的节制和安排。不要"以酒为浆,以妄为常,醉以入房,以欲截其精,以耗散其真,不知持满,不时御神,务快其心,逆于生乐,起居无节。"

(4)中医养生强调节制饮食。

《周礼·天官》记载有"食医"专门研究饮食养生。同时古代很多文献记载为食治、宜食、忌食。饮食要注意适当,在饮食时间、数量等方面均有记载。孙思邈说:"凡欲治病,先以食疗,既食疗不愈,后乃药尔。"在讲究保健与健康生活的今天,食疗的意义显得比以往任何时候都更加重要,食疗安全、经济、简便易行、无创伤痛苦、无毒副作用,是亚健康状态的重要疗法。

(5)顺应四时节气变化,天地人合一。

《素问·四气调神大论》说:"四时阴阳者,万物之根本也。""阴阳四时者,万物之终始也,死生之本也。逆之则灾害生,从之则苛疾不起,是谓得道。"充分体现了天地人相应的整体观念。强调个体必须适应自然气候变化,才能够避免疾病发生。而且引申到起居的规律性,要白天活动,夜晚休息,不能日夜颠倒,作息紊乱。

(6)药物预防亚健康病机以心脾两虚或肝郁气滞为主。

有脾虚湿盛、肝郁脾虚、肝肾不足、痰湿内生、湿热内蕴、阴虚火旺、气血亏虚、脾肾阳虚等证型。治疗上关键在于理气健脾、疏肝解郁,以及养心安神、健脾和胃、滋阴补肾等为主,多用四君子汤、四物汤、归脾汤、六味地黄丸、参苓白术散、养心汤、甘麦大枣汤、杞菊地黄丸、二陈汤、三仁汤、二妙丸、知柏地黄丸、人参归脾丸等加减。中医药调治亚健康的优势在于根据个体的不同情况辨证施治,综合调理。

(7)针灸推拿。运用针刺、艾灸、推拿手法作用于相应的穴位以调整阴阳,疏通经络,运行气血,从而调整脏腑功能,沟通内外上下,使人体恢复阴平阳秘,脏腑功能活动协调的状态。

通过各种手法刺激人体的皮肤、肌肉、关节、神经、血管以及淋巴等处,促进局部的血液循环,改善新陈代谢,从而促进机体的自然抗病能力;调节阴阳,增强脏腑功能,消除疲劳。经常接受推拿按摩治疗,能够增强心肌功能,加速血液运行,使代谢旺盛;促进血氧和营养物质的吸收,使心脏得到充分的营养,预防冠心病及肌肉僵直、手足麻木、痉挛和疼痛等症状;调节神经功能,改善大脑皮质兴奋和抑制过程等。按摩还可以促进炎症的吸收,缓解肌肉的痉挛和疼痛。而亚健康状态中的肩背疼痛、肌肉关节疼痛等症状运用推拿手法可起到直接的疏通经络而达到缓急止痛的目的。

1175. 亚健康的转归有哪几方面?

亚健康的转归有二:一是经过及时有效地调节,可向健康状态转变;二是任其发展,进一步恶化,转向疾病态。

1176. 什么情况下才是健康的?

(1)身体上的良好状态:体质强壮,生长发育达到该年龄应有的标准;饮食、睡眠等生活起居符合科学要求。

(2)心理上的良好状态:智力正常、善于协调和控制情绪、具有较强的意志品质、人际关系和谐、可以能动地适应和改善环境、保持人格的完整和健康、心理行为符合年龄特征。

(3)社会适应的良好状态:在人际交往和各种社会活动中,能够恰如其分地扮演生活中的各个社会角色,用法律和道德规范自己的行为,同时重视与其生存的自然环境、社会环境的融洽与协调。

第三节　中医养生

1177. 中医养生的意义是什么?

中医"治未病"既是医学思想,又是健康理念。中医养生是"治未病"理论的主体,即通过对生活各个方面合理有序的安排,并进行规范持久的保健活动,以期达到健康长寿的目的。

1178. 中医养生学说建立的理论基础是什么?

《内经》中"夫四时阴阳者,万物之根本也"既是中医整体观念的理论基础,又是中医养生学说建立的重要理论支柱。

1179. 中医"治未病"的养生文化精髓是什么?

传统中医学中没有"亚健康"这一名词,但可以认为亚健康就是阴阳失衡,没有保持"阴平阳秘"的非良好状态。该理念与《黄帝内经》中所论述的"治未病"颇为相似。

亚健康状态是中医养生文化关注和发挥作用的重要领域, 中医可采用顺时养生、调神养生、饮食养生、传统健身术等多种养生方法,逐渐改善人体的内环境,使人体内环境、外环境以及内外环境达到平衡、和谐,向更有利于人体健康的方向转化。

"和"为精魂的养生文化。"养生"一词最早见于《庄子》。养生的内涵是延长生命的时限和提高生活的质量。中医养生文化以达"和"为精魂,即茫茫宇宙,浑然一体,你中有我,我中有你,斗则俱损,和则两利。故人类与自然应"和",人类本身应"和",

每个人的身心也应“和”。

为达此“和”态，中医养生文化从理念上提出顺应自然、协调阴阳、未病先防、形神共养、动静互涵、调和脏腑、畅达经络等；在策略上拥有饮食养生、房事养生、运动养生、精神养生等；在具体方法上拥有饮食、针灸、按摩、推拿、足浴、音乐等。中医养生文化的核心理念即“灌其根，培其本，善其后”，防病于未然。

1180. 中医“治未病”的思想如何落实在日常生活行为当中？

(1)坚持几个“少”：少盐多醋、少糖多果、少肉多菜、少药多食、少静多动、少忧多眠。有一首诗中写道：“一眠万事了，无喜亦无恼，何物是真物，身在即为宝。”

(2)坚持几个“常”：发常梳，面常搓，鼻常揉，肢常伸，目常运，齿常叩，腹常旋，耳常弹，肛常提。

(3)践行“八字”诀，终生不懈：童心、蚁食、龟欲、猴行。童心，要童心未泯。蚁食，要少吃。现在许多人的问题是吃得太多、太好，又不运动，食物堆积在身体里。龟欲，要心境淡泊。猴行，要多运动，锻炼身体。

(4)天天干洗面：先把手搓热，然后用手搓脸。每天早晨起床，反复做几十次。搓阳明经这个部位，气血运通。坚持干洗面，眼袋和皱纹慢慢都舒展了，比做美容还见效。

(5)学会吐纳法：陶弘景在《养性延命录》里提出：“纳气有一，吐气有六。纳气一者，谓吸也；吐气六者，谓吹、呼、唏、呵、嘘、呬，皆出气也。”吐气的时候，不能把嘴张得太大，要无声，长气，吐完为止。吐气的时候，根据每个字发音的不同，口型有轻微的变化，吐气的部位也不同，要把气出到最长。练到一定程度的时候，可以达到胎吸。胎儿在母亲身体里，虽然没有呼吸，但也有生命，这就是胎吸。练气功之前，首先把心定下来，去除一切杂念，进入状态。按照方法做完气功之后，会发现满口生津，古书称“上池之水”，然后把津液咽下去。津液是一种重要的生命物质，不能随便吐掉，应做到“津常咽”。

(6)“三通”：现代人频繁进补，会导致体内“交通堵塞”。血脂高、血糖高、血压高，都是堵塞的结果。所以要把“补”改正为“通”。血脉要通、气要通和、心气要通、胃肠要通，要达到吃得下，睡得着，拉得净，放得开。

(7)坚持勤动脑：养生并不限于养花、养草、养鱼，没有精神寄托，会衰老得快。马寅初70岁开始学俄语，歌德80岁写《浮士德》，陆游《渭南集》里许多气壮山河的诗词都是60岁以后所作。不应以为60岁就到了晚年。

1181. 日常生活中的养生之道有哪些？

养生之道，基本概括了几千年来医药、饮食、宗教、民俗、武术等文化方面的养生理论。其内容主要包括以下四点：

(1)顺其自然：体现了“天人合一”的思想。强调在养生的过程中，既不可违背自然规律，同时也要重视人与社会的统一协调性。正如《内经》主张：“上知天文，下知地理,中知人事,可以长久。"

(2)形神兼养:在养生过程中既要注重形体养护,更要重视精神心理方面的调摄,正所谓"形神兼养"、"守神全形"和"保形全神"。

(3)动静结合:现代医学主张"生命在于运动",中医也主张"动则生阳",但也主张"动中取静"、"不妄作劳"。

(4)审因施养:养生不拘一法、一式,应形、神、动、静、食、药……多种途径、多种方式进行养生活动。此外,也要因人、因地、因时之不同用不同的养生方法,正所谓"审因施养"和"辨证施养"。

1182. 何谓养生之术?

(1)神养:包括精神心理调养、情趣爱好调养和道德品质调养等方面。多涉及中医文化、宗教文化和民俗文化内容。

(2)行为养:包括衣、食、住、行和性生活等生活起居行为调养。

(3)气养:主要为医用健身气功的"内养功"。多涉及中医文化、宗教文化和武术文化内容。

(4)形养:主要包括形体锻炼及体育健身活动。多融合了医学文化和武术文化内容。

(5)食养:为中医养生之术的主要内容之一,其应用范围较广,适应人群也较多。主要内容为养生食品的选配调制与应用,以及饮食方法与节制等。内容包括医、药、食、茶、酒以及民俗等文化。

(6)药养:主要内容为养生药剂的选配调制。其制剂多为纯天然食性植物药,其制法也多为粗加工调剂,其剂型也多与食品相融合。因此,中医常有"药膳"之说。

(7)术养:是以上养生之术以外的一种非食非药的养生方法,即利用按摩、推拿、针灸、沐浴、熨烫、磁吸、器物刺激等疗法进行养生。主要涉及医药文化。

(8)养生的特点就是要强调在养生之道和养生之术基础上的"因人施养",在群体中并不强求统一性。

附 录

《健康66条》释义

一、基本知识和理念

1. 健康不仅仅是没有疾病或虚弱,而且是身体、精神和社会适应的完好状态。

身体健康表现为体格健壮,人体各器官功能良好。心理健康指能正确评价自己,应对和处理生活中的压力,能正常工作,对社会作出自己的贡献。社会适应的完好状态,是指通过自我调节保持个人与环境、社会及人际交往中的均衡与协调。

2. 每个人都有维护自身和他人健康的责任,健康的生活方式能够维护和促进自身健康。

每个人都有获取自身健康的权利,也有不损害和(或)维护自身及他人健康的责任。每个人都可以通过采取并坚持健康的生活方式,获取健康,提高生活质量。预防为主越早越好,选择健康的生活方式是最好的人生投资。提高每个公民健康水平,需要国家和社会全体成员共同努力,营造一个有利于健康的支持性环境。

3. 健康生活方式主要包括合理膳食、适量运动、戒烟限酒、心理平衡四个方面。

健康生活方式指有益于健康的习惯化的行为方式。主要表现为生活有规律,没有不良嗜好,讲求个人卫生、环境卫生、饮食卫生,讲科学、不迷信,平时注意保健,生病及时就医,积极参加健康有益的文体活动和社会活动等。合理膳食指能提供全面、均衡营养的膳食。食物多样,才能满足人体各种营养需求,达到合理营养,促进健康的目的。卫生部发布的《中国居民膳食指南》为合理膳食提供了权威的指导。适宜运动指运动方式和运动量适合个人的身体状况,动则有益,贵在坚持。运动应适度量力,选择适合自己的运动方式、强度和运动量。健康人可以根据运动时的心率来控制运动强度,每周至少运动3次。

戒烟的人,不论吸烟多久,都应该戒烟。戒烟越早越好,任何时候戒烟对身体都有好处,都能够改善生活质量。

过量饮酒,会增加患某些疾病的风险,并可导致交通事故及暴力事件的增加。建议成年男性一天饮用的酒精量不超过25克,女性不超过15克。

心理平衡,是指一种良好的心理状态,即能够恰当地评价自己,应对日常生活中的压力，有效率地工作和学习，对家庭和社会有所贡献的良好状态。乐观、开朗、豁达的生活态度，将目标定在自己能力所及的范围内，建立良好的人际关系，积极参加社会活动等，均有助于个体保持自身的心理平衡状态。

4. 劳逸结合，每天保证7～8小时睡眠。

任何生命活动都有其内在节律性。生活有规律，对健康十分重要。要注意劳逸结合、起居有则。工作、学习、娱乐、休息、睡眠都要按作息规律进行。一般成人每天要保证7～8小时睡眠，睡眠时间不足不利于健康。

5. 吸烟和被动吸烟会导致癌症、心血管疾病、呼吸系统疾病等多种疾病。

烟草烟雾含有4000余种化学物质，包括几十种致癌物以及一氧化碳等有害物质。吸烟损害体内几乎所有器官，可引发癌症、冠心病、慢性阻塞性肺病、白内障、性功能勃起障碍、骨质疏松等多种疾病。与非吸烟者相比，吸烟者死于肺癌的风险提高6～13倍，死于冠心病的风险提高2倍，死于慢性阻塞性肺病的风险提高12～13倍。烟草烟雾不仅损害吸烟者的健康，也威胁着暴露于二手烟环境的非吸烟者；被动吸烟导致患肺癌的风险升高约20%，患冠心病的风险升高约30%。据统计，我国每年死于吸烟相关疾病的人数超过100万，占死亡总人数的12%。吸烟导致的多种慢性疾病给整个社会带来了沉重的负担。

6. 戒烟越早越好，什么时候戒烟都为时不晚。

吸烟者戒烟越早越好，任何时候戒烟都不晚，只要有戒烟的动机并掌握一定的技巧，都能做到彻底戒烟。35岁以前戒烟，因吸烟引起心脏病的机会可降低90%，59岁以前戒烟，在15年内死亡的可能性仅为继续吸烟者的一半，即使年过60岁戒烟，其肺癌死亡率仍大大低于继续吸烟者。

7. 保健食品不能代替药品。

保健食品指具有特定保健功能，适宜于特定人群食用，具有调节机体功能，不以治疗疾病为目的的食品。

卫生行政部门对审查合格的保健食品发给《保健食品批准证书》，获得《保健食品批准证书》的食品准许使用保健食品标志。保健食品标签和说明书必须符合国家有关标准和要求。

8. 环境与健康息息相关，保护环境促进健康。

人类所患的许多疾病都与环境污染有很大的关系。无节制地消耗资源和污染环境是造成环境恶化的根源。每个人都有爱护环境卫生、保护环境不受污染的责任。

要遵守保护环境的法律法规，遵守讲求卫生的社会公德，自觉养成节约资源、不污染环境的良好习惯，努力营造清洁、舒适、安静、优美的环境，保护和促进人类健康。

9. 献血助人利己，提倡无偿献血。

献血救人，是人类文明的表现。无偿献血利国、利己、利家人。

适量献血是安全、无害的。健康的成年人，每次采集的血液量一般为200～400毫升，两次采集间隔期不少于6个月。

《中华人民共和国献血法》规定，“国家提倡十八周岁至五十五周岁的健康公民自愿献血”，“对献血者，发给国务院卫生行政部门制作的无偿献血证书，有关单位可以给予适当补贴”。

血站是采集、提供临床用血的机构，一定要到国家批准采血的血站献血。

10. 成人的正常血压为收缩压低于140毫米汞柱，舒张压低于90毫米汞柱；腋下体温36～37 ℃；平静呼吸16～20次/分；脉搏60～100次/分。

《中国高血压防治指南》(2005年修订版)提出：高血压诊断标准为收缩压≥140毫米汞柱或舒张压≥90毫米汞柱。收缩压达到120～139毫米汞柱或舒张压达到80～89毫米汞柱时，称血压正常高值，应当向医生咨询。情绪激动、紧张、运动等许多因素对血压都有影响，诊断、治疗高血压必须由医生进行。

成人的正常腋下体温为36～37 ℃，早晨略低，下午略高，24小时内波动不超过1 ℃；老年人体温略低，月经期前或妊娠期妇女体温略高；运动或进食后体温略高。体温高于正常范围称为发热，见于感染、创伤、恶性肿瘤、脑血管意外及各种体腔内出血等。体温低于正常范围称为体温过低，见于休克、严重营养不良、甲状腺功能低下及过久暴露于低温条件下等。

正常成人安静状态下，呼吸频率为16～20次/分，随着年龄的增长逐渐减慢。呼吸频率超过24次/分称为呼吸过速，见于发热、疼痛、贫血、甲状腺功能亢进及心力衰竭等。呼吸频率低于12次/分称为呼吸过缓，见于颅内高压、麻醉药过量等。

成人正常脉搏为60～100次/分，女性稍快；儿童平均为90次/分，婴幼儿可达130次/分；老年人较慢，为55～60次/分。脉搏的快慢受年龄、性别、运动和情绪等因素的影响。

11. 避免不必要的注射和输液，注射时必须做到一人一针一管。

注射和输液等医疗操作都有一定传播疾病的风险，因此在治疗疾病时应做到：遵从医嘱，能吃药就不打针，能打针就不输液。

与他人共用注射器可传播乙型肝炎、丙型肝炎、艾滋病等疾病。必须注射或者输液时，应做到“一人一针一管”，即每个人每次注射时都必须单独使用一次性注射器或经过消毒的注射针管、针头，不能只换针头不换针管。

12. 从事有毒有害工种的劳动者享有职业保护的权利。

《中华人民共和国职业病防治法》明确规定，劳动者依法享有职业卫生保护的权利。保护劳动者免受不良工作环境对健康的危害，是用人单位的责任。用人单位应当为劳动者创造符合国家职业卫生标准和卫生要求的工作环境和条件，并采取措施保障劳动者获得职业卫生保护。主要保障措施包括：用人单位必须和劳动者签订劳动合同，合同中必须告知劳动者其工作岗位可能存在的职业危害；必须按照设计要求配备符合要求的职业病危害防护设施和个人防护用品；必须对作业场所职业病危害的程度进行监测、评价与管理；必须按照职业健康监护标准对劳动者进行健康检查并建立劳动者健康监护档案;对由于工作造成的健康损害和患职业病的劳动者应予积极治疗和妥善安置,并给予工伤待遇。劳动者要知晓用法律手段保护自己应有的健康权益。

13. 接种疫苗是预防一些传染病最有效、最经济的措施。

疫苗指为预防、控制传染病的发生、流行,用于人体预防接种的预防性生物制品。相对于患病后的治疗和护理,接种疫苗所花费的钱是很少的。接种疫苗是预防传染病最有效、最经济的手段。

疫苗分为两类:一类疫苗,指政府免费向公民提供,公民应当依照规定受种的疫苗;二类疫苗,指由公民自费并且自愿受种的疫苗。

预防接种效果与接种起始时间、接种间隔、接种途径、接种剂量等均有密切关系,需要按照一定的免疫程序进行,因故错过接种的要尽快补种。

14. 肺结核主要通过病人咳嗽、打喷嚏、大声说话等产生的飞沫传播。

肺结核病是由结核杆菌(结核菌)引起的呼吸道传染病。痰中有结核菌的病人有传染性,具有传染性的病人咳嗽、打喷嚏、大声说话时,结核菌会通过喷出的飞沫传播到空气中。健康人吸入带有结核菌飞沫的空气,结核菌就会进入体内。如果此时抵抗力低或结核菌毒力强就可能得结核病。

为了预防结核病,儿童出生后应及时接种卡介苗。平时要经常锻炼身体,增强体质。工作、生活场所要注意通风。具有传染性的肺结核病人应当积极治疗,尽量少去公共场所,必须外出时应佩戴口罩。在咳嗽、打喷嚏时要用纸或手绢捂住口鼻。

15. 出现咳嗽、咳痰2周以上,或痰中带血,应及时检查是否得了肺结核。

早期诊断肺结核病可以提高治愈率, 减少传播他人的可能性。连续2周以上咳嗽、咳痰,通常是肺结核的一个首要症状;如果经过抗感冒治疗2周以上无效,或同时痰中带有血丝,就有可能是得了肺结核病。其他常见的症状还有低热、盗汗、乏力、体重减轻等。

16. 坚持正规治疗,绝大部分肺结核病人能够治愈。

目前,我国对肺结核病人实行免费检查和免费抗结核药物治疗。病人可到所在地的结核病防治机构接受免费检查和治疗。 对肺结核病人采取为期6～8个月直接督导下的短程化疗(DOTS),是当前治疗结核病的最主要方法,其他治疗均为辅助治疗。正规治疗2～3周后,肺结核病人的传染性就会大大降低。得了肺结核病并不可怕,只要坚持正规治疗,绝大多数病人是可以治愈的。按照医生要求,坚持全程、按时、按量服药是治愈的最重要条件,否则会转化为难以治疗的耐药结核病。

17. 艾滋病、乙肝和丙肝通过性接触、血液和母婴三种途径传播,日常生活和工作接触不会传播。

艾滋病、乙肝和丙肝病毒主要通过血液、性接触和母婴途径传播,不会借助空气、水或食物传播。日常工作和生活中与艾滋病、乙肝、丙肝病人或感染者的一般接触不会被感染。艾滋病和乙肝、丙肝一般不会经马桶圈、电话机、餐饮具、卧具、游泳池或公共浴池等公共设施传播，不会通过一般社交上的接吻、拥抱传播，也不会通过咳嗽、蚊虫叮咬等方式传播。

18. 蚊子、苍蝇、老鼠、蟑螂等会传播疾病。

蚊子可以传播疟疾、乙脑、登革热等疾病。要搞好环境卫生，消除蚊子滋生地。根据情况选用纱门、纱窗、蚊帐、蚊香、杀虫剂等防蚊灭蚊用品，防止蚊子叮咬。

苍蝇可以传播霍乱、痢疾、伤寒等疾病。要使用卫生厕所，管理好垃圾、粪便、污物，使苍蝇无处滋生。要注意保管好食物，防止苍蝇叮爬。

杀灭苍蝇可以使用苍蝇拍、灭蝇灯等。

老鼠可以传播鼠疫、流行性出血热、钩端螺旋体病等多种疾病。要搞好环境卫生，减少老鼠的藏身之地；收藏好食品，减少老鼠对食物的污染。捕捉、杀灭老鼠可以用鼠夹、鼠笼等灭鼠工具，也可以利用蛇、猫、猫头鹰等老鼠的天敌灭鼠，还可以使用安全、高效的药物灭鼠。要注意灭鼠药的保管和使用方法，防止人畜中毒。

蟑螂可以传播痢疾、伤寒等多种疾病。要搞好室内外卫生，减少蟑螂藏身的场所。还可以使用药物杀灭蟑螂。

19. 异常肿块、腔肠出血、体重减轻是癌症重要的早期报警信号。

重视癌症早期危险信号有利于及早发现、及时治疗。癌症早期危险信号有：乳腺、颈部、皮肤和舌等身体浅表部位出现经久不消或逐渐增大的肿块；体表黑痣和疣等在短期内色泽加深或变浅、迅速增大、脱毛、瘙痒、渗液、溃烂等；吞咽食物有哽咽感、胸骨后闷胀不适、疼痛、食管内异物感；皮肤或黏膜有经久不愈的溃疡，有鳞屑、脓苔覆盖、出血和结痂等；持续性消化不良和食欲减退；便秘、腹泻交替出现，大便变形、带血或黏液；持久性声音嘶哑，干咳，痰中带血；耳鸣，听力减退；鼻血、鼻咽分泌物带血和头痛；月经期外或绝经后阴道不规则出血，特别是接触性出血；无痛性血尿，排尿不畅；不明原因的发热、乏力、进行性体重减轻等。

改变不良生活习惯可以预防某些癌症的发生。如戒烟可远离肺癌等多种癌症，合理饮食可以减少结肠癌、乳腺癌、食管癌、肝癌和胃癌的发生，积极预防和治疗乙型肝炎病毒、幽门螺杆菌等感染，可以减少相关癌症发生。

“早发现、早诊断、早治疗”是提高癌症治愈水平的关键。癌症综合康复治疗可以有效提高癌症患者的生存时间和生命质量。

20. 遇到呼吸、心搏骤停的伤病员，可通过人工呼吸和胸外心脏按压急救。

心肺复苏(CPR)可以在第一时间恢复病人呼吸、心跳，挽救伤病员生命，主要用于心脏性猝死等危重急症以及触电、淹溺、急性中毒、创伤等意外事件造成的心跳、呼吸骤停。方法是：以心前区叩击、自动体外心脏除颤器及胸外心脏按压等方法来恢复心跳；以开放气道、口对口吹气人工呼吸等来恢复呼吸。

21. 应该重视和维护心理健康，遇到心理问题时应主动寻求帮助。

每个人一生中都会遇到各种心理卫生问题，重视和维护心理健康非常必要。

心理卫生问题能够通过调节自身情绪和行为、寻求情感交流和心理援助等方法解决。采取乐观、开朗、豁达的生活态度，把目标定在自己能力所及的范围内，调适对社会和他人的期望值，建立良好的人际关系，培养健康的生活习惯和兴趣爱好，积极参加社会活动等，均有助于保持和促进心理健康。

如果怀疑有明显心理行为问题或精神疾病，要及早去精神专科医院或综合医院的心理科或精神科咨询、检查和诊治。

精神疾病是可以预防和治疗的。被确诊患有精神疾病者，应及时接受正规治疗，遵照医嘱全程、不间断、按时按量服药。积极向医生反馈治疗情况，主动执行治疗方案。通过规范治疗，多数患者病情可以得到控制，减少对正常生活的不良影响。

22. 每个人都应当关爱、帮助、不歧视病残人员。

艾滋病、乙肝等传染病病原携带者和病人、精神疾病患者、残疾人都应得到人们的理解、关爱和帮助，这不仅是预防、控制疾病流行的重要措施，也是人类文明的表现，更是经济、社会发展的需要。

在生活、工作、学习中，要接纳艾滋病、乙肝等传染病病原携带者和病人，不要让他们感受到任何歧视。要鼓励他们和疾病作斗争，积极参与疾病的防治工作。对精神疾病患者，要帮助他们回归家庭、社区和社会；病人的家庭成员要帮助他们积极接受治疗和康复训练，担负起照料和监护责任。对残疾人和康复后的精神疾病患者，单位和学校应该理解、关心和接纳他们，为他们提供适当的工作和学习条件。

23. 在流感流行季节前接种流感疫苗可减少患流感的机会或减轻流感的症状。

流行性感冒（流感）不同于普通感冒，是一种严重的呼吸道传染病，在我国多发生在冬春季节。在流感流行季节前接种和流感病毒匹配的流感疫苗可预防流感。儿童、老人、体弱者等容易感染流感的人群，应当在医生的指导下接种流感疫苗。

24. 妥善存放农药和药品等有毒物品，谨防儿童接触。

家中存放的农药、杀虫剂和药品，应当分别妥善存放于橱柜或容器中，并在外面加锁。有毒物品不能与粮油、蔬菜等同室存放，特别要防止小孩接触，以免发生误服中毒事故。已失效的农药和药品不可乱丢乱放，防止误服或污染食物、水源。

25. 发生创伤性出血，尤其是大出血时，应立即包扎止血；对骨折的伤员不应轻易搬动。

受伤出血时，应立即止血，以免出血过多损害健康甚至危及生命。小的伤口只要简单包扎即可止血。对较大、较深的伤口，可以压迫出血处上方（在四肢靠近心脏一侧）血管止血，例如指压止血、加压包扎止血、止血带止血等。在对骨折伤员进行急救时，在搬移前应当先固定骨折部位，以免刺伤血管、神经，不要在现场进行复位。

如果伤势严重，应当在进行现场急救的同时，拨打“120”急救电话。

二、健康生活方式与行为

26. 勤洗手、常洗澡，不共用毛巾和洗漱用具。

用正确的方法洗手能有效地防止感染及传播疾病。每个人都应养成勤洗手的习惯,特别是制备食物前要洗手,饭前便后要洗手,外出回家后先洗手。用清洁的流动水和肥皂洗手。

勤洗头、理发,勤洗澡、换衣,能及时清除毛发中、皮肤表面、毛孔中的皮脂、皮屑等新陈代谢产物以及灰尘、细菌;同时还能起到维护皮肤调节体温等功能,防止皮肤发炎、长癣。

洗头、洗澡和擦手的毛巾,必须干净,并且做到一人一盆一巾,不与他人共用毛巾和洗漱用具,防止沙眼、急性流行性结膜炎(俗称红眼病)等接触性传染病传播;也不要与他人共用浴巾洗澡,防止感染皮肤病和性传播疾病。

27. 每天刷牙,饭后漱口。

提倡每天早晚刷牙。如一天仅刷一次,应选择睡前。用正确方法刷牙,不共用牙刷。牙刷要保持清洁,最好每3个月更换一次牙刷。

吃东西后要漱口,以便清除口腔内的食物残渣,保持口腔卫生。

28. 咳嗽、打喷嚏时遮掩口鼻,不随地吐痰。

肺结核病、流行性感冒、流行性脑脊髓膜炎、麻疹等常见呼吸道传染病的病原体可随患者咳嗽、打喷嚏、大声说话、随地吐痰时产生的飞沫进入空气,传播给他人。所以不要随地吐痰,咳嗽、打喷嚏时要注意遮掩口鼻。这也是当今社会文明素养的表现。

29. 不在公共场所吸烟,尊重不吸烟者免于被动吸烟的权利。

世界卫生组织《烟草控制框架公约》指出,接触二手烟雾(被动吸烟)会造成疾病、功能丧失或死亡。被动吸烟不存在所谓的"安全暴露"水平。在同一建筑物内,划分吸烟区和非吸烟区将吸烟者和非吸烟者分开、净化空气或装置通风设备等,都不能够消除二手烟雾对非吸烟者的危害。

如吸烟区设立在同一建筑物内,二手烟雾会通过暖气、通风、空调系统传送到整个建筑物中的每个角落。即使吸烟人数再少,房间面积再大,也不能依靠通风技术来消除二手烟雾的危害。只有完全无烟环境才能真正有效地保护不吸烟者的健康。

室内公共场所和工作场所完全禁止吸烟是保护人们免受被动吸烟危害的最有效措施,也是对不吸烟者权利的尊重。每一位吸烟者,当吸烟成瘾尚不能戒烟时,请不要当着你的家人、朋友和同事吸烟。吸烟请到室外。

30. 少饮酒,不酗酒。

白酒基本上是纯能量食物,不含其他营养素。经常过量饮酒,会使食欲下降,食物摄入量减少,从而导致多种营养素缺乏、急慢性酒精中毒、酒精性脂肪肝等,严重时还会造成酒精性肝硬化。过量饮酒还会增加患高血压、脑卒中(中风)等疾病的风险,并可导致交通事故及暴力事件的增加,对个人健康和社会安定都是有害的。应该严禁酗酒。尽可能饮用低度酒,建议成年男性一天饮用酒的酒精量不超过25克,成年女性不超过15克。孕妇和儿童、青少年不应饮酒。

31. 不滥用镇静催眠药和镇痛剂等成瘾性药物。

长时间或者不当服用镇静催眠和镇痛等药物可以上瘾。药物上瘾会损害健康，严重时会改变人的心境、情绪、意识和行为，引起人格改变和各种精神障碍，甚至出现急性中毒乃至死亡。服用镇静催眠药和镇痛药等成瘾性药物一定要在医生的指导下进行，不能滥用。

32. 拒绝毒品。

《中华人民共和国刑法》所称的毒品，包括鸦片、海洛因、甲基苯丙胺(冰毒)、吗啡、大麻、可卡因以及国家规定管制的其他能够使人形成瘾癖的麻醉药品和精神药品。

吸毒非常容易成瘾，有的人只吸一支含有毒品的烟就会上瘾。成瘾者应尽快戒毒。

毒品严重危害健康，吸毒危害自己、危害家庭、危害社会。预防毒品危害，应当严格要求自己，绝对不要尝试毒品。

33. 使用卫生厕所，管理好人畜粪便。

卫生厕所是指有墙、有顶，厕坑及贮粪池，无渗漏，环境卫生，无蝇蛆，基本无臭味，粪便经无害化处理并及时清洁的厕所。

使用卫生厕所，管理好人畜粪便，可以防止蚊蝇滋生，减少肠道传染病与某些寄生虫病传播流行。

推广使用卫生厕所。家禽、家畜应当圈养，禽畜粪便要妥善处理。

34. 讲究饮水卫生，注意饮水安全。

生活饮用水受污染可以传播肠道传染病等疾病，还可能引起中毒。保护健康，要注意生活饮用水安全。

保障生活饮用水安全卫生，首先要保护好饮用水源。提倡使用自来水。受污染水源必须净化或消毒处理后，才能用做生活饮用水。

35. 经常开窗通风。

阳光和新鲜的空气是维护健康不可缺少的。

阳光中的紫外线，能杀死多种致病微生物。让阳光经常照进屋内，可以保持室内干燥，减少细菌、霉菌繁殖的机会。接受阳光照射能提高人体对钙的吸收能力。

通风不好的屋子，会增加病菌、病毒在室内传播的机会。勤开窗通风，保持屋里空气流通，就可以避免呼吸污浊、有毒的空气，预防呼吸道传染病发生，维护健康。

36. 膳食应以谷类为主，多吃蔬菜、水果和薯类，注意荤素搭配。

谷类食物是我国居民传统膳食的主体，是人类最好的基础食物，也是最经济的能量来源。以谷类为主的膳食既可提供充足的能量，又可避免摄入过多的脂肪，对预防心脑血管疾病、糖尿病和癌症有益。《中国居民膳食指南》指出：成年人每天应摄入250～400克的谷类食物。

蔬菜、水果是维生素、矿物质、膳食纤维和植物化学物质的重要来源，薯类含有丰富的淀粉、膳食纤维以及多种维生素和矿物质。蔬菜、水果和薯类对保持身体健康,保持肠道正常功能,提高免疫力,降低罹患肥胖、糖尿病、高血压等慢性疾病风险具有重要作用。《中国居民膳食指南》指出：成年人每天吃蔬菜300～500克、水果200～400克。

食物可以分为谷类(米、面、杂粮等)和薯类,动物性食物(肉、禽、鱼、奶、蛋等),豆类和坚果(大豆、其他干豆类、花生、核桃等),蔬菜、水果,纯能量食物(动植物油、淀粉、糖、酒等)五类。各种食物所含的营养成分不完全相同,每种食物都至少可提供一种营养物质,任何一种天然食物都不能提供人体所需的全部营养。多种食物组成的膳食,才能满足人体各种营养需求,达到合理营养、促进健康的目的。

37. 经常食用奶类、豆类及其制品。

奶类食品营养成分齐全,营养组成比例适宜,容易消化吸收,是膳食钙质的极好来源。儿童青少年饮奶有利于其生长发育和骨骼健康,从而推迟其成年后发生骨质疏松的年龄;中老年人饮奶可以减少其骨质丢失,有利于骨骼健康。建议每人每天饮奶300克或相当量的奶制品。对于高血脂和超重肥胖倾向者,应选择减脂、低脂、脱脂奶及其制品。

大豆含丰富的优质蛋白质、必需脂肪酸、B族维生素、维生素E和膳食纤维等营养素,且含有磷脂、低聚糖以及异黄酮、植物固醇等多种人体需要的植物化学物质。适当多吃大豆及其制品可以增加优质蛋白质的摄入量,也可防止过多消费肉类带来的不利影响。建议每人每天摄入30～50克大豆或相当量的豆制品。

38. 膳食要清淡少盐。

食用油和食盐摄入过多是我国城乡居民共同存在的膳食问题。盐的摄入量过高与高血压的患病率密切相关。脂肪是人体能量的重要来源之一,但是脂肪摄入过多可以增加患肥胖、高血脂、动脉粥样硬化等多种慢性疾病的危险。应养成吃清淡少盐膳食的习惯,即膳食不要太油腻,不要太咸,不要摄食过多的动物性食物和油炸、烟熏、腌制食物。建议每人每天烹调油用量不超过25克,食盐摄入量不超过6克(包括酱油、酱菜、酱中的含盐量)。

39. 保持正常体重,避免超重与肥胖。

体重是否正常可用体质指数（BMI）来判断。成人的正常体重是指体质指数为18.5～23.9 kg/m^2。计算公式为:BMI= 体重(千克)/身高(米)^2。

超重和肥胖是心血管疾病、糖尿病和某些肿瘤患病率增加的主要原因之一。进食量和运动是保持健康体重的两个主要因素,食物提供人体能量,运动消耗能量。如果进食量过大而运动量不足,多余的能量就会在体内以脂肪的形式积存下来,增加体重,造成超重或肥胖;相反若食量不足,可由于能量不足引起体重过低或消瘦。体重过高和过低都是不健康的表现,易患多种疾病,缩短寿命。所以,应保持进食量和运动量的平衡,使摄入的各种食物所提供的能量能满足机体需要,而又不造成体内能量过剩,使体重维持在适宜范围。

40. 生病后要及时就诊，配合医生治疗，按照医嘱用药。

生病后要及时就诊，早诊断、早治疗，避免延误治疗的最佳时机，这样既可以减少疾病危害，还可以节约看病的花费。在疾病治疗、康复的过程中，必须严格按照医生的治疗方案，积极配合医生治疗。要遵从医嘱按时按量用药，按照医生的要求调配饮食、确定活动量、改善自己的行为。不要乱求医，使用几个方案同时治疗，更不能凭一知半解、道听途说自行买药治疗。

41. 不滥用抗生素。

滥用抗生素指不规范地使用、不必要的情况下使用、超时超量使用或用量不足或疗程不足等。滥用抗生素容易引发致病微生物的耐药性，导致抗生素逐渐失去原有的功效，起不到治疗疾病的作用。滥用某些抗生素还可能导致耳聋（特别是儿童）和人体内菌群失调等，严重时还可能威胁生命。

抗生素是处方药，只能在医生的指导下合理使用。

42. 饭菜要做熟，生吃蔬菜水果要洗净。

饭菜要烧熟煮透再吃。吃冰箱里的剩饭菜，应重新彻底加热再吃。碗筷等餐具应定期煮沸消毒。

生的蔬菜、水果可能沾染致病菌、寄生虫卵、有毒有害化学物质。生吃前，应浸泡10分钟，再用干净的水彻底洗净。

43. 生、熟食品要分开存放和加工。

在食品加工、贮存过程中，如果不注意把生、熟食品分开，例如用切过生食品的刀再切熟食品，盛过生食品的容器再盛放熟食品，熟食品就可能被生食品上的细菌、寄生虫卵等污染，危害人体健康。因此，生熟食品要分开放置和加工，避免生熟食品直接或间接接触。

44. 不吃变质、超过保质期的食品。

食品保质期指在食品标签上标注的条件下，保持食品质量（品质）的期限。在此期限内，食品质量符合标签上或产品标准中的规定。

任何食品都有储藏期限，储存时间过长或者储存不当就会受污染或者变质。受污染或者变质的食品不能食用。食物在冰箱里放久了，也会变质；用冰箱保存食物时，要注意生熟分开，熟食品要加盖储存。

不要吃过期食物。不要吃标志上没有确切生产厂家名称、地址、生产日期和保质期的食品。

45. 妇女怀孕后及时去医院体检，孕期体检至少5次，住院分娩。

妇女在确定妊娠后应当及时去医院检查，建立《母子保健手册》。在孕期至少进行5次产前检查，孕早期1次，孕中期1次，孕晚期3次（其中1次在第36周进行）。检查的目的是要了解孕妇怀孕期间生理、心理的变化和胎儿生长发育情况，给予孕期保健指导。对高危孕妇及其胎儿应增加检查次数，早期诊断，及时治疗或转诊。

孕妇要到有助产技术服务资格的医疗保健机构住院分娩，特别是高危孕妇必须提前住院。医院可以提供科学规范的助产服务技术和诊治抢救条件,最大限度地保障母婴安全。

46. 孩子出生后应尽早开始母乳喂养,6个月合理添加辅食。

孩子出生后1小时内就应开始母乳喂养。母乳是婴儿最理想的天然食品,含有婴儿所需的全部营养,有助于婴儿发育,含有大量的抗体,增强婴儿的免疫能力,预防感染。同时母乳喂养能增进母子间的情感,促进母亲的健康恢复。应坚持母乳喂养至2岁或2岁以上。

婴儿6个月以后，母乳不能完全满足孩子营养需要，坚持母乳喂养的同时应适时、适量添加辅食。

添加辅食的原则是由一种到多种,由少到多,由细到粗。先添加一种,一般是蛋黄或米粉,婴儿习惯后再添加第二种。从少量开始,逐渐增加。开始添加的辅食形态应为泥糊状,逐步过渡到固体食物。要观察婴儿大便是否正常,婴儿生病期间不应添加新的食物。添加的食物品种应多样化,预防偏食和厌食。

47. 儿童青少年应培养良好的用眼习惯,预防近视的发生和发展。

儿童青少年需要从小养成良好的用眼习惯,预防近视的发生和发展。读书写字姿势要端正,眼与书本的距离不小于30厘米;连续读写或者看电视、使用电脑1小时要休息片刻,休息时尽可能向远处眺望;不在光线太强或太暗的环境中看书,不躺在床上看书,不边走路边看书,不在行进的车厢里看书。每天做眼保健操,合理膳食,多到户外体育活动,每天睡眠时间不少于7小时,对预防近视眼的发生有积极作用。

已经近视或有其他屈光缺陷者,应该坚持戴带屈光度准确的眼镜。

48. 劳动者要了解工作岗位存在的危害因素,遵守操作规程,注意个人防护,养成良好习惯。

劳动是每个人的基本需要，但劳动者必须知道许多工作对自己的健康是有影响的甚至可能造成疾病。工作岗位可能存在有毒有害的化学物质,如粉尘、铅、苯、汞等,也可能存在有害的物理因素,如噪声、振动、高低气压、电离辐射等,劳动者过量暴露于上述有害因素,会对健康造成损害,严重时会引起职业病,如矽肺、煤工尘肺、铅中毒、苯中毒等。工作中过量接触放射性物质则会引起放射病。劳动者必须具有自我保护的意识和知识，要知道自己的工作岗位有什么有害因素，会引起什么样的健康损害,要知道如何预防这些危害。要知道许多职业中毒是由于生产事故使有害物质大量泄漏而引起的,因此劳动者必须严格遵守各项劳动操作规程,掌握个人防护用品的正确使用方法,例如防护帽或者防护服、防护手套、防护眼镜、防护口(面)罩、防护耳罩(塞)、呼吸防护器和皮肤防护用品等,并且养成习惯。必须知道发生事故后如何防身、逃生,如何自救和他救。长期接触职业性有害因素,必须参加定期的职业健康检查,如果被诊断得了慢性职业病,必须及时治疗,避免继续大量接触或调换工作。

49. 孩子出生后要按照计划免疫程序进行预防接种。

预防接种是每个儿童的基本卫生权利。为了保护儿童健康,根据疾病的流行特征和疫苗的免疫效果，我国制定了国家免疫规划和国家免疫规划疫苗的免疫程序，对计划接种疫苗的种类、接种起始时间、接种间隔、接种途径、接种剂量等作了明确规定。

我国规定,免费为儿童提供国家免疫规划疫苗。包括口服脊髓灰质炎疫苗,卡介苗,百日咳、白喉、破伤风联合疫苗,麻疹、风疹、腮腺炎联合疫苗,乙肝疫苗,甲肝疫苗,乙脑疫苗,流脑疫苗8种。预防12种传染病。

孩子出生后必须严格按照国家免疫规划疫苗的免疫程序进行预防接种。每个家长都应该按照国家免疫规划疫苗的免疫程序按时带孩子接种疫苗。

50. 正确使用安全套,可以减少感染艾滋病、性病的危险。

在性接触中正确使用安全套,可以减少艾滋病、乙肝和大多数性传播疾病的危险。

不要重复使用安全套,每次使用后应打结后丢弃。

51. 发现病死禽畜要报告,不加工、不食用病死禽畜。

许多疾病可以通过动物传播,如鼠疫、狂犬病、非典型性肺炎、高致病性禽流感等。预防动物把疾病传播给人,要做到:尽量不与病畜、病禽等患病的动物接触;不加工、不食用病死禽畜;不加工、不食用不明原因死亡的禽畜;不吃生的或未煮熟煮透的猪、牛、羊、鸡、鸭、兔及其他肉类食品;不吃生的或者未煮熟煮透的淡水鱼、虾、螺、蟹、蛙等食物;接触禽、畜后要洗手;发现病死禽、畜要及时向畜牧部门报告;病死禽畜按照畜牧部门的要求妥善处理。

52. 家养犬应接种狂犬病疫苗;人被犬、猫抓伤咬伤后,应立即冲洗伤口,并尽快注射抗血清和狂犬病疫苗。

狂犬病发作后不能治愈,但却是可以预防的。人一旦被犬、猫抓伤咬伤(或破损伤口被舔),要立刻用肥皂水和流动清水及时彻底地冲洗伤口,然后用酒精消毒;并尽快到医院或疾病预防控制中心就医,对伤口作进一步处理,并且接种狂犬病疫苗。狂犬病疫苗的接种一定要按照程序按时全程足量注射;如果伤口出血,还要注射抗狂犬病血清或免疫球蛋白。

为控制狂犬病传播,养狗者要为狗接种兽用疫苗,防止狗发生狂犬病继而传播给人。带狗外出时,一定要使用狗链,或给狗戴上笼嘴,防止咬伤他人。

53. 在血吸虫病疫区,应尽量避免接触疫水;接触疫水后,应及时预防性服药。

血吸虫病是严重危害健康的寄生虫病，人和家畜接触了含有血吸虫尾蚴的水(简称“疫水”),就可能感染此病。血吸虫病感染主要发生在每年的4—10月。

为预防血吸虫病,不要在有钉螺(血吸虫的生存繁殖离不开钉螺)的湖水、河塘、水渠里游泳、戏水、打草、捕鱼、捞虾、洗衣、洗菜或进行其他活动。因生产、生活和防汛需要接触疫水时,要采取涂抹防护油膏、穿戴防护用品等措施。接触疫水后要及时到当地医院或血吸虫病防治机构检查或接受预防性治疗。

54. 食用合格碘盐，预防碘缺乏病。

碘缺乏病是自然环境缺碘导致人体碘摄入量不足引起的。缺碘对人的最大危害是影响智力发育。严重缺碘会造成生长发育不良、身材矮小、痴呆等。孕妇缺碘会影响胎儿大脑的发育，还会引起早产、流产、胎儿畸形。

坚持食用碘盐能有效预防碘缺乏病。孕妇、哺乳妇女、学龄前儿童还应多吃海带等含碘多的食物。

自然环境碘含量高的地区的居民、甲状腺功能亢进病人、甲状腺炎病人等少数人群不宜食用碘盐。

55. 每年做一次健康体检。

定期进行健康体检，可以了解身体健康状况，及早发现健康问题和疾病，以便有针对性地改变不良的行为习惯，减少健康危险因素；对检查中发现的健康问题和疾病，要抓住最佳时机及时采取措施。

56. 系安全带(或戴头盔)、不超速、不酒后驾车能有效减少道路交通伤害。

在道路交通碰撞中，安全带可以降低40%～50%的伤害危险以及40%～60%的致命伤害危险，佩戴摩托车头盔可将头部伤害及其严重程度降低约70%。血液酒精含量每增加2%，发生危及生命的道路碰撞事故危险就增加100倍。为了对自己的健康负责，对社会、对家庭负责，开车(或者乘车)时，一定要按照交通法规系安全带(或戴头盔)、不超速、不疲劳驾驶、不酒后驾车。

57. 避免儿童接近危险水域，预防溺水。

溺水是我国1～14岁儿童意外伤害死亡的第一位原因。要加强对儿童游泳的监管。

儿童少年游泳要有人带领或有组织地进行，不要单独下水。游泳的场所，最好是管理状况好的游泳池。在天然水域游泳，要选择水质清洁、无污染，水底地面较平坦，无杂草，无有害动物的水域。不能到情况不明的水域游泳。风浪较大或下雨时，不要在天然水域游泳。下水前，要认真做准备活动，以免下水后发生肌肉痉挛等问题。游泳时还应注意不要打闹、不要在天然水域跳水。

58. 安全存放农药，依照说明书使用农药。

农药可经口、鼻、皮肤等多种途径进入人体，使人中毒。

购买农药要使用专门的器具，特别是不能把农药放在菜篮子或米箩里。保管敌敌畏、乐果等易挥发失效的农药时，一定要把瓶盖拧紧。施用农药时，要严格按照说明书并且遵守操作规程，注意个人防护。严禁对收获期的粮食、蔬菜、水果施用农药。严防农药污染水源。

对误服农药中毒者，如果患者清醒，要立即设法催吐。经皮肤中毒者要立即冲洗污染处皮肤。经呼吸道中毒者，要尽快脱离引起中毒的环境。

中毒较重者要立即送医院抢救。

59. 冬季取暖注意通风,谨防煤气中毒。

冬季使用煤炉、煤气炉或液化气炉取暖时,由于通风不良,供氧不充分或气体泄漏,可产生大量一氧化碳蓄积在室内,造成人员中毒。预防煤气中毒要做到:尽量避免在室内使用炭火盆取暖,使用炉灶时要注意通风,保证充足的氧气供应;要安装风斗和烟筒,出风口不能朝向风口,定期清理烟筒,保持通畅;在使用液化气时也要注意通风换气;经常查看煤气、液化气的管道和阀门,如有泄漏应及时请专业人员维修;在煤气、液化气灶上烧水、做饭时,要注意看管,防止水溢火灭导致煤气泄漏。如发生泄漏,要立即关闭阀门、打开门窗,使室内空气流通。煤气中毒后,轻者感到头晕、头痛、四肢无力、恶心、呕吐;重者可出现昏迷、体温降低、呼吸短促、皮肤青紫、唇色樱红、大小便失禁。抢救不及时,会危及生命。有人中毒,应当立即把中毒者移到室外通风处,解开衣领,保持呼吸顺畅。中毒较重者应立即呼叫救护车送医院抢救。

三、基本技能

60. 需要紧急医疗救助时拨打"120"急救电话。

需要紧急医疗救助时,拨打"120"急救电话求助。电话接通后应当简要说明需要救护者的病情、人数、所在地址以及伤病者姓名、性别、年龄、联系电话以及报告人的电话号码与姓名。

61. 能看懂食品、药品、化妆品、保健品的标签和说明书。

定型包装食品和食品添加剂,必须在包装标志或者产品说明书上标出品名、产地、厂名、生产日期、批号或者代号、规格、配方或者主要成分、保质期限、食用或者使用方法等。不得有夸大或者虚假的宣传内容。在国内市场销售的食品,必须有中文标志。药品标签或者说明书上必须注明药品的通用名称、成分、规格、生产企业、批准文号、产品批号、生产日期、有效期、适应证、禁忌证或者功能主治、用法、用量、不良反应和注意事项。麻醉药品、精神药品、医疗用毒性药品、放射性药品、外用药品和非处方药的标签,必须印有规定的标志。非处方药标签印有红色或绿色"OTC"字样,可以按照说明书使用;其他药物必须在医生指导下使用。

化妆品标签上应当注明产品名称、厂名、生产企业卫生许可证编号;小包装或者说明书上应当注明生产日期和有效使用期限。特殊用途的化妆品,还应当注明批准文号。对可能引起不良反应的化妆品,说明书上应当注明使用方法、注意事项。进口化妆品必须有中文标签。化妆品标签、小包装或者说明书上不得注有适应证,不得宣传疗效,不得使用医疗术语。

保健食品标签和说明书不得有明示或者暗示治疗作用以及夸大功能作用的文字,不得宣传疗效作用。必须标明主要原(辅)料,功效成分或标志性成分及其含量,保健作用和适宜人群、不适宜人群,食用方法和适宜的食用量,规格,保质期,贮藏方法和注意事项,保健食品批准文号,卫生许可证文号,保健食品标志等。

62. 会测量腋下体温。

腋下体温测量方法：先将体温计度数甩到35 ℃以下，再将体温计水银端放在腋下最顶端后夹紧，10分钟后取出读数。

63. 会测量脉搏。

脉搏测量方法：将食指、中指和无名指指腹平放于手腕桡动脉搏动处，计1分钟搏动次数。

64. 会识别常见的危险标志，如高压、易燃、易爆、剧毒、放射性、生物安全等，远离危险物。

高压

易燃

易爆

剧毒

放射

生物安全

为了减少伤害，应该远离高压、易燃、易爆、剧毒、放射性、具有生物危害等危险物。识别常见的危险标志是保护自身安全的关键。危险标志是由安全色、几何图形和图形符号构成，用以表达特定的危险信息。使用危险标志的目的是提醒人们对周围环境引起注意，以避免可能发生的危险，防止事故的发生，起到保障安全的作用。但要注意，危险标志只起提醒和警告的作用，它本身不能消除任何危险，也不能取代预防事故的相应设施。

65. 抢救触电者时，不直接接触触电者身体，应首先切断电源。

发现有人触电，要立即关闭电源，也可以用不导电的物体将触电者与电源分开。千万不要直接接触触电者的身体，防止救助者发生触电。

触电者触电后应当尽可能自救，可以一边呼救，一边奋力跳起，使流经身体的电流断开，并抓住电线的绝缘处用力拉出，摆脱电源。如果引起触电的电器是固定在墙上的，可以用脚猛力蹬墙，同时身体后仰摆脱电源。

66. 发生火灾时，会隔离烟雾，用湿毛巾捂住口鼻，低姿逃生，会拨打火警电话“119”。

突遇火灾时，如果无力灭火，应当不顾及财产，迅速逃生。由于火灾会引发有毒烟雾产生，所以在逃生时，应当用潮湿的毛巾或者衣襟等捂住口鼻，用尽可能低的姿势，有秩序地撤离灾害现场。

到陌生场所应先熟悉安全通道。发现火灾，应立即拨打“119”火警电话报警。

参考文献

[1] 孙贵范.预防医学[M].北京:人民卫生出版社,2005.

[2] 李晓雯,谷金君 李庆彦.常见传染病预防与控制[M].北京:军事医学科学出版社,2008.

[3] 顾秀英,胡一河.慢性非传染性疾病预防与控制[M].北京:中国协和医科大学出版社,2003.

[4] 苏润泽.社区常见疾病预防与保健[M].北京:科学出版社,2011.

[5] 金培刚.食源性疾病预防控制与应急处置[M].上海:复旦大学出版社,2006.

[6] 金泰廙.职业卫生与职业医学[M].北京:人民卫生出版社,2007.